이야기 수업

이야기 수업

영화감독 육상효와 함께하는 시나리오 쓰기

육상효 지음

알렙

내 이야기의 역사

모든 건 초등학교 4학년 때 시작됐습니다. 저는 반장이 되었고, 선생님이 교실을 비우는 시간에 아이들이 떠들면 반장인 제가 대신 맞아야 했습니다. 절체절명의 위기에서 저는 이야기를 생각했어요. 만화에서 읽은 이야기, 아버지에게 들은 옛날이야기, 형들의 성인 잡지에서 읽은 이야기를 버무려서 이야기를 만들고 그걸 매일 아이들에게 들려줬습니다. 어린 관객들은 관대했고, 심지어 열광했죠. 만들어낸 이야기가 사람들을 재미있게 할 수 있다는 것, 관객의 열광이 주는 짜릿함, 살기 위해서는 이야기를 만들어야 하는 이야기꾼의 숙명을 배웠습니다. 중고등학교를 거치면서도 저는 이야기꾼으로 살았어요. '노는 애들'과 함께 담배를 피우진 않았지만, 담배를 물고 모인 친구들에게 이야기를 들려주면 학교생활은 편했습니다. 지역 방송에서 학교 탐방을 오면 콩트라는 이름의 작은 연극을 만들어 넣는 것도 제 담당이었어요. 대학 국문과 진학은 자연스러웠고, 글쓰기 동아리에서 희곡을 쓰고, 축제 때마다 마당극 경연대회에 나가 입상을 했죠. 졸업 후 입사한 대기업의 신입사원 연수에서는 직장 예절을 주제로 한 콩트 경연에서 우리 조를 우승시키기도 했어요. 그다음에 다녔던 신문사에서는 야유회에서 부장들의 행동을 풍자한 만담을 공연해서 선배 기자들의 열광적인 호응을 받았죠. 이런 공허한 업적들을 내 재능의 증거라고 믿으며, 그 얼마 뒤엔 아예 영화계로 들어와서 시나리오 작가가 됨으로써 이야기를 직업으로 삼았습니다. 세상의 중요한 결정들은 언제나 아주 하찮은 것들을 근거로 내려지는 법입니다.

1993년부터 영화계에서 일했습니다. 연출부와 시나리오 작가로도 일했고, 느닷없이 미국에 가서 시나리오를 공부했고, 감독으로 여섯 편의 장편 영화를 만들었죠. 처음에는 도대체 이야기를 어떻게 써야 하는가에 대해서 많은 고민을 했습니다. 배우고 싶어서 누굴 찾아가면 시나리오는 영혼이라 했고, 그게 아니면 CU는 클로즈업이고, OL은 오버랩이라고, 시나리오와 아무런 상관도 없는 걸 가르쳐주었어요. 미국에 가서 비로소 무의식이 아니라 의식의 차원에서 이야기를 써나가는 방법을 배웠습니다. 하루하루가 신기해서 대학 입시 때보다 더 열심히 공부했어요. 그때 비로소 깨달았죠. 왜 어릴 적, TV「명화극장」에서 보던 미국 영화들은 항상 무언가 감동을 전해주는 느낌이 있었고, 그때 극장에서 본 한국 영화들은 극장을 나올 때 공허했는지. 그것은 이야기의 차이였고, 산업 내에서 어느 정도 합의한 이야기의 방법론이 있고 없고의 차이였습니다. 그 뒤의 한국 영화는 이런 이야기의 방법론을 정비하면서 융성했습니다. 영혼은 이야기의 교실에서는 배울 수 없는 것이었습니다. 재능 역시도 그랬죠. 이야기의 교실에서는 이야기의 방법론만을 배울 수 있었습니다. 없는 재능을 만들어줄 수는 없어도, 있는 재능을 발휘하게 할 수는 있었죠. 지난 30년간 거의 매일 이야기를 생각하고 써왔습니다. 모든 이야기가 영화로 만들어지지 않았지만, 그것과 상관없이 이야기를 쓰는 한 저는 언제나 작가이고 감독이었습니다. 또한 소설과 영화의 충실한 독자, 관객이었고, 학교에서는 청년들에게 이야기 쓰기를 가르쳤어요. 이야기를 창작하고, 소비하고, 가르치고, 연구했습니다. 초등학교 4학년 시절 선생님에게 맞지 않으려 시작한 이야기가 이제는 나의 삶이 되었습니다. 저는 이야기를 살고 있습니다.

이야기를 가르치면서 학생들에게 '이야기가 도대체 무엇인가?'라는 질문을 많이 받았습니다. 가장 쉽고 근원적인 것을 묻는 게 인문학이죠. 많은 경우는 뾰족한 답을 내놓지 못했어요. 이 책의 1부(1-3장)는 그런 질문들에 해명하려는 시도입니다. 정리하고 보니 내가 왜 이야기를 하며 살아왔는가 스스로 깨닫게 되었습니다. 저는 이 세상에서 늘 불안했어요. 잠시라도 방심하면 다가오는 불안을 막기 위해서 이야기를 읽고 써왔죠. 밤의 시골길에서 자전거 앞으로 몰려오는 어둠을 물리치려 있는 힘을 다해 페달을 밟아 전조등을 밝히는 시골 소년이 바로 저였습니다. 페달을 멈추면 전조등 빛이 사라지듯 이야기를 멈추면 다시 불안들이 엄습했어요.

2부(4-8장)는 실제로 이야기를 쓰는 방법을 다루었습니다. '이야기 수업'이라는 제목이 붙은 이 가상의 수업에 들어온 학생들이 왜 이야기를 써야 하는지를 1부를 통해서 깨닫고, 다음으로는 그러면 어떻게 써야 하는지 알게 되기를 희망했어요. 제가 처음 시나리오를 쓸 때 가졌던 질문은 '자, 그럼 이제 뭘 쓰지?' 하는 것이었고, 이 질문부터 시작했습니다. 언제나 제일 어려운 건 종이를 채워나가는 것입니다. 저는 지금도 새 시나리오를 이 책 속의 방법으로 씁니다. 새 이야기를 쓸 때는 아무리 경험 많은 작가도 새로운 이야기 세상의 초보자입니다. 그러다 보니 자연스럽게 구조를 중심에 두었어요. 캐릭터에 대한 본격적인 언급은 아마도 다음 책에서 다루어야 할 것 같습니다.

남가주 대학(University of Southern California, USC) 대학원의 첫 수업, 마법처럼 영화 「미저리(Misery)」(로브 라이너 감독, 1990)의 스토리를 분해하던 데이비드 하워드(David Howard) 선생은 그 시절 제게 마치 복음과 같았습니다. 지금도 여전히 만날 때마다 가르침을 주는 그에게 감사를 드립니다. 같이 일하면서 시나리오에 대해 치열하게 토론했던 감독, 작가, 프로듀서, 배우, 연출부 등 영화계 동료들에게도 감사를 표합니다. 또한 가르치는 일로 끊임없이 공부하게 했던 인하대학교의 제자들에게도 고마움을 표합니다. 열 개를 공부해야 겨우 한 개를 가르칠 수 있었습니다.

이 책을 작업하는 동안 3년의 시차를 두고 아버지와 어머니가 세상을 떠나셨습니다. 세포 하나, 마음 한 올, 내 모든 건 두 분에게 받았습니다. 부모님이 떠나시니 이제 직계 가족은 넷이 되었습니다. 지민과 채민, 두 아이가 내게 부과한 책임감이 힘든 시절에 나를 버티게 했습니다. 아내 정미는 아직도 나를 천재라 믿습니다. 턱없는 믿음이지만 그래서 나는 천재가 되려고 노력했습니다. 이 조촐한 책도 그 노력의 결과입니다.

2023년 10월 9일 밤가시 마을에서

육상효

들어가는 글 • 내 이야기의 역사   5

첫 번째 수업: 오리엔테이션

어떤 식물도 스프링클러 없이는 생존할 수 없다   17
::천재란 무엇인가? ::심심하면 소금을 쳐라! ::왜 영화인가? ::수업의 순서
::스토리언

두 번째 수업: 왜 우리에게는 이야기가 필요한가?

「이터널 선샤인」, 티 없는 마음의 영원한 햇살   41

감정 소모   46
::감정이입 ::이해 가능한 인물들 ::그의 입장이 되어 ::카타르시스

이야기는 인생의 은유다   54
::이야기라는 보조 관념, 삶이라는 원관념 ::두 관념의 비교를 통해 얻는 통찰

죽음에 대한 준비   61
::여행이란? ::죽음의 대비 ::의미와 상상력을 통한 생물학적 죽음의 초월
::죽음의 경험 ::죽음에 대한 망각

재미란 무엇인가?   72
::감정의 움직임 ::지혜를 얻는 통찰력(지적 재미) ::인지적 놀이
::이야기는 우리를 살게 해준다

세 번째 수업: 이야기란 무엇인가?

들어가며 83

모닥불 옆의 이야기꾼 92
:: 스토리텔링의 정의 :: 문화 콘텐츠 :: 데이비드 하워드

전달 104
:: 말과 문자의 시대 :: 회화 :: 로망에 대해 :: 음악 :: 연극 :: 영화 :: UCC
:: 변화를 두려워하지 말자

정보 121
:: 진짜 정보와 가짜 정보

의도 123
:: 설명적 의도와 오락적 의도 :: 실용적 의도와 오락적 의도의 비율

화자 129
:: 전문적인 화자, 아마추어 화자

수용자 132
:: 개인적 수용자, 거대 수용자 :: 이야기를 파악하는 다섯 가지 개념

네 번째 수업: 이야기의 시작

들어가며   137

1단계 한 줄 스토리 쓰기   142
:: 한 줄 스토리로 요약하는 법 :: 한 줄 스토리 쓰기 :: 로그라인

2단계 주제 정리하기   162
:: 주제를 끌어내는 세 가지 방법
:: 「빌리 엘리어트」, 「굿 윌 헌팅」 그리고 「본 아이덴티티」의 주제

다섯 번째 수업: 구조의 설계

들어가며   185

3단계 3장 시놉시스 쓰기   188
:: 선인과 악인 :: 'Dran', 행동하다 :: 시작, 중간, 끝 :: 3장 구조

1장: 스토리의 세계와 주요 인물 소개   200
:: 티저 사건 :: 공격점 :: 주 긴장의 설정

2장: 욕망의 진행   213
:: 희망과 공포 :: 중간점 :: 서브플롯

3장: 종결감을 주는 결말   226
:: 행복한 상투성 :: 여파와 반전 :: 마지막 도전과 만족스러운 결말
:: 예상과 다르게 만족스러운 결말 :: 모든 것은 꿈이었다: 잘못된 결말의 유형들

여섯 번째 수업 : 시퀀스

4단계 시퀀스 아웃라인 쓰기   255
:: 시놉시스를 못 쓰는 작가

시퀀스   262
:: 첫 번째 시퀀스: 일상 세계 :: 두 번째 시퀀스: 첫 관문의 통과
:: 세 번째 시퀀스: 첫 번째 장애물의 통과 :: 네 번째 시퀀스: 돌아올 수 없는
   다리를 건너다 :: 다섯 번째 시퀀스: 캐릭터의 이면 탐구와 서브플롯
:: 여섯 번째 시퀀스: 욕망의 결과 :: 일곱 번째 시퀀스: 여파와 반전
:: 여덟 번째 시퀀스: 마지막 대결과 궁극적 해결

실제 스토리 분석   297
:: 「굿 윌 헌팅」 스토리 분석 :: 「노팅 힐」 스토리 분석

일곱 번째 수업 : 장면

5단계 장면   315

장면: 표면성과 장면성   322
:: 스텝 아웃라인

하나의 세계로서의 장면   339
:: 장면 제목 :: 지문 :: '커피를 마시는 철수'와 '철수, 커피를 마신다'
:: 대사 :: 텍스트와 서브 텍스트 :: 장면의 구조, 욕망의 피라미드

마지막 수업: 캐릭터를 위한 변명

캐릭터, 어떻게 그릴 것인가?   379
:: 캐릭터에 관한 이론들 :: 캐릭터 중심의 이야기와 구조 중심의 이야기
:: 모호한 캐릭터와 명확한 캐릭터

입체적인 캐릭터를 만드는 방법   394
:: 자기주장이 강한 현대 여성 :: 캐릭터 윈도우 :: 당신은 당신의 상처입니다
:: 캐릭터를 위한 변명

참고 영화   409
참고 문헌   411

오리엔테이션

"이야기는 공부할 수 있는 것인가?"
라는 생각을 할 때마다
나는 사막의 스프링클러를 생각합니다.
아무도 없는 밤에 저 혼자 분사되는
스프링클러의 물이 식물들을 살려내듯이
여러분이 이야기를 읽고 쓰고,
궁극적으로 이야기의 삶을 사는 동안에
이 수업에서 공부하는 것들이
지속적인 스프링클러가 되기를 희망합니다.

「장미빛 인생」

육상효 각본, 1994

대종상 각본상
백상예술대상 각본상
청룡상 각본상
한국영화평론가협회상 각본상

「장미빛 인생」 포스터.
(출처: 태흥영화주식회사)

나의 첫 번째 장편 영화 시나리오. 김홍준 감독이 구로공단의 만화방이라는 공간을 제안했고, 나는 1980년대 학생운동의 시대를 되돌아보는 1990년대의 소위 '후일담 소설'들과 같은 정서를 그 공간에 담고 싶었다. 김홍준 감독과 둘이 태흥영화사의 골방 한쪽 벽에 포스트잇을 가득 붙여놓고 이리저리 옮겨붙이며 수없이 회의하며 시나리오를 구성했다. 민중 속으로 들어간다는 기치 아래 많은 운동권 학생들이 공단 지역으로 들어왔지만, 시대가 바뀌면서 학생들은 썰물처럼 빠져나가고, 그전부터 거기에 살아왔던 사람들만 여전히 남아 있는 풍경을 통해서 나의 청춘 시절이던 1980년대를 돌아보고 싶었다. 계급은 이론이나 상상이 아니라 생활에 의해서 바뀐다는 생각을 영화 속에서 만화방 주인(최명길 분)이 깡패 동팔(최재성 분)에게 옥상에서 하는 긴 대사를 통해서 표현하려고 했다. 지금 보면 지나치게 긴 대사이지만 당시에는 다른 방법이 없었다. 만화방 풍경을 보면 이미 코미디 장르에 경도돼 있던 나의 취향이 보인다. 액션과 러브 스토리, 코미디가 혼종·결합돼 있지만, 내가 경험한 시대의 감각과 정서를 주제화하여 유지한 것이 여러 영화제에서 각본상을 탄 이유인 것 같다.

어떤 식물도 스프링클러 없이는
생존할 수 없다

1997년 여름, 저는 LA 공항에 도착했습니다. 난생처음 와본 그 도시의 첫인상은 무척 덥다는 것이었어요. 공항 건물을 벗어나자마자 섭씨 40도는 될 것 같은 더위가 훅 몰려왔습니다. 마중 나온 선배의 차를 타고 LA 북쪽 발렌시아로 가는 고속도로에 올랐습니다. 고속도로 주변은 황량했습니다. 높지 않은 산은 마른 관목들로 덮여 있었어요. 온대의 기후와 자연환경에 익숙한 나는 사람들이 도대체 무엇 때문에 이런 사막까지 찾아와서 도시를 만들었는지 의아할 정도였습니다. 인공물 없이는 사람도 식물도 살아갈 수 없는 곳, 이것이 이 사막 도시에 대한 나의 첫인상이었습니다. LA 북쪽에 있는 발렌시아라는 곳에 가서 값싼 아파트를 얻고 칼아츠(California Institute of the Arts, CalArts)라는 학교에 다녔습니다. 애니메이션으로는 전 미국에서 가장 명성이 높은 학교였고, 라이브 액션(Live Action)이라는 이름으로 학과를 만들어서 실사 영화 교육에도 몰두하고 있었습니다. 학생 개개인을 한 명의 예술가로 인정하고 학생이 가진 것으로부터 창작을 출발하려는 교육 방식을 갖고 있다고 느꼈습니다.

이 학교에서 수업 시간에 과제로 만든 단편 영화가 「어떤 식물도 스프링클러 없이는 생존할 수 없다(No plant can't survive without sprinkler)」였습니다. 극영화는 아니고 굳이 얘기하자면 개인적 에세이(personal essay) 형식의 영화였습니다. 칼아츠 교수진 중에는 다큐멘터리 작업을 하는 교수들이 많았고 그들의 수업에서 개인적 에세이 형식의 다큐멘터리 영화들을 많이 보았습니다. 다큐멘터리라고 하면 TV에서 방영되는 「인간극장」류의 휴먼 다큐멘터리나 사회적 이슈를 강하게 다루는 사회적 다큐멘터리만 알고 있던 나에게 이런 개인적 다큐멘터리들은 상당히 인상적이었습니다. 어떤 작품들은 '중년의 위기'를 다뤘고, 어떤 작품들은 자신의 성 정체성에 대해 말하기도 했습니다. 영상도 글과 같이 스스로를 표현하는 하나의 매체였습니다. 일기 혹은 수필을 써서 자신의 개인적 생각을 표현하듯 영상도 자신의 개인적 생각을 표현하는 지극히 개인적인 매체라는 걸 배웠습니다. 피천득 선생님의 수필에 많은 사람이 공감하듯, 에세이 영상도 그 생각에 대해 공감하는 사람이 많으면 작품으로서 보편적 호소력을 갖는 것이었습니다. 다큐멘터리든 극영화든 '모든 작품은 자신의 생각을 솔직하게 표현하는 데서부터 시작한다.' 그때 두서없이 생각을 적어놓던 제 노트에는 이렇게 쓰여 있습니다. 그래서 저도 그 학교에서 수업 첫 번째 과제로 지극히 개인적인 생각을 담은 '어떤 식물도 스프링클러 없이는 생존할 수 없다'라는 제목의 작품을 만들었습니다. 다른 유학생들보다 많이 늦은 나이에 미국에 와서 사막의 어느 좁은 아파트에 자리 잡은 나의 심정이 그랬습니다. 나는 LA 사막에 던져진, 적응력 없는 온대 식물이고 내가 살아가기 위해서는 스프링클러가 필요했습니다. 한국에서 다달이 송금되는, 많지 않은 생활비가 바짝 마른 잔디 위로 분사되는 스프링클러의 물이었습니다.

하지만 30대 중반이 지난 나이로 유학길에 오른 나에게는 하루하루 무언가를 배우고 있다는 확신도 중요했습니다. 그런 확신만이 살바도르 달리의 그림 속 시계처럼 사막에 늘어진 나의 시간을 생생하게 살려낼 수 있는 스프링클러의 물이었습니다.

"이야기는 공부할 수 있는 것인가?"라는 생각을 할 때마다 나는 사막의 스프링클러를 생각합니다. 아무도 없는 밤에 저 혼자 분사되는 스프링클러의 물이 식물들을 살려내듯이 여러분이 이야기를 읽고 쓰고, 궁극적으로 이야기의 삶을 사는 동안에 이 수업에서 공부하는 것들이 지속적인 스프링클러가 되기를 희망합니다. 삶이라는 사막에서 이해되지 않는 이야기에 지칠 때마다, 혹은 이야기를 쓰다가 길을 잃을 때마다 이 수업의 어떤 기억들이 스프링클러의 물처럼 여러분의 생각을 촉촉하게 적실 수 있기를 바랍니다.

천재란 무엇인가?

미국에 가기 전에 저는 장편 상업 영화 시나리오를 세 편 썼습니다. 영영화 「장미빛 인생」 속 만화방 풍경.
(출처: 태흥영화주식회사)

화에 뜻을 두고 3년 넘게 다니던 직장을 만 30세가 되던 해에 그만두고 나왔습니다. 선배가 조감독으로 있던 영화팀에 세컨드 조감독으로 들어 갔습니다. 하지만 그 팀은 곧 해체되고 나는 갈 데 없는 실업자가 되었습니다. 신문기자로 정신없이 살다가 갑자기 집에 틀어박히게 되면서 성급하게 회사를 그만둔 데 대한 회의가 조금씩 올 무렵, 김홍준 감독님 이란 분에게 전화가 왔습니다. 그때까지 일면식도 없던 분인데, 내가 기 자 시절에 쓴 책[1]을 잘 읽었다면서 본인이 준비하는 데뷔작의 시나리오 를 써보지 않겠냐고 제의했습니다. 제 입장에서는 영화와 관련된 일이 라면 가릴 처지가 아니었습니다. 그래도 한 가지 부탁은 드렸습니다. 열 심히 시나리오는 쓰겠는데, 연출을 배우고 싶으니 연출부도 같이 시켜 달라는 것이었습니다. 감독님은 쾌히 승낙했고 그날부터 그 영화팀의 시나리오 작가 겸 막내 연출부원이 되었습니다. 그 시나리오가 「장미빛

---

1 기자 시절 취재 경험을 바탕으로 1991년 『사랑의 가객, 김현식』이란 책을 펴냈다.

인생」(김홍준 감독, 1994)이었습니다. 가리봉동의 만화방 풍경에서 시대를 반영하고자 했던 감독님의 생각을 충실히 담아내려고 노력했습니다. 당시 사회는 1980년대 군부독재와 격렬히 싸우던 학생운동의 시기가 지나고, 1990년대라는 일종의 개량 민주주의 사회로 진입하고 있었고, 학생운동의 주역들은 사회인이 되면서 자신들의 격렬했던 젊은 날에 대해서 어떤 식으로든 정리하려 하고 있었습니다. 문학에서는 이런 흐름이 소위 후일담 문학으로 나타나고 있었습니다. 대학에서 문학을 전공했던 저는 이 후일담 소설들의 관점을 빌려서 학생들이 떠나간 가리봉동을 그려내려고 했던 것 같습니다. 영화는 흥행에 실패했지만, 당시 국내에서 열리던 4대 영화제, 즉 대종상, 백상예술대상, 한국영화평론가협

「장미빛 인생」 속 금홍이와 이상 역의 본과 이상(감남수 분).
(출처: 태흥영화주식회사)

회상, 청룡상에서 모두 시나리오상을 받았습니다. 그리고 주연을 맡은 최명길 씨는 그해 낭트 영화제에서 여우주연상을 수상하기도 했습니다. 태어나서 처음 쓴 시나리오로 이렇게 많은 상을 받고 보니 저는 제가 당연히 천재인 줄 생각했습니다. 물론 착각은 얼마 지나지 않아 콘크리트 벽에 던져진 와인 잔처럼 산산조각이 났지만요. 아무튼 수상 이력 덕에 저는 곧바로 두 편의 장편 영화 시나리오를 더 썼습니다. 김유진 감독님과 「금홍아 금홍아」(1995)를 작업했고, 영광스럽게도 임권택 감독님과 「축제」(1996)라는 영화를 같이 작업하는 기회를 얻었습니다. 특히 이 작품은 작고하신 이청준 선생님 원작이었는데, 제가 시나리오를 쓸 때 선생님도 원작을 같이 써 가는 특이한 방식으로 작업이 진행됐습니다. 그해 봄의 석 달간 두 분과 함께 작품 취재차 남도를 여행한 것은 제 인생의 가장 아름다운 기억으로 남았습니다. 두 분이 나누시던 말씀들, 드시던 음식들도 다 배움이었고, 사람들을 만나는 방식들이나 풍경을 바라보는 방식들도 소중한 배움이었습니다. 세 편의 시나리오를 쓰면서, 김홍준 감독님께는 영화에 대한 열정과 서구 영화들에 대한 분석적 지식들을 많이 배울 수 있었습니다. 김유진 감독님께는 드라마를 구성하는 본능적인 감각을 많이 익힐 수 있었고요. 임권택 감독님께는 연출과 시나리오가 관계하는 방식, 넘치지 않게 주제를 이야기 속에서 관철하는 방식 등을 배웠습니다. 매일매일 배움의 연속이었습니다. "영화는 약한 사람들에 대해 이야기하는 것이다"라는 영화 철학부터 "클라이맥스에서 쓸 소재를 미리 앞에서 낭비하지 말아라"라는 이야기의 구성 방식도 배웠습니다. "영화를 한다는 것은 역마살 떠돌이 인생을 사는 것을 의미한다"라는 말씀은 양평 장날 노천 주막집에서 하신 것 같습니다.

　제가 그때까지 쓴 시나리오들은 엄밀히 말하면 제 것이 아니라 같이 작업한 감독님들의 작품이었습니다. 저는 어쩌면 그분들의 머리에 있는 영화에 대한 계획들을 필경사처럼 글로 옮긴 것뿐이었습니다. 그 결과에 기대서 괜히 천재니 뭐니 하면서 우쭐했던 마음은 감독으로서 데뷔작을 준비하면서 여지없이 깨졌습니다. 데뷔작을 위해 쓴 시나리오들은 거의 모든 영화사에서 거절당했습니다. 매일매일 끊임없이 시나리오를 썼지만 몇 년간 나오는 결과들은 없었습니다. 그럼에도 할 수 있는 일은 집에서 시나리오를 쓰는 것뿐이었습니다. 매일 아침 일어나면 영원히 나의 영화를 만들지 못할 거라는 불안감으로 하루를 시작했습니다. 영화사나 투자사에서 좋아할 만한 시나리오를 간절하게 쓰고 싶었습니다. 모든 감독들이 천재는 아니니 없는 재능을 박박 긁어모으면 범재라도 영화 한 편은 만들 수 있는 시나리오를 쓰겠다는 희망을 갖고 스스로를 다독였지만 돌아오는 결과는 아무것도 없었습니다. 음악 천재는 절대

음감을 갖고 있다는데, 시나리오 천재는 무엇을 갖고 있어야 하나, 매일 생각했습니다. 절대적 구성력, 절대적 장면의 시각화 능력, 절대적 대사 능력, 세상을 관통해서 보는 절대적 통찰력 등등이 필요하다는 생각도 했습니다. 그런 것들을 배워보려고도 해봤지만 어디서도 마땅히 배울 곳은 없었습니다. 시나리오는 도대체 어떻게 쓰는 것이냐는 질문을 누가 내게 물어봐도, 내가 누구에게 물어봐도 속 시원한 대답을 하는 사람은 나를 포함해서 한 사람도 없었습니다. 나의 재능에 대한 회의와 안정된 직장을 박차고 나온 것에 대한 후회로 삶은 점점 피폐해졌습니다.

그러다 우연히 한 기업이 예술 분야의 인재 육성 사업의 일환으로 각 분야의 인재를 선발해서 유학을 보내주는 제도가 있다는 말을 들었습니다. 혹시라도 선발되면 현재의 이 답답한 생활에서 벗어날 수 있지 않을까 하는 마음으로 큰 기대 없이 지원서를 보냈습니다. 신기하게도 그 뒤 필기, 면접 등 여러 차례의 시험을 통과하더니 끝내는 영화 분야의 인재로 선발되었습니다. 그러나 막상 선발되고 나니 혼란하기도 했습니다. 몇 년간의 감독 데뷔 노력을 접고 유학을 가는 것이 결코 좋은 선택이 아닐 수 있다는 생각도 많이 들었습니다. 혹시 내일이라도 그동안 시나리오를 보냈던 회사에서 연락이 와 촬영에 들어가자고 하면 어쩔 것인가 하는, 일어나지도 않은 일을 놓고 고민도 많이 했습니다. 물론 그런 일은 당연히 일어나지 않았습니다. 결국 저는 이듬해 여름 미국에 가게 됐고, 1년여의 시간을 거쳐서 남가주 대학 영화과 대학원, 시나리오과에 적을 두었습니다. 정확히 얘기하면 시나리오 쓰기 대학원 과정(Graduate Screenwriting Program, GSP)이었습니다. 미국에 가서 처음 다녔던 칼아츠에서 공부하던 어느 날, 우연히 친구가 공부하던 남가주 대학에 갔습니다. 학교를 구경하다가 영화과 건물에 갔고, 그 건물의 안내판에서 이 학교 영화과에 시나리오 전문 대학원 과정이 있다는 걸 알았습니다. 그 학과 사무실에 찾아가 커리큘럼을 안내하는 브로슈어를 보고 난 후 첫 느낌은 '내가 그토록 공부하고 싶었던 주제들이 여기 다 있구나!' 하는 것이었습니다. 지금도 기억하는, 그때 그 브로슈어에 있던 과목 이름들은 단편 시나리오 쓰기, 장편 시나리오 분석, 시나리오 구조 연구, 장편 시나리오 쓰기, 장면 연구, 코미디 대본 쓰기, 대사 연구, 무의식으로 글쓰기 등이었습니다.

이 학교에 가서 받은 내 첫 느낌은 '아 이렇게 스토리에 대해서 과학적으로 얘기할 수 있구나'라는 것이었는데, 그게 저에게는 충격적일 정도로 신기했습니다. 유학을 떠나기 전까지 저는 한국에서 이미 기성 시나리오 작가였고, 이런저런 대학이나, 그 밖의 소규모 외부 공간에서 시나리오 쓰기에 대해 강의도 했습니다. 제가 들었던 강의와 제가 그때까지 했던 대부분의 강의는, 글쓰기라는 것이 창작이고, 창작은 영혼과 관련돼 있고, 교양이 많아야 하고, 여행을 많이 다녀야 하고, 사람들과 많은 대화를 해야 한다는 것이라고 가르쳤습니다. 그래서 그때의 저는 그런 수업들을 들으면서 영혼을 어떻게 갈고닦아야 하나, 교양을 어떻게 쌓아야 하나 고민했습니다. 그런 배경에서 남가주 대학의 수업은 제게 충격적이었습니다. 이 학교에서는 영혼, 교양, 인생의 깊이를 수업 시간에 가르칠 수 없다고 규정해 놓고 있었습니다. 수업 시간에 가르칠 수 있는 것만 가르치겠다는 목적으로 글쓰기 교실을 운영하고 있었습니다. 그때의 느낌은 머릿속에 뭉게뭉게 피어 있던 구름이 싹 걷히는 기분이었습니다. 좋은 글을 쓰려면 당연히 아름답고 깊이 있는 영혼도 필요하고, 풍부한 교양도 필수적입니다. 많은 여행을 다니며 세상을 보고, 사람들과 대화도 많이 해야 합니다. 하지만 그런 것들은 글쓰기 교실 안에서는 가르칠 수 없는 것이었습니다. 모든 경험들은 작가의 무의식 속에 깊게 저장돼 포괄적 재능으로 나오거나, 혹은 감성으로 스며서 나오는 것이지 교실에서 가르칠 수 있는 것은 아니라는 것이었습니다. 교실에서는 의식 차원에서 가르칠 수 있는 것만 가르칠 수 있다는 것이 그곳 사람들의 신념이었습니다. 그들은 재능을 가르치는 것이 아니라 재능이 발휘될 수 있는 도구를 가르친다고 했습니다. 도구를 영어로 'craft'라고 했습니다. 우리말로 하면 같은 기능이란 뜻인데, 'technique'이란 말이 좀 더 공학적인 기술을 말한다면 'craft'는 장인적인 기능을 이르는 말입니다. 그래서 도공이나 목수 등의 장인을 지칭할 때도 영어로는 'crafts-man'이란 말을 씁니다. 로버트 맥키(Robert Mckee)는 이런 기능을 엔진에 비유했습니다. 재능을 연료라고 치면 그 연료가 아무리 많아도 엔진이 없으면 에너지를 발생시킬 수는 없다는 뜻입니다. 교양 등의 재능은 각자의 삶에서 지속적으로 노력해서 쌓아가는 것이고, 글쓰기 교실에서는 그것들의 엔진이 될 기능을 익히는 것입니다. 그러고 보면 그때까지 내가 들었던 많은 창작 수업들이 이 재능과 기능을 혼동해서 가르친 것이 아닌가 하는 생각이 들었습니다. 삶에 대해서 고백하거나, 음악을 교실에서 듣거나, 혹은 술자리에서 인생의 여러 고민을 얘기했던 방식들은 실상은 다 재능에 관련된 것이었고, 글쓰기 창작의 방법론과는 크게 관련이 없는 것이란 생각이 들었습니다. 이런 점은 스타니슬랍스키(Kostantin Sergeyevich Stanislavski)가 방법론적 연기를 설명하는 것과 유사합니다. 연기라는, 그야말로 인간의 영혼이 관계하는 창작의 과정을 교육하는 데도 정확한 방법론을 가지고 교육하는 것이 중요하다 본 것이지요.

저의 이야기 수업은 그러한 기능을 공부하는 데 목표가 있습니다. 무의식이 아니라 의식의 차원에서 시나리오를 쓰는 방법론을 생각해 보는 수업입니다. 천재란 재능이 풍부한 사람이지만 그 천재의 재능이 발휘되기 위해서는 기능이라는 적절한 도구가 필요한 것이지요. 방법론적 연기가 매일매일 공연을 하는 연극 무대에서 일정한 수준의 연기를 보여주는 것이라면, 창작의 기능이란 매번 쓸 때마다 일정한 수준의 작품을 보여주는 방법입니다. 결국 천재란 재능과 기능을 고루 갖춘 사람입니다. 「장미빛 인생」 때의 나는 어쩌다 좋은 소재, 좋은 감독을 만나 좋은 작품을 쓴 것이지 그런 작품을 지속적으로 쓸 수 있는 천재는 아니었던 셈입니다. 물론 지금도 겨우겨우 한 편 한 편 써가는 사람이지만요. 이 수업을 통해서 여러분은 훌륭한 작가가 될 수도 있고, 그렇지 않을 수도 있습니다. 저는 여러분들에게 재능을 가르치진 못하지만, 여러분 중 누가 재능이 있다면 그 재능을 발휘하는 도구를 마련하는 데 조금이라도 도움을 주고자 합니다. 그것이 이 수업에 임하는 저의 목표입니다.

심심하면 소금을 쳐라!

남가주 대학 시나리오과에서 내가 처음 익혔던 것은 용어들이었습니다. 같은 용어를 공유하는 것은 같은 방법론을 갖는 것입니다. 용어를 공유하면 추상적으로 용해되어 짐작되지 않는 지난한 창작의 작업을 의식 수준에서 같이 공유할 수 있는 것이었습니다. 작가와 감독, 프로듀서와 배우 등 영화의 핵심적 역할을 하는 사람들끼리 스토리에 대해서 서로 분석적인 대화를 할 수 있고, 그것은 곧 스토리의 발전으로 이어진다는 것입니다. 그러면 창작의 전 과정이 무의식에서 의식의 수면 위로 올라오고, 그 의식의 수면에서 우리는 창작을 정교하게 다듬어 갈 수 있습니다. 병원에 가보면 의사들끼리는 병이나 환자에 대해 외국어로 된 전문 의학 용어로 얘기합니다. 그러고 나서 환자와 보호자에게 얘기할 때는 그 사람들이 알아들을 용어로 바꿔서 얘기합니다. 전문 용어를 공유하는 사람들이 전문가입니다. 우리는 전문 용어로 의견을 나누면서 이야기 쓰기를 공부하고, 그런 다음에는 일반 관객들이 알아들을 용어로 이야기를 써서 세상에 보내야 합니다.

작가가 작업한 시나리오를 읽고 평가하면서 사람들은 어떤 말들을 하나요? 제가 예전에 많이 들어봤던 말은 이런 것이었습니다. "좀 심심한데?" "완성도가 떨어지는 것 같다." "잽은 많은데 한 방이 없다." "좀 느슨하다." "좀 더 정리를 해야 한다." "뭔가 알맹이가 없는 느낌?" "맛깔나긴 한데, 톡 쏘는 맛이 없네." 등등입니다. 이야기를 쓰는 행위는 요리도 아니고, 권투도 아닙니다. 저는 위에 열거한 모든 말의 의미는 "뭔가 맘에는 안 드는데 딱히 뭔지는 모르겠다"라고 생각합니다. 아니면 '시나리오를 읽었으니 무슨 말이든 하긴 해야 하는데, 무슨 말을 할지는 모르겠다'일 수도 있고요. 구체적이지 않은 이야기는 그 이야기의 발전에 전혀 도움이 되지 않습니다. '좀 심심하다'는 말을 듣고 작가가 집에 가서 해야 할 일은 양념통에서 소금을 꺼내서 치는 것인가요? 무엇을 고쳐야 하는지도 모르고 개작을 시작하는 작가는 그 이야기의 발전에 순행하는지 역행하는지도 모르고 씁니다. 무엇을 고쳐야 하는지도 모르는 채 의무감으로 일단 다시 씁니다. 이때부터 작가들이 경험하는 단계를 저는 게오르크 헤겔의 용어로 창작의 '악무한'이라고 생각합니다. 악무한이란 어딘가에 도달하려고 노력하지만 끝내는 도달할 수 없는, 혼란스러운 상태를 말합니다. 자신의 이야기가 도착할 귀착지를 알지 못한 작가의 글쓰기는 혼란과 괴로움뿐입니다.

그러면 이런 말은 어떨까요? "1장에서의 주 긴장이 제대로 설정되지 않아서 주인공의 욕망이 약하다." "욕망은 있지만 그 욕망을 방해하는 요소들이 탄탄하지 않아서 이야기가 앞으로 나가지 않는다." "주인공의 성격이 작위적이어서 현실적 개연성을 기반으로 하는 이야기 전체의 톤과 맞지 않는다." "3장이 없어서, 엔딩의 만족감이 전혀 없다." 이런 말들에는 적어도 무엇을 어떻게 고쳐야 하는지에 대한 구체적 내용이 담겨 있습니다. 이런 말들이 작가에게 발전적인 방향으로 개작을 하게 합니다. 이런 말들을 들으면 주 긴장의 설정 문제를 고민하게 되고, 욕망의 방해 요소들을 추가하게 되고, 주인공 캐릭터를 현실적으로 만들 방법을 찾게 됩니다. 3장이 없다는 건 2장의 기계적 엔딩 이후에 의미를 갖춘 또 하나의 엔딩을 만들어야 한다는 의미이고, 그러기 위해서는 2장의 끝에 대해서 확실하게 인식해야 하고, 그로부터 3장을 위한 새로운 긴장을 만들어야 한다는 의미입니다. 구체적 용어들은 꼭 작가와 다른 사람들과의 관계에서만 유용한 것은 아닙니다. 말은 곧 생각입니다. 구체적이고 정확한 말을 배운다는 것은 그만큼 구체적이고 정확한 생각을 할 수 있다는 것입니다. 그래서 작가가 자신이 쓴 글을 스스로가 작가이면서 독자로 평가할 때 구체적 용어들로서 좀 더 정확하게 평가하고 개작할 수도 있는 것입니다. 말을 익혀야 개념이 생깁니다. 하늘이란 말이 생긴 후에 우리는 저 높은 곳에서 푸르게 빛나는 무한의 허공을 하늘이라는 말로 아름답게 인식할 수 있었습니다. 누군가가 자꾸 생각나고, 그 사람을 생각하면 괜히 혼자 가슴이 뛰는 현상은 병이 아니라 사랑입니다. 이 수업에서 저는 여러분들이 그런 용어를 익히기를 바랍니다. 용어를 익히고 그 생각들을 실제로 여러분의 창작 과정에 적용하기 바랍니다. 그 습득과 적용에도 많은 시간이 걸립니다. 이 수업이 그 지난한 시간의 출발점이 되길 바랍니다. 적어도 이 수업 이후에는 어떤 시나리오를 보고 "좀 심심한데?" 이런 말은 하지 않게 되기를 바랍니다. 전문가란 용어를 아는 사람입니다.

왜 영화인가?

이 수업의 목적은 여러분에게 이야기를 이해시키고, 나아가서 그것을 쓰는 데 도움이 되는 것입니다. 이야기를 어떻게 생각할 것이며, 이야기는 무엇이고, 우리는 이야기의 인생에서 무엇을 배울 것인가, 그런 것들에 대해 생각해 보는 수업이고, 그런 것들을 이용해서 창작에 도전해 보는 수업입니다. 이 수업 속에서 논의의 대상이 되는 이야기들은 모두 영화의 이야기입니다. 세상에 스토리는 많습니다. 여러분이 읽는 소설도 스토리이고, TV 드라마도 스토리입니다. 물론 다큐멘터리 영화도 스토리입니다. 심지어 저는 예능 프로그램도 하나의 스토리 구조를 갖고 있다고 생각합니다. 취업할 때 쓰는 자기소개서도 스토리이고, 그렇게 취업한 후 직장에서 부서원과 상사, 사장님까지 앞에 놓고 프레젠테이션을 하면 그것도 스토리입니다.

그런데 왜 이 모든 스토리들 중에서 영화를 대표적 스토리로 수업에서 다루는 것일까요? 첫 번째는 영화가 시각적 스토리텔링(visual storytelling)이기 때문입니다. 시각적 스토리텔링은 21세기 현재 모든 스토리텔링의 대표입니다. 글의 스토리와 시각적 스토리는 스토리의 기본 원리는 같지만 두 가지 면에서 다릅니다. 첫 번째, 미디어가 다릅니다. 글은 활자에 의해 스토리가 전달되고, 영화는 시청각적 기호들로 전달됩니다. 화면, 컷, 배우의 표정, 청각적 음악, 말소리에 의해 전달되는 겁니다. 특히 컴퓨터가 보편화된 21세기에는 시각적인 스토리를 훨씬 더 많은 사람들이 사용하고 나누기 때문에, 영화라는 시각적 스토리를 선택한 것입니다.

두 번째로는 영화가 시간적 스토리텔링이라는 이유입니다. 니코스 카잔차키스의 『그리스인 조르바』는 하루에 다 읽기 힘듭니다. 사흘 만에 읽든, 일주일 동안 읽든, 한 달 내내 읽든, 심지어 1년간 매일 한 쪽씩 읽든 상관없습니다. 소설을 감상하는 데 시간적 제약은 없습니다. 여러분의 선택에 달린 것이죠. 시간적 스토리텔링이 아니니까요. 하지만 영화는 여러분들이 극장에 들어가면 대략 2시간 동안 스토리를 다 감상합니다. 여러분이 조정할 수 없는 시간적 구속이 있습니다. 영화 스토리텔링은 정확하게 시간과 함께 흘러갑니다. 이렇듯 시간의 제약 속에서 스토리에 대한 접촉이 어떻게 흘러가는지 살펴보는 것이, 문자로 이루어지는 스토리텔링보다 스토리에 대해서 더 많은 것을 알려줍니다. 소설보다 영화에서 이야기의 구조가 강조되는 이유가 여기에 있습니다. 시간적으로 진행되는 영화에서는 관객의 감정을 통제하고 마침내 절정에서 터뜨려야 할 정교한 구조가 요구됩니다. 음악도 시간적 스토리텔링입니다. 하지만 음악의 스토리텔링은 음표라는 추상적 기호 안에서 진행되기 때문에 이 수업에서 다루기는 적절치 않습니다. 연극도 시간적 스토리텔링이지만, 배우들의 실연에 의해서 진행되기 때문에 엄밀하게 말하면 공연마다 시간은 달라집니다. 또한 과거의 연극을 다시 본다든지 하는 일이 불가능하므로 이 수업에서는 다루지 않을 것입니다.

영화는 또한 외면적 스토리텔링입니다. 이것이 소설과 영화의 가장 큰 차이일 수 있습니다. 가령 이야기 속 한 인물이 몹시 불쾌한 걸 표현하기 위해서 소설은 '그 사람은 몹시 불쾌했다'라고만 쓰면 됩니다. 하지만 영화가 이걸 표현하는 방법은 두 가지입니다. 첫째는 배우가 그런 감정을 표현하는 행동을 보이는 것, 즉 얼굴을 찌푸리거나 손에 든 유리잔을 집어 던지는 것입니다. 두 번째는 그 인물의 대사로 '나는 지금 몹시 기분이 나빠'라고 말하는 것입니다. 하지만 후자는 많은 영화들이 선호하지 않는 방법입니다. 말은 시각적 기호들이 중심인 영화의 스토리텔링에서 그리 효과적인 방식이 아닙니다. 말의 스토리 분담률이 높을수록 영화는 매체의 가장 고유한 특징을 스스로 경시하는 것이니까요. 이제 여러분은 이해할 수 있습니다. 영화나 TV 드라마에서 그토록 수많은 인물들이 와인 잔이나 사무실 명패를 집어 던졌던 이유를요. 그것이 그 사람의 감정을 강하게 관객에게 드러낼 가장 효과적인 방법이라고 생각하기 때문입니다. 물론 훌륭한 배우들은 그런 과격한 방식 아니고도 미세한 표정 하나로도 감정을 표현하기도 하지만요.

이런 이유들로 이 수업에서는 영화의 스토리텔링을 다룹니다. 영화는 대략 2시간짜리 시간적 스토리텔링입니다. 시나리오 한 장을 대략 1분으로 계산하면, A4 크기로 100-120페이지는 됩니다. 120페이지의 스토리를 머릿속에서 어떻게 장악하느냐. 그것이 이 수업의 중요한 목표입니다. 120페이지의 스토리를 장악할 수 있다면 그것을 쓰는 것도 가능합니다. 그렇게 긴 호흡의 스토리를 장악하는 것을 익히면 장편 소설이나, 심지어 보고서 등도 같은 방식으로 장악할 수 있다고 믿습니다.

다시 말하면 이 수업에서는 긴 이야기의 대표로서 영화를 놓고 그것을 분석하고 창작하는 법을 배웁니다.

수업의 순서

먼저 이 수업에서 우리는 이야기가 과연 무엇이고, 그것은 우리 삶에 왜 필요한가에 대해서 논의해 보겠습니다. 구체적으로 영화 이야기에 대한 논의에 들어가기에 앞서서 도대체 이야기가 무엇인지 그 정체를 밝히는 것은 중요하기 때문입니다. 영화 이야기, 즉 시나리오는 몇 개의 개별적 특성을 가지고 있지만, 또 여전히 보편적인 이야기의 한 종류라는 것을 잊지 말아야 합니다. 그래야 시나리오가 20세기 들어서 뚝 떨어진 게 아니고 오랜 인류의 이야기 역사에서 진화돼 온 현재적 개체임을 알게 되고, 영화 이야기와 세계의 연관성을 잃지 않는다고 생각하기 때문입니다. 내 방식의 용어로는 여기까지가 일종의 '스토리 인문학'입니다. 오늘날 인문학의 정의가 다양하고, 다양한 만큼 모호합니다. 제가 생각하는 인문학은 추론에 의해서 우리 삶의 근본적인 것을 생각해 보는 학문 혹은 생각의 방식입니다. 사람은 무엇인가? 인생은 무엇인가? 등이 인문학의 대표적인 질문이 되겠지만, 이야기는 무엇인가? 재미란 무엇인가? 우리는 왜 이야기가 필요한가? 등의 질문도 인문학적인 질문입니다. 이야기에 대한 이런 근원적인 질문들이 궁극적으로는 이야기를 쓰는 데 있어서 의미와 깊이를 더해 줄 것임은 자명합니다.

수업의 다음 부분은 당연히 어떻게 쓸 것인가에 대한 것입니다. 이 부분은 이야기를 바라보는 관점이 단순한 이야기 소비자에서 전문가로 이동하는 지점입니다. 소비자는 이야기를 즐기기만 하면 족합니다. 하지만 이야기를 분석하는 것이나 이야기를 쓰는 것을 업으로 하는 사람들은 단순한 소비자보다는 좀 더 본격적인 관점이 요구됩니다. 그것은 이야기 경험의 성질을 바꿔 가는 것입니다. 즐기는 것에서 습득하는 것으로 바뀌는 게 그 변화의 본질입니다. 이야기에 대한 인문학적 고찰과 이야기 경험을 통해서 축적된 이야기 감수성을 바탕으로 본격적으로 쓰는 방법에 대해서 얘기해 볼 것입니다. 구조를 잡는 방법, 주제를 관철하는 방법, 장면을 구성하는 방법 등이 그것입니다. 구조와 주제가 사

이야기에 대한 인문학적 고찰	이야기를 쓰는 방법
• 이야기는 무엇이고, 우리는 왜 이야기를 하는가?	• 구조와 주제 • 장(act)과 시퀀스 • 장면(scene)

〈표〉 이야기에 대한 인문학적 고찰과 이야기를 쓰는 방법

실은 한 몸이고, 장면이 스토리라는 전체 우주의 한 부분이지만, 그 자

체로도 하나의 우주라는 사실을 공부할 것입니다. 그러니 하나의 이야기를 구성하는 원리와 하나의 장면을 구성하는 원리가 다르지 않을 것입니다. 모든 과정에서 구체적인 영화를 예로 들고 분석하면서 그것들이 어떻게 쓰였을지 생각해 볼 것입니다. 개개 영화의 구조를 찾아내고, 주제를 짚어내고, 장면들을 분석하면서 우리가 아는 위대하고 아름다운 영화들이 어느 한 작가가 결국 첫 줄을 쓰기 시작했기 때문에 완성됐다는 것을 배울 것입니다.

스토리언

여기 생소한 영어 단어가 있습니다. 전 세계에서 저만 쓰는 단어인 '스토리언(storian)'입니다. 이야기를 뜻하는 영어 단어 'story'에 사람을 뜻하는 '-an'이란 영어 접미사를 붙였습니다. 코미디언(comedian)은 코미디를 하는 사람, 히스토리언(historian)은 역사를 다루는 사람입니다. 그러니 스토리언은 이야기를 다루는 사람을 뜻하겠지요. 이야기를 쓰는 사람을 지칭하는 영어 단어로는 쓰는 사람이란 뜻의 'writer'가 있고, 이야기를 하는 사람이란 뜻의 'storyteller'도 있습니다. 'storian'은 쓰거나 말하는 데서 그치지 않는, 이야기 인간을 뜻합니다. 이야기를 사는 사람이라고도 말할 수 있습니다.

오래전 어느 소설을 읽으면서 이 개념이 번뜩 생각났습니다. 소설

속에서는 소설가 지망생 청년이 자기 선생님을 매일 따라다니며 글쓰기를 배웁니다. 그런데 어느 날 선생님이 이 어린 학생에게 말합니다. "스토리는 쓰는 것이 아니다. 온몸으로 사는 것이다. 이제 너의 인생으로 스토리를 써라." 그래서 이 사람은 자기 인생으로 스토리를 쓰려고 나가서 노력합니다. 이상한 기행도 하고, 사랑 고백도 하면서요. 저는 그렇게 기행을 하거나 사랑 고백을 할 건 아니지만 스토리를 산다는 것, 그것에서 아주 깊은 감명을 받았습니다. 스토리를 사는 것이란 의미는 무엇일까요? 일차적으로는 세상에 나오는 이야기들을 충분히 즐기고 경험하며 그 이야기들을 통하여 자기 삶을 풍요롭게 하는 것이겠지요. 그러면서 자신의 이야기 경험을 분석하고, 그럼으로써 좋은 스토리에 대한 자신의 입장을 세공해 나가고, 끝내는 좋은 스토리를 쓰는 삶입니다. 삶의 모든 부분에서 스토리 감각을 이용하고, 스토리의 소비와 창작을 통해 자신의 삶을 스토리로 채워 가는 삶입니다. 그러다가 마침내 자신의 삶도 스토리의 하나로 인식해서 좋은 주제와 좋은 구성으로 그 스토리를 진행해 가는 것입니다. 그러다 보면 마침내 하나의 아름다운 영화 같은 모습으로 자신의 삶도 완성될 것이니까요.

미국 가수 돈 맥클린(Don Mclean)의 노래 중 「빈센트(Vincent)」라는 노래가 있습니다. 세기의 화가 빈센트 반 고흐(Vincent Van Gogh)에 대해 부른 노래죠. 그 노래는 이렇게 시작합니다. 'Starry, starry night!' 별이 가득한, 아름다운 밤하늘을 부르는 것입니다. 그러면서 동시에 반 고흐가 그린 「별이 빛나는 밤(Starry Night)」이라는 그림을 호명하고 있는 셈입니다. 여러분 대부분은 밤하늘에 별이 가득하고, 은하수가 소용돌이치는 그 그림을 본 기억이 있을 겁니다. 별이 가득한 밤하늘을 보며 그림을 그리는 반 고흐를 생각하면서 돈 맥클린은 가사를 그렇게 쓴 거죠. 저는 가끔 그 노래를 이렇게 부릅니다. "Story, story night!" 밤하늘, 끝없는 우주에 스토리가 가득 차 있습니다. 마찬가지로 우리 인생에도 스토리가 가득 차 있습니다. 여러분들이 경험하게 될 인생은 여러분들이 읽을 스토리, 영화로 볼 스토리, 여러분들 스스로 써나갈 스토리, 직장에서의 보고서, 그리고 어느 밤 사랑하는 사람에게 전하는 사랑 고백 등 온갖 종류의 스토리로 가득 차 있습니다. 그렇게 여러분은 스토리를 사는 것입니다. 저는 여러분 모두가 스토리언이 되길 원합니다. 그래서 밤하늘을 보면서 이런 노래를 같이 부르게 되기를 바랍니다. "Story, story night!"

첫 시간을 마치겠습니다.

왜 우리에게는 이야기가 필요한가?

이야기는 우리 감정을 소비하기 위해서,
삶에 대한 통찰을 얻기 위해서,
죽음에 대한 공포에서 벗어나기 위해서 필요합니다.
이야기는 지친 우리의 감정을 위로하고,
난해한 삶을 이해하는 일을 도와주며,
실존적 한계로부터 오는 두려움을 잊게 해줍니다.
좀 과장해서, 이야기는 우리를 살게 해주는 것이지요.

『이터널 선샤인』

찰리 카우프만 각본,
2004

오스카 각본상
아카데미 각본상
미국작가조합상 각본상
런던비평가협회상 각본상

「이터널 선샤인」 포스터.
(출처: ㈜노바미디어)

실패한 사랑의 기억에 고통받는 남자 조엘이 의학적 시술을 통해서 자신의 두뇌에서 아픈 사랑의 기억을 삭제하려 한다. 시술이 끝난 날의 아침부터 시작하는 현재와 사랑의 시작과 고통, 결별 끝에 시술을 결심하는 과거, 두 가지 시간이 정교한 구조 속에 배치된다. 조엘이 사랑의 기억을 삭제하려는 욕망이 이야기를 추동하는 중심 욕망이지만, 중간점 이후에 갑자기 삭제를 거부하려고 하면서 조엘의 의식 속에서 삭제하려는 시술자들과 그로부터 도망가려는 조엘의 추격전이 어떤 액션 영화 못지않은 긴장감을 갖고 펼쳐진다. 중간점 이후 주인공의 중심 욕망이 바뀌는 특이한 구조의 스토리로 볼 수도 있지만, 바뀐 게 아니라 삭제의 욕망이 변형되면서 새로운 스토리 에너지를 보강한다고 보는 게 합당한 분석이다. 추격전 속에서 기억의 풍경들이 시각적으로 펼쳐지면서 마치 시처럼 아름다운 판타지를 만든다. 기억 삭제 시술자인 의사와 여직원 사이의 서브플롯 또한 정교하게 작동하면서 3장에서 결론을 유도하는 반전을 만들어낸다. 시술로 기억이 삭제된 후에도 다시 만나 사랑을 시작하는 커플을 통해서 사랑은 무의식적으로 각인된 향기나 촉감, 축제 저녁의 이상한 달콤함, 비 오는 날 우산 아래서의 아늑함, 해변에 쌓인 눈의 아름다움 같은 순간적이고 아련한 기억들을 공유하는 것이라고 영화는 말한다. 마지막 장면은 사랑은 예상되는 미움을 견디려는 의지라는 걸 확실히 한다.

「이터널 선샤인」,
티 없는 마음의 영원한 햇살

두 번째 수업의 제목은 '왜 우리에게는 이야기가 필요한가?'입니다. 왜 우리는 이야기를 배워야 할까요? 왜 우리 인생에는 이야기가 필요할까요? 이런 의문에서 출발합니다. 「이터널 선샤인(Eternal Sunshine of the Spotless Mind)」(미셸 공드리 감독, 2004)이라는 영화가 있습니다. 짐 캐리와 케이트 윈슬렛이 주연이죠. 오래전에 나왔던 영화입니다. 우리에게 이야기가 필요한지 묻는 강의에서 왜 「이터널 선샤인」 이야기를 하는 걸까요. 그 답을 구하기 위해 일단 영화 내용을 보겠습니다. 제목은 선생님과 학생으로 만난 남녀의 사랑을 그린 알렉산더 포프(Alexander Pope)의 시에서 따온 구절입니다. 선생님을 사랑했던 시 속의 여인은 결국 그 사랑을 포기하고 교회로 들어가 수녀가 되어 신에게 귀의합니다. 사랑에 대한 모든 마음을 버리고 평온해진 마음 상태를 '티 없는 마음의 영원한 햇살(Eternal Sunshine of Spotless Mind)'로 표현한 것입니다. 굳이 의미를 따지자면, 사랑과 번민으로 마음에 생겨난 잡티를 지우고, 영원한 햇살처럼 얻는 마음의 안식으로 볼 수 있겠습니다. 이 영화는 지나간 사랑에 고통받는 사람들이 의학적 방법으로 사랑의 기억을 지우는 수술을 하는 것을 주 내용으로 합니다. 여러분도 알겠지만, 지나간 사랑은 행복하기보다는 아프게 기억됩니다. 대개 사랑의 경험은 아프고 아쉽죠. 그래서 헤어진 사람은 고통받습니다. 타의에 의해 헤어졌을 경우, 그 기억은 영원히 고통으로 남습니다. 그래서 어떤 사람은 실연을 살아서 맞이하는 죽음이라고 표현했습니다.

영화 속에서는 사랑에 대한 기억을 지우는 시술이 나옵니다. 옛날 영화라 지금보다는 소품이 소박합니다. 미용실 파마기 같은 스캐너를 머리에 쓰는데, 그 스캐너가 뇌 사진을 컴퓨터에 띄웁니다. 사랑에 대한 기억이 위치한 부분은 붉은 점으로 표시됩니다. 시술자들이 컴퓨터의 특정 프로세스를 이용해 점을 하나 지우면 사랑의 기억 하나가 삭제됩니다. 거의 하룻밤이 걸리는 시술입니다. 시술받은 사람은 하룻밤만 지나면 사랑의 기억이 없는, 티 없는 마음을 얻습니다. 시의 주인공이 종교에 귀의해서 기도와 묵상으로 얻었던 안식을, 영화는 수술로 얻게 해줍니다.

기억 삭제 장치를 머리에 쓴 조엘.
(출처: (㈜노바미디어)

영화에서 한때 연인이었던 조엘(짐 캐리 분)과 클레멘타인(케이트 윈슬렛 분)도 이 시술을 받습니다. 서로에 대한 기억을 완전히 지워버리죠. 그런데 둘은 우연히 다시 만나 또 사랑에 빠집니다. 처음 보는 사람들처럼요. 저는 이 영화를 보면서 사랑은 의식에 각인된 기억이 아니며 그보다 깊은 무의식에 새겨진 서로에 대한 감각이라는 말을 영화가 하고 있다고 느꼈습니다. 사랑은 내가 왜 당신을 사랑하는가를 설명할 수 있는 논리가 아닙니다. 바람결에 실려 오던 그녀의 향기, 고개를 숙이던 그녀의 머리 위로 비껴들던 저녁노을, 그녀와 함께 누웠던 얼음판 위에서 전신에 전해 오던 차가운 냉기, 그녀의 집 창문을 올려볼 때 보이던 가로등 빛에 포획된 옅은 눈발, 그녀가 장난으로 누르던 베개의 달콤한 압박감, 이런 모든 감각들이 사랑의 요체입니다. 영화는 논리적 기억이 지워져도 이런 감각들은 남아 있고, 그런 감각들이 남아 있는 한 우리는 다시 사랑할 수밖에 없다고 얘기합니다.

그런데 왜 지금 이 영화 이야기를 하는 걸까요? 이 영화의 어떤 부분이 스토리의 본질과 닿아 있기 때문입니다. 이 영화 속에서는 기억을 지우는 시술 도중, 조엘이 기억을 지우고 싶지 않아서 자신의 기억 속에서 클레멘타인을 데리고 도망가는 장면들이 나옵니다. 의료진은 이들을 추적해서 그 부분의 기억조차 삭제하려고 합니다. 첫 번째 사랑의 기억이 발견되어 삭제되자, 연인을 데리고 사랑 이전의 기억인 어린 시절로 도망가고, 거기까지 쫓아와 삭제하려는 의료진과 숨 막히는 추격전을 벌입니다. 중요한 건 이 모든 추격전이 현실이 아닌 주인공 짐 캐리의 뇌

속 의식, 즉 생각 속에서 벌어진다는 것입니다. 현실의 짐 캐리는 미장원 파마기 같은 의식 추적 장치를 쓰고 침대에 누워 잠들어 있을 뿐입니다. 그렇지만 그 의식 속에서는 격렬한 추격전이 벌어지고 있습니다. 그렇게 생각해 보면, 제임스 카메론 감독의 영화 「아바타(Avatar)」(2009)도 현실의 세계와 의식 속의 세계가 나란히 병렬로 진행됩니다. 크리스토퍼 놀란 감독의 「인셉션(Inception)」(2010)도 꿈속에 들어가 무언가를 해내는 이야기입니다. 의식 속에서 벌어지는 일이죠. 스토리라는 것도 의식 속에서 벌어지는 일입니다. 현실에서 벌어지는 일이 아닙니다. 기억이나 꿈처럼 의식 속에서 만들어집니다. 물론, 소설, 영화, TV 드라마가 이야기라는 구체적인 형식으로 존재하기는 하죠. 극장에 가면 영화가 있고, 책을 펼치면 『그리스인 조르바』라는 스토리가 내 손 안에 있습니다. 그렇지만 우리는 그 물리적 실체를 즐기는 것이 아니라 글자로 표현된 생각을 즐깁니다. 그것이 이야기입니다. 그러니까 영화를 보거나 소설을 읽어도 궁극적으로 모든 이야기는 우리 머릿속 의식에 남아 있는 서사적 구성체로 존재합니다. 바로 이것이 우리의 현실적 삶과는 확연히 구별되는 이야기의 본질적 성질입니다.

그런데 여러분은 영화를 보고 울고 웃고 공포에 질리잖아요? 현실의 이야기도 아니고 가짜인데, 우리의 감정은 왜 반응할까요? 이야기는 어떻게 현실보다 절절하게 우리의 마음을 반응하게 만들까요? 우리는 분명 물리적 현실에서 살고 있는데 이야기는 도대체 어떻게 우리의 감정을 발생시키는 걸까요? 이야기 속 연인이 헤어지면 왜 우리는 가슴이 아프죠? 이야기 속 주인공이 세상을 떠나면 왜 우리는, 가족이나 연인도 아닌데 가슴이 아파서 펑펑 우는 것일까요. 생각해 보면 신기한 일입니다.

─

감정 소모

감정이입

『오디오-비전』이라는 책이 있습니다. 영화의 사운드에 관한 책입니다. 그 책에는 감정이입(empathy)에 대해 설명하는 부분이 있습니다. 사운드를 다룬 이 책은 다른 어떤 이론서보다 명쾌히 감정이입을 정의합니다. 이 책에 의하면 '감정이입이란 다른 사람의 감정을 자기 것으로 느끼는 능력'입니다.[1] 우리가 영화를 보고 주인공에게 감정이입이 됐다는 것은, 주인공의 감정을 내 것으로 느낀다는 의미입니다. 훌륭한 배우는 감정이입의 전문가입니다. 자신의 감정을 관객이 잘 느끼게 하는 것입니다.

---

1 미셸 시옹, 윤경진 옮김, 『오디오-비전』, 한나래, 2004, 22쪽.

이해 가능한 인물들

이야기는 우리의 보편적인 상식에 근거한 개연성 있는 세계를 만들어 놓고, 그 속에 우리와 가까운 인물들을 설정해 놓습니다. 가깝다는 것은 지리적으로 가깝다, 우리 동네에 산다, 한국에 산다, 나이가 비슷하다, 이런 의미의 공간적이거나 시간적인 개념이 아닙니다. 가깝다는 것은 이해 가능하다는 것입니다. 이해가 가능한 인물들(understandable characters), 이해가 가능한 사건을 통해 감정이입이 이루어집니다. 우리는 어느 에스키모 남자의 이야기를 보면서도 감정이입을 할 수 있습니다. 에스키모 남자가 나오는 영화를 보면서 울거나 기뻐하거나 웃을 수도 있습니다. 이해 가능한 인물과 사건이 나오면 감정이입이 되기 때문입니다. 스토리 진화론자 브라이언 보이드(Brian David Boyd)라는 학자가 있습니다. 그의 이론에 의하면 인간 정신의 유사한 구성이 문화적 보편성을 만들어낸다고 합니다.[2] 인간은 정신적으로 구성이 비슷하기에 세계 어느 곳에 살아도 결국 일종의 문화적 보편성이 나타난다는 겁니다. 근친상간이 금지되어 있다는 것, 살인이 죄악이라는 것은 세계 어디나 같습니다. 신화학자 조지프 캠벨(Joseph Campbell)의 생각을 빌리자면, 같은 생물학적 조건에서 출발한 인간들이 환경에 적응하려는 노력은 유사한 사회

---

2 브라이언 보이드, 남경태 옮김, 『이야기의 기원』, 휴머니스트, 2013, 43-44쪽.

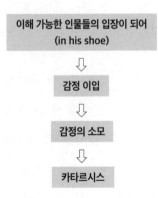

<표> 감정 이입의 과정

를 만들고,[3] 이는 지구상 어느 지역에서나 비슷한 원형적(archetypal) 캐릭터를 만든다고 했습니다. 원형이란 말은, 스테레오타입이라는 말과는 다릅니다. 스테레오타입은 표면적 상투성을 말하지만, 원형이란 근원적 보편성을 의미합니다. 이해 가능하다는 말은 그 인물이 선하다는 말은 아닙니다. 그 인물의 행동 동기가 우리의 상식에서 이해 가능하다는 말이죠. 굶주리는 자식을 위해 도둑질을 한 장발장을 우리는 이해할 수 있습니다. 우리 모두 자식에 대한 애정을 갖고 있으니까요. 자식이 굶주리고 있는데 자기가 먹고 남은 음식을 집에 가져가지 않는다면, 오히려 그

---

3 크리스토퍼 보글러, 함춘성 옮김, 『신화, 영웅 그리고 시나리오 쓰기』, 비즈앤비즈, 2013, 63쪽.

사람을 이해할 수 없겠죠. 이해 가능한 인물, 개연성 있는 인물을 만들어내는 것에서부터 감정이입이 시작됩니다.

그의 입장이 되어

신발 두 짝은 'shoes'지만, 한 짝은 'shoe'지요. 미국 사람들은 누군가의 입장을 이해한다는 뜻으로 'In his shoe'라는 말을 씁니다. 그의 신발 속에 있다. "I'm in your shoe"라고 하면 난 너의 입장을 이해한다, 감정이입을 느낀다는 말입니다. 그의 이야기에 감정이입해 자신의 것으로 느낀다면, 그가 경험하는 모든 것에 대해 자신이 경험하는 것과 다르지 않은 감정이 발생합니다. 그래서 나와는 관계없는 이야기 속의 사람에 대해 눈물을 흘리고, 그가 사랑하는 연인과 헤어지면 가슴이 아픕니다. 특히 실제 삶에서 그와 비슷한 경험을 한 사람은 훨씬 더 강한 감정적 반응을 합니다. 브라이언 보이드는 말합니다. 감정이란 타인으로부터 이해와 협력을 원하는 인간의 사회적 본능의 표시라고요.[4] 처음 만난 사람끼리 어떤 유머를 나눠서 같이 웃으면 친해집니다. 웃는 행위는 자신의 행복감을 발산하고 상대에 대한 호감을 표현하는 감정입니다. 웃으면 굉장히 가까워진 겁니다. 반대로 화를 내고 언성을 높이며 얼굴을 찌푸

---

4 브라이언 보이드, 앞의 책, 153쪽.

리는 행위는 자신의 불쾌감을 표시해서 타인을 경계시키는 표시입니다. 그렇죠, 여러분이 화를 낼 때 그런 겁니다. 눈물을 흘리는 등 슬픔을 보이는 것은 다른 사람이 자신의 슬픔, 고통을 이해하길 바라는 감정적 표시이고요. 기뻐하고 행복한 표정을 짓는 행위는, 함께 협력해서 좋은 결과를 낸 서로에게 전하는 보상입니다. 내가 이 사람을 행복하게 했구나 하고, 우리는 같이 일한 사람들에게 보상적 감정을 갖는 거죠.

원시 사회부터 인간은 이렇게 감정을 표시해 왔습니다. 원시 사회는 지금보다 사회가 단순했습니다. 그래서 분노 아니면 기쁨, 감정도 이렇게 두 종류로 단순했습니다. 그러다 점점 인간의 지적 능력이 진화함에 따라 감정들이 섬세하고 복합적이게 되고, 많이 만들어집니다. 분노에서는 불쾌함, 슬픔, 아쉬움 등의 감정이 분화하고, 기쁨에서는 쾌감, 행복감, 만족감, 즐거움 등의 감정이 분화했습니다. 다양한 감정에 대한 말들이 만들어지면서 감정은 더욱 분명한 형태를 띠기 시작했습니다. 우리가 어떤 감정을 '그리움'이라고 명명하기 전에는, 그리움은 슬픔의 한 종류였을 것입니다. 누군가가 어떤 대상이 지금 자기 옆에 없어서 슬픈 감정을 그리움이라고 명명하면서 그 감정은 슬픔으로부터 분화된 것입니다. 이런 방식으로 수많은 감정들이 만들어지고, 감정의 종류와 강도는 사회가 복잡해지면서 점점 더 증대되었습니다. 그러다 급기야는 감정의 과잉 상태가 된 것입니다. 사회의 발전 속도보다 인간의 감정 진화가 더 빨리 진행될 때 감정의 과잉은 더욱 가속됩니다.

바로 여기서 스토리의 일차적 필요성이 나타납니다. 우리의 감정을 소비할 필요성입니다. 감정이 복잡해지면서 우리는 자신의 물리적인 삶 하나만 가지고는 우리의 진화된 감정을 다 소비할 수 없었습니다. 소비되지 않은 감정은 스트레스, 고통으로 남습니다. 이야기는 그런 여분의 감정을 소모하기 위해서 필요합니다. '왜 우리에게는 이야기가 필요한가?'라는 질문의 첫 번째 대답은, '우리의 잉여 감정을 소비하기 위해서'라고 할 수 있습니다. 스토리는 물리적 세계와는 또 다른 세상입니다. 하지만 「이터널 선샤인」에서 보듯 그 세계가 발생시키고 소비시키는 감정도 절실합니다. 그 스토리의 세상에서 우리는 잉여 감정을 소비합니다.

그런데 이 세계는 또 다른 특성이 있습니다. 안전하다는 겁니다. 이야기 속의 공포는 실제 삶에서 느끼는 공포와 크게 다르지 않습니다. 그렇지만 그 공포가 공포라는 감정으로 소비되는 영화가 끝나면, 우리는 극장을 나가 각자의 안전한 물리적 삶으로 복귀할 수 있다는 걸 알고 있습니다. 그 속에서의 죽음과 공포는 내 것이 아니고, 2시간 지나면 끝납니다. 재난 영화, 액션 스릴러, 탐정 영화, 살인 범죄 영화 등 끔찍한 영화도 많은 대중이 좋아합니다. 이야기가 끝나면 재난과 살인조차 사라진다는 걸 우리는 알고 있습니다. 그래서 우리는 그런 것들을 통해 우리의 공포감을 비롯한 감정들을 소비하고 일상의 물리적 삶으로 안전하게 돌아옵니다.

감정을 적절하게 소비하는 사람은 그렇지 않은 사람보다 건강합니다. 이야기를 즐기는 인간이 훨씬 건강한 거죠. 소비하지 않은 감정은 스트레스로 쌓이고, 실제 삶에서 예기치 않게 폭발하기 쉽습니다. 그런 폭발은 자신과 타인의 삶을 위험하게 만듭니다. 이야기로 우리의 감정을 소비하면서, 우리는 지금 여기의 삶을 견뎌 나가는 것입니다. 삶은 기쁘고 아름다운 것일 수 있지만, 간혹 슬프고 고통스럽기도 합니다. 그런 슬픔과 고통을 이겨내는 데 이야기는 크게 도움이 된다는 겁니다. 소설을 많이 읽거나 영화를 많이 감상하는 사람들이 그렇지 않은 사람보다 훨씬 정서적으로 안정되어 있다는 통계도 있습니다.

카타르시스

공포 영화를 보면서 쉼 없이 비명을 지르고 떨다가 극장을 나오니 마음속 스트레스가 사라진 경험이 있을 겁니다. 현실의 공포에 좀 더 당당히 맞설 용기를 얻기도 하지요. 이야기가 우리의 잔여 감정을 소비하고 다시 세상과 맞서게 정화 작용을 하기 때문입니다. 고대 그리스 철학자 아리스토텔레스(Aristotle, 기원전 384-322년)는 이런 과정을 카타르시스(catharsis)라고 했습니다. 카타르시스는 감정의 정화라는 말입니다. 이야기 속에서 격한 감정을 경험하고 나서 느끼는 마음의 정화를 말하는 거죠. 「이터널 선샤인」의 짐 캐리도 자신의 의식 속에서 벌어지는 일에 울고 웃듯, 현실의 우리도 이야기를 통해서 또 다른 삶을 사는 것입니다. 이야기 속의 삶을 통해서 현실의 삶을 살아내는 것입니다. 이야기는 실제 삶의 필수적 조건입니다.

여러분, 생각해 보세요. 삶이 호접지몽으로 하룻밤 꿈 같은 것이라면 우리가 살고 있는 삶은 나의 물리적 삶인가요, 아니면 나의 이야기적 삶인가요. 이야기는 이 사이의 구분을 혼란스럽게 할 정도로 생생합니다. 많은 사람들이 「어벤져스: 엔드게임(Avengers: Endgame)」(2019)을 보며 울고 웃었을 겁니다. 어떤 사람은 영화를 보기 전에 미리 울면서 극장에 옵니다. 「어벤져스」 시리즈를 보면서 10년을 살았는데, 그 삶이 끝난 겁니다. 이야기가 한 사람의 삶에 스토리의 역사로 축적된 겁니다. 이야기 속 삶이라도 결코 가볍지 않습니다. 아이언맨이 떠나는 장면이 나오기 전부터 웁니다. 그의 죽음을 스포일러로 뿌리는 사람을 미워합니다. 스포일러는 이야기적 삶의 긴장감을 종식하는 행위니까요. 이야기 속 삶은 우리의 물리적 삶 못지않게 강도가 셉니다. 여러분에게 슬픈 일이 있었습니다. 그때 슬픈 영화를 보고 펑펑 울고 나면 마음이 정화됩니다. 그것이 카타르시스입니다. 그 감정의 정화가, 우리가 사는 세상에 이야기가 필요한 첫 번째 이유입니다.

이야기는 인생의 은유다

스토리가 필요한 두 번째 이유는 이 말로 시작하겠습니다. "스토리는 인생의 은유(Story is metaphor for Life)"입니다.[5] 미국의 스토리 이론가 로버트 맥키가 한 말입니다. 『STORY: 시나리오 어떻게 쓸 것인가』라는 책을 낸 로버트 맥키는 미국에서 가장 유명한 시나리오, 스토리 이론가입니다. 그 책의 영어 제목은 심플합니다. 'STORY'입니다. 미국에서 제일 많이 팔린 시나리오 작법책입니다. 로버트 맥키는 한국에도 한 번 왔습니다. 전 세계 각지에서 고액의 참가비를 받고 스토리 세미나를 진행하고 있습니다. 그 책에서 그는, '이야기는 인생의 은유'라고 했습니다. 제가 이 책을 처음 접한 게 15년 전쯤인데요. 이 구절을 읽고 신선한 충격을 받았습니다. 정확히 이해할 수는 없지만 뭔가 느꼈던 막연한 생각을 콕 집어냈다는 느낌을 받았습니다. 마치 이 문장이 저의 이야기에 대한

---

5   로버트 맥키, 고영범·이승민 옮김, 『STORY: 시나리오 어떻게 쓸 것인가』, 민음인, 2002, 44-45쪽.

생각을 통째로 은유했다는 생각도 들었습니다. 그때도 지금처럼 도대체 이야기는 우리에게 무엇일까 고민을 많이 했고요, 이야기를 정의할 수 있는 말들을 이것저것 생각해 보기도 했습니다. 그중 하나가 '스토리언' 이고요. '이야기는 여행이다', '삶의 도구이다', 지금 생각하면 다 상투적이고 유치한 말들입니다. 이런 문구를 생각하다가 '이야기는 인생의 은유다', 이런 아름다운 문장을 접했을 때 저의 충격과 기쁨은 아주 컸습니다.

이야기라는 보조관념, 삶이라는 원관념

은유라는 말 아시죠? 은유는 중고등학교 국어 시간에 많이 배웠을 겁니다. 저도 은유란 말을 처음 접한 게 중학교 국어 시간이었습니다. 제게 다른 가르침도 많이 주신, 대전 중앙중학교 정동환 국어 선생님이 저에게 은유에 대해서 정확히 가르쳐주셨습니다. 이 자리를 빌려 감사의 마음을 표합니다. 영국의 웹스터 사전에서 은유(metaphor)의 의미를 찾아보면, '하나의 사물이나 개념을 지칭하는 단어나 구절을 다른 사물이나 개념을 적용해서 그 둘 사이의 유사성이나 비교적 추론을 제시하는 비유법'으로 나와 있습니다. 정동환 선생님은 '-처럼', '-같이'가 들어가면 직유법이라고 말씀하셨습니다. 은유는 '-처럼', '-같이' 없이 'A는 B다' 라는 식으로 서로 다른 두 개념, 사물을 등식으로 단언하는 것입니다. 훨씬 단호하고 선명하죠. 두 단어 사이의 긴장이 이 비유법의 핵심입니

내 마음은 호수다

내 마음 ⇨ 원관념
호수 ⇨ 보조관념

한 영화를 보고 내 인생을 알게 됐다

내 인생 ⇨ 원관념
한 영화 ⇨ 보조관념

〈표〉 삶의 은유로서 이야기

다. A를 원관념, B를 보조관념이라고 하지요. 내 마음은 호수다, 그러면 내 마음이 원관념이고, 내 마음의 잔잔하고 맑음을 표현하기 위해 동원된 호수가 보조관념입니다. 이야기는 우리 삶의 은유다, 이렇게 말하면 우리 삶이 원관념이고 이야기는 보조관념입니다. 우리 삶(life, original concept)을 보조관념이라는 이야기(story, supporting concept)로 표현하려는 겁니다. 즉, 우리 삶을 은유하기 위해 이야기를 하게 된다면 둘 사이의 유사성이나 비교적 추론을 할 수 있습니다.

두 관념의 비교를 통해 얻는 통찰

독자, 즉 이야기의 수용자 개개인은 자신의 삶과 이야기 속 삶을 비교해서, 은유가 주는 통찰을 얻습니다. 은유는 원관념과 보조관념 사이의 시적 긴장을 통해서 은유 없이는 보이지 않던 것을 우리 앞에 제시해 줍니다. 예를 들어보면 「이터널 선샤인」을 보고 나오면서 제가 떠올린 것은, 가로등 빛에 포획돼 내리는 눈을 짐 캐리가 올려다보는 장면입니다. 그러자 고등학교 2학년 겨울방학, 눈 내리던 새벽이 생각났습니다. 일요일에 시립 도서관에 가서 시험공부를 하려고 어둑한 새벽 일찍 버스 정류장에 나가면 눈이 막 내립니다. 버스가 오면 헤드라이트 빛이 쫙 펼쳐지면서 그 사이로 내리는 눈발이 보입니다. 그 눈발 옆에 연모하던 여학생이 털목도리를 감고 서 있던 모습이 기억났습니다. 제 삶에서 그토록 비논리적이었던 사랑의 문제를 이해하고, 스스로를 용서하게 되었죠. 사랑은 논리도 아니고 기억도 아닙니다. 사랑은 힘들지만 버티고 기억해야 하는 감정적 함정이었습니다. 그 노력이 쌓여서 기억보다 강한 감각으로 무의식에 저장됩니다. 저는 「이터널 선샤인」을 보면서 개인적인 상처를 이해했습니다. 그리고 스스로 놓여나게 했지요. 스토리가 주는 은유적 통찰이 저의 삶이라는 원관념을 이해하게 만든 것입니다.

맷 데이먼이 나온 「굿 윌 헌팅(Good Will Hunting)」(구스 반 산트 감독, 1997)이라는 영화가 있습니다. 저의 후배 한 명은 이 영화를 보면서, 자기 삶을 이해하고 자기를 용서하고 앞으로 나아가는 계기를 얻었다고 합니다. 「굿 윌 헌팅」이 하는 이야기는 나중에 이 영화를 다루면서 다시 말하겠지만, 당신의 과거는 당신의 잘못이 아니라는 것입니다. 당신의 잘못으로 비롯되지 않은 모든 일로부터 당신은 벗어나야 합니다. 그 영

화 속에는 '네 잘못이 아니야(It's not your fault).'라는 대사가 나옵니다. 계부가 어린 윌을 폭행하고 학대한 것은 그 계부의 잘못이지 윌의 잘못이 아닙니다. 윌은 거기에 구속되어서 아름다운 재능을 썩히지 말고 과거에서 벗어나 새로운 생활로 나아가야 한다고 영화는 말합니다. 자신의 인생이 결코 누구에 대한 미움으로 지배당하게 하면 안 됩니다. 당신이 자신의 의지로 통제할 수 없었던 시절의 모든 일은 당신의 잘못이 아닙니다. 그 모든 과거로부터 여러분을 해방해야 합니다. 여러분의 의지가 관장할 수 있는 미래로 나아가야 합니다. 그 후배는 이 영화를 통해서 고통스럽던 개인사의 기억으로부터 스스로를 용서하고 해방되어 더 밝은 미래로 나아갈 힘을 얻었다고 합니다. 그게 「굿 윌 헌팅」의 스토리라는 보조관념이 그 후배의 인생이라는 원관념에 준 힘이죠. 그러니까 백마디의 논리적 충고보다도 하나의 이야기라는 보조관념이 우리의 삶이라는 원관념을 훨씬 잘 보이게 합니다.

무라카미 하루키가 어느 책에서 죽어가는 아버지의 생명을 기차에 비유한 구절이 있습니다. '벌판에 서서히 멈추는 기차처럼 우리 아버지의 생명은 사라지고 있었다.' 이 구절로 나는 생명이 사라지는 모습을 선명히 이해했습니다. 제가 무라카미 하루키를 좋아하는 이유는 그가 비유의 귀재이기 때문입니다. '장마 전선은 토라진 여인처럼 북태평양에 걸쳐 있었다'는 비유를 통해서는 장마 전선이 뾰로통하게 돌아앉아서 오지 않는 모습을 선명히 이해할 수 있습니다. 이것이 보조관념과 원관념이 우리에게 주는 통찰이라는 것이죠.

인지적 효용성으로 이야기를 설명하는 사람들은 이야기를 사고의 기본 도구라고 합니다. 사물이나 사건에 주목하는 순간, 우리는 그것의 이야기를 구성하기 시작합니다. 우리가 사람을 보거나 물건을 보면, 그것에 얽힌 이야기를 추측하며, 그것을 이해하기 시작합니다. 다시 로버트 맥키를 인용하면, "이야기는 삶의 모범을 찾기 위한 인간의 근원적인 욕구를 반영하는 것이고 현실로부터 도망치는 수단이 아니라, 현실을 찾는 추진체이며 실존의 무정부적 상태로부터 질서를 찾아내려는 우리의 가장 진지한 노력"[6]입니다. 이야기는 현실 도피가 아닙니다. 현실을 이해하기 위한 치열한 노력입니다. 삶이라는 실존의 무정부 상태, 헝클어진 상태에서 질서를 찾으려는 노력이 이야기입니다. 여러분이 좋은 영화를 본다는 것은 여러분의 혼란스러운 삶에 질서를 찾기 위한 노력입니다. 소설도 많이 읽고, 극장에도 많이 가세요. 그 모든 이야기는 인생의 은유니까요. 이야기가 우리 삶에 필요한 첫 번째 이유는 현실에

---

6 로버트 맥키, 앞의 책, 24쪽.

서 생기는 감정을 소모해서 건강한 사람으로 거듭나기 위해서이고, 두 번째는 이야기라는 은유를 통해서 우리 삶을 이해하는 통찰을 얻기 위해서입니다. 세 번째 이유는 과연 무엇일까요?

죽음에 대한 준비

이야기가 필요한 세 번째 이유는 죽음을 준비하는 것(preparing for death)입니다. 해럴드 블룸(Harold Bloom)은 미국 문학 평론가이자 문학 연구자입니다. 그는 스토리에 대한 연구를 오래 했습니다. 그는 우리가 스토리를 즐기는 까닭은 죽음을 준비하기 위함이라고 했습니다. 그가 쓴 『해럴드 블룸의 독서 기술』이라는 책이 있습니다. 그 책 속에서 그는 우리가 이야기를 읽는 이유는 사람들에 대해 충분히 알지 못하기 때문이고, 또한 우리의 우정은 너무나 취약하고 위축되거나 사라지기 쉬우며 공간과 시간, 불완전한 연민 그리고 가정과 애정 생활의 온갖 슬픔으로 짓눌리기 쉽기 때문이라고 했습니다.[7] 이런 것에서 벗어나려면 이야기가 필요하다는 겁니다. 이야기를 보고 경험하는 행위는 우리 자신이나 친구들 속에 있는 타자성(otherness)을 일깨워 줍니다. 그래서 우리의 고독을 경감해 줍니다. 타자성을 일깨워 고독을 경감해 준다는 게 뭘까요.

---

7 해럴드 블룸, 윤병우 옮김, 『해럴드 블룸의 독서 기술』, 을유문화사, 2011, 15쪽.

우리 자신의 타자성을 일깨운다는 것은 나를 타인으로 본다는 겁니다. 다시 말하면 우리 자신을 객관적으로 본다는 얘기입니다. 교양의 척도는 자기 삶을 얼마나 객관적으로 보느냐라고 저는 생각합니다. 교양 없는 사람들은 자기가 경험하는 세계가 전부라고 생각합니다. 그러면 절대로 남을 이해할 수가 없죠. 교양 있는 사람들은 자기를 세계의 한 부분으로 객관적으로 봄으로써 타인을 이해합니다. 자기 삶만이 세상의 중심이라고 생각하고, 자기 고장, 동네, 학교만이 전부라고 생각한다면 아주 이기적이고 편협한 인간이 될 수밖에 없습니다. 자기 자신을 객관화했을 때 자신을 뛰어넘을 수 있습니다. 세계에는 수많은 사람이 있고 다른 세상이 있다는 것을 이해하면, 나는 결국 우주의 한 점일 뿐이구나, 타인을 이해하며 살아야겠다는 생각이 듭니다. 누군가가 그랬습니다. 사랑은 나 이외의 존재가 이 세상에 있다는 것을 인정하는 것부터 시작된다고.

여행이란?

우리가 여행을 하는 것도 같은 이유입니다. 자기 자신 속의 타자성을 일깨우려 여행을 하는 겁니다. 스페인, 남아메리카, 미국, 아이슬란드, 아프리카, 중국 등 세상 모든 곳에 사람들의 삶이 있고, 모두가 각자의 방식으로 열심히 살고 있습니다. 그 사람들은 언뜻 다르게 살아가는 것처럼 보이지만, 자세히 보면 본질적으로는 같다는 걸 알게 됩니다. 그러면서 나역시 이 사람들에게는 너무나 낯선 한국의 조그만 동네에 사는 사람임을 자각하면서, 좀 더 겸손해지고 타인을 이해할 배경이 생기는 겁니다.

여행은 정신의 스트레칭입니다. 운동할 때 평소에 안 쓰는 근육을 늘리는 것이 스트레칭입니다. 팔은 늘 안쪽으로 굽지만, 스트레칭을 할때는 바깥쪽으로 팔을 휘어보죠. 허리는 늘 앞으로 숙이지만, 스트레칭을 할 때는 허리를 뒤로 젖힙니다. 안 쓰는 쪽으로 근육을 써서 근육의 균형을 잡아주는 것이 스트레칭입니다. 요가의 원리도 마찬가지죠. 평소에 쓰지 않는 모양으로 몸을 비틉니다. 우리 정신도 익숙한 공간에만 있으면 뇌의 같은 부분만 움직입니다. 낯선 공간에 가야지만 평소 안 쓰던 다른 부분이 움직입니다. 낯선 공간에 반응하면서요. 늘 생각하는 방향이 아니라 다른 방향으로 생각하는 것이죠. 여행은 우리 정신의 스트레칭입니다. 자주 여행을 다녀서, 편협한 사고에 머물지 말고 균형 잡힌 마음을 가져야 한다는 것이죠.

죽음의 대비

다시 말하자면 교양의 척도는 자기 객관화의 정도입니다. 자신만으로 세계를 해석하거나 채우지 않고, 다른 사람과의 연관성을 통해서 스스로를 파악한다는 것이죠. 해럴드 블룸은 이런 작업을 통해 스스로의 고독을 치유하는 효과를 얻을 수 있다고 했습니다. 그러면서 그는 이야기를 읽는 목적은 결국 변화에 대비하는 것이며, 안타깝지만 가장 마지막 변화는 세상 사람들 누구나가 맞이하는 죽음이라고 했습니다. 스토리 학자 마리-로어 라이언(Marie-Laure Ryan)이란 사람이 있습니다. 그는 인간이 내러티브적 이야기를 통해 시간, 운명, 죽음에 대처한다고 했습니다.[8] 이야기가 죽음에 대처한다는 말은 여러 스토리 학자들이 이야기해 왔습니다. 해럴드 볼륨의 관점은 이야기의 수용적, 감상적 관점입니다. 이야기를 많이 접하면 죽음에 대비할 수 있다는 겁니다. 마리-로어 라이언은 서술적, 창작적 관점에서 이야기합니다. 우리는 이야기를 씀으로써 우리의 삶을 객관화하고, 죽음에 대비할 수 있다는 겁니다. 일기를 씀으로써 그날그날 여러분의 삶을 객관화할 수 있습니다. 여행을 갔다면 여행기를 써서 여러분의 여행을 객관화할 수 있고요. 자기소개서를 쓰는 것도 지난 삶을 객관적으로 보는 작업입니다.

일본의 노벨 문학상 수상 작가 오에 겐자부로는 제가 아주 좋아하는 작가입니다. 그는 장애를 갖고 태어난 아들을 대하는 자신의 속물성과 고통을 솔직하게 글로 써서 스스로의 삶을 객관화함으로써 개인적 고통을 극복했고, 동시에 많은 독자들에게 호소력 있는 이야기의 보편성을 획득했습니다. 한국 작가 박완서 선생님도 '오빠의 죽음'이라는 개인

---

8 마리-로어 라이언 엮음, 조애리 외 옮김, 『스토리텔링의 이론, 영화와 디지털을 만나다』, 한울아카데미, 2014, 15쪽.

사의 고통을 글로 써내지 않으면 견딜 수 없을 것 같아서 마흔이 다된 늦은 나이에 작가로 데뷔했습니다. 그 역시 이야기를 쓰는 행위로써 자신의 고통을 치유하고 또 수많은 독자들의 마음도 함께 위로할 수 있었습니다. 우리 모두는 이야기를 쓰거나 읽음으로써 성취하는 자기 삶의 객관화를 통해 우리에게 닥칠 궁극적 변화인 죽음에 대비하는 것입니다. 죽음을 대비하고 극복하는 것이 결국 삶을 극복하는 것입니다. 왜냐면 삶은 죽음이니까요.

의미와 상상력을 통한 생물학적 죽음의 초월

이제 이야기가 죽음을 극복하는 방식에 대해서 구체적으로 얘기할 때가 되었습니다. 그 첫 번째 방식으로 다시 브라이언 보이드를 인용하겠습니다. 그는 이야기가 지금 여기, 현재를 뛰어넘어 사고하는 유인과 습관을 제공한다고 말했지요.[9] '지금 여기'란 현실의 존재, 실존을 이야기합니다. 실존의 가장 치명적인 조건은 죽음이지요. 그래서 지금 여기의 삶을 뛰어넘는다는 의미는 결국 죽음을 뛰어넘는다는 겁니다. 예를 들면, 인간과 짐승이 큰 차이가 없었을 원시 사회에서, 인간은 먹이사슬 중간 단계쯤 위치했고 맹수에게 쉬운 먹잇감이었습니다. 그러나 인간에

---

9 브라이언 보이드, 앞의 책, 298쪽.

게는 말이 있었고 이야기를 할 수 있었습니다. 거친 자연의 천적들 사이에서 인간은 이야기를 통해 언제라도 다가올 죽음의 공포를 잊을 수 있었습니다. 좀 더 좋은 환경에 사는 동족들의 이야기를 통해서 상상 속의 행복을 맛볼 수도 있었고요. 또한 누가 죽으면 그 사람을 생물학적 죽음 상태에 두지 않고 우리를 위해 싸우다 죽었다는 등의 이야기를 통해서 그의 죽음에 의미를 붙였습니다. 종교, 신화, 전설, 국가주의적인 이야기 모두, 사실은 죽음을 스토리화, 의미화한 것이 많습니다. 가령 제가 어렸을 때, 강재구 소령이란 분이 부대에서 부하가 놓친 수류탄에 몸을 던져 죽었습니다. 강재구 소령의 생물학적 죽음은 부하들을 위한 숭고한 희생으로 의미화되었습니다. 우리는 어느 가장의 죽음을 한평생 가정을 위해서 일하다 떠난 분의 죽음으로 의미화하는 예도 많이 봅니다. 이렇게 이야기는 의미화를 가능하게 해주고, 이런 의미화가 없다면 우리 모두의 죽음은 단지 생물학적인 죽음일 뿐입니다. 죽음에 이런 의미를 부여함으로써 우리는 스스로를 위로하고 삶을 지속할 수 있습니다. 이야기라는 상상의 틀에 우리 삶을 놓음으로써 삶에 의미를 부여한다는 것은, 곧 죽음에도 의미를 부여한다는 것입니다. 그래서 생물학적으로는 짐승의 죽음과 다를 바 없는 인간의 죽음이, 부족을 위한 숭고한 희생이 되기도 하고 두려움을 극복한 용기의 상징이 되기도 하는 것이죠. 사랑, 희생, 용기, 숭고함의 가치로 죽음을 치환하는 겁니다. 그것은 절대적으로 이야기의 힘입니다. '다음 세상에 또 만나세', '이제 무거운 짐 내려놓고 쉬십시오'라는 위로의 말들도 이야기적인 맥락에서 나오는 것입니다. 그렇게 우리는 죽음을 다른 곳으로의 이동이나, 편안한 휴식으로 보면서, 피할 수 없는 죽음의 공포와 슬픔을 이겨나갑니다.

생물학적 죽음	이야기를 통해서 ⇨	희생, 사랑, 용기, 휴식 등 숭고한 것으로의 변화

〈표〉 이야기를 통한 의미화

죽음의 경험

"맞아요. 여기는 캘리포니아 로스앤젤레스 선셋 대로입니다. 시간은 새벽 5시. 강력반 경찰들과 형사들, 그리고 기자들이 모여 있습니다. (……) 한 청년의 시체가 풀장 위에 떠 있습니다. 등에 두 개의 총구멍이 있어요. 별로 보잘것없는 시나리오 작가입니다. 몇 개의 B급 영화 제목이 그의 크레딧에 있을 뿐이죠. 그는 항상 풀장이 있는 집을 원했죠. 마침내 꿈을 이뤘지만, 그 대가가 너무 크네요. 이야기는 6개월 전에 시작됩니다. 나는 프랭클린 가에 있는 조그만 아파트에 살고 있었죠."
　─영화 「선셋 대로」 중에서

이야기가 죽음을 극복하는 또 다른 방식은 관객과 독자에게 죽음을 경험할 기회(experiencing death)를 준다는 것입니다. 죽음에 대한 감각을 익

힌다고 할 수 있는 거죠. 현실의 죽음은 완전한 소멸을 의미하기 때문에, 자신의 죽음에 대해 알 수는 없습니다. 어떤 사람들이 자신의 죽음에 대한 경험을 말한 적이 있지만, 그런 일이 종교나 신비주의가 아닌 현실적 상황에서 일어난 적은 없습니다. 이야기를 통해서 우리는 매일 수많은 죽음을 경험합니다. 심지어 어떤 영화는 죽은 사람의 내레이션으로 시작하기도 합니다. 앞에 써놓은 대사는 미국 고전 영화 「선셋 대로(Sunset Boulevard)」(빌리 와일더 감독, 1950)에 나오는 첫 번째 대사입니다. 이 대사를 하는 주인공은 시체가 되어 풀장 수면에 둥둥 떠 있습니다. 샘 멘데스 감독, 케빈 스페이시 주연의 「아메리칸 뷰티(American Beauty)」 (1999)도 죽은 주인공의 내레이션으로 이야기가 시작됩니다. 앙드레 말로의 『인간의 조건』이라는 소설을 청년 시절에 읽고 몸을 떨었던 기억이 지금도 생생합니다. 소설의 주인공은 상하이 쿠데타 당시의 테러리스트입니다. 그가 폭탄을 들고 장제스의 차로 돌진하고, 그 밑에서 폭탄이 터지는 순간을 앙드레 말로가 묘사해 놓은 부분을 읽으면서, 마치 제가 그걸 경험하는 듯한 생생한 감각을 느꼈습니다. 자기 몸이 폭탄과 함께 산

산이 부서지는 순간에도 그는 자기 내면의 독백을 우리에게 들려줍니다.

모든 이야기에서 우리는 죽음을 경험합니다. 이야기 속 죽음에 대한 경험을 통해 우리는 스스로의 죽음을 객관화할 수 있습니다. 그 객관화를 통해 죽음이라는 인간의 실존적 숙명에 대한 공포를 극복할 수 있습니다. 아무도 현실에서는 죽음을 경험해 보지 못합니다. 죽음을 경험한다는 것은 죽는 것이고, 그 경험담을 얘기해 줄 사람은 이미 죽음의 침묵 속에 있기 때문입니다. 작가들이 상상으로 기술한 죽음이 사실 우리가 아는 전부입니다. 그러나 그것을 통해 우리는 죽음과 대면할 수 있고, 같은 이유로 삶을 대면할 수 있습니다. 미국 작가 폴 오스터(Paul Auster)는 제임스 조이스(James Joyce)의 『율리시스』를 읽고 말했습니다. 마치 소설 속 백인처럼 아일랜드 더블린으로 가서 몇 달 동안 거리를 돌아다닌 것 같다고요. 난생처음 자기 자신을 본 것 같다고 말합니다. 이것 역시 이야기를 통해 삶이나 죽음을 극복하는 방식입니다.

저는 살면서 어려운 상황에 부딪힐 때마다 스스로를 소설의 주인공으로 놓고 일인칭 독백을 합니다. '난 집을 나섰다. 바람이 얼굴에 불어왔다. 상쾌했다. 오늘 하루 복잡한 일들이 있지만, 그 순간 모든 두려움이 사라졌다. 버스를 탔다. 창밖으로 3월의 풍경이 흘러갔다. 산수유꽃이 더 노래졌다. 삶은 살 만한 것이다. 당연히 오늘의 삶도 나에게 소중하고 가치 있는 것이다. 오늘의 어떤 불편한 일도 용기 있게 맞서야 한다. 그도 두려운 건 마찬가지일 것이다.' 이런 식의 독백으로 현실에서 맞닥뜨리는 두려움을 극복한 적이 있습니다. 이 역시 이야기 속 맥락에 나를 위치시키고 두려움을 극복한다는 점에서 죽음을 극복하는 것과 같다고 생각합니다. 이야기가 죽음을 극복하는 두 번째 방식은 죽음의 경험입니다.

죽음에 대한 망각

드디어 우리는 이야기가 죽음을 극복하는 가장 중요한 방식을 이야기할 때가 됐습니다. 그것은 죽음에 대한 망각, 시간에 대한 망각입니다. 이것이 이야기가 죽음을 극복하는 가장 일반적이고 강력한, 대중적인 방식입니다. 작고하신 신영복 선생님의 책을 보면, 교도소에 있을 때 다른 수감자에게 아주 인기가 좋았다고 하는 대목이 있습니다. 흉악한 범죄자도 있는데 말이죠. 모두가 신영복 선생님을 따르고 잘해 줬다고 합니다. 선생님은 공부를 많이 하고 대학생들을 가르쳤던 사람이었기 때문에 이야깃거리가 많았습니다. 감옥이라는 단조로운 세계에서 형기를 마쳐야 하는 이들에게, 선생님의 이야기는 시간을 보내는 데 가장 효과적인 오락이었고요. 시간의 지루함을 잊는 데 이야기만 한 것이 없죠. 아침에 지하철을 타거나 버스를 타고 학교에 올 때, 이어폰을 끼고 스마트폰으로 드라마를 보거나 영화를 보죠. 그것이 전철 타고 가는 시간의 지루함을 잊게 만듭니다. 시간을 잊어버리고 빨리 가도록 합니다.

저는 우리 삶도 하나의 감옥이라는 생각을 했습니다. 우리는 여기에서 삶을 살아내야 합니다. 삶의 시간을 견디는 사람에게 이야기만큼 소중한 게 어디 있겠습니까. 이야기는 매일 죽음으로 한 발짝씩 다가가고 있는 우리에게 시간을 망각하게 해줍니다. 인생이란 감옥에서 보내는 시간을 견디게 해주는 거지요. 그런데 재미가 없으면 이야기에서 벗어나 현실로 돌아옵니다. 다시 창밖을 보고 다시 현실의 시간을 견디는 거죠. 저의 경우 지하철에서 재밌는 책을 읽다가 내려야 할 역을 놓친 적이 있는데, 그만큼 시간을 완벽히 잊습니다. 그렇지 않은 경우에는 아무것도 안 보이는 컴컴한 지하 동굴 벽을 바라보고 있어야 합니다. 이야기가 없다면 우리의 삶도 핸드폰을 집에 두고 나온 날에 탄 1호선 지하철 속이나 마찬가지일 겁니다. 컴컴한 창밖을 보다가 도착할 역이 얼마나 남았는지 계산하는 것처럼 지루한 시간 속에서 죽음까지 남은 시간을 계산할 수밖에 없겠지요.

그러면 여기서 하나의 질문이 생깁니다. 재미란 무엇인가요? 여러분 중 많은 분은 이렇게 생각할 겁니다. '재미가 재미지, 당연한 걸 왜 물어요?' 공부는 당연한 걸 묻는 겁니다. 당연한 걸 물어서 설명할 수 있을 때 지적 통찰이 생겨납니다. 가장 근본적으로 인간이란 무엇인가? 거기서 모든 의학과 철학이 생겨났습니다. 지구란 무엇인가? 거기서 모든 물리학과 천문학이 생겨났습니다. 공부는 당연한 걸 묻고, 그걸 말로 다시 설명할 수 있어야 합니다. 재미가 무엇인지 설명하는 방법을 배우는 것이 오늘 남은 시간 동안 우리가 해야 할 일입니다. 내가 수업을 재미있게 하면 이 수업을 듣는 여러분이 시간을 잃어버릴 수 있겠지요.

재미란 무엇인가?

감정의 움직임

재미는 감정의 움직임(moving of emotion)입니다. 한자로 감정을 써보면 感(느낄 감), 動(움직일 동)입니다. 감동이란 말은 여러분의 감정이 움직인다는 뜻입니다. 영어로는 'moving' 또는 'touching'이라고 합니다. 'moving'은 내 안에서의 움직임이고, 'touching'은 밖에서 내게 어떤 움직임이 일어난 겁니다. 감정의 움직임은 비단 슬픔, 기쁨만이 아니라 공포, 웃음, 유머, 긴장감, 초조감, 조바심, 안타까움 모두를 말합니다. 이러한 감정의 움직임을 주지 못하면 재미가 없는 거죠. 그런 영화가 있다면 보기가 힘듭니다. 공포 영화를 보러 갔는데 하나도 무섭지 않으면 돈을 물어내라고 하고 싶습니다. 공포라는 감정의 움직임이 생기지 않았으니 재미가 없는 거죠. 공포 영화는 웃기면 안 됩니다. 우리는 공포를 예상하고 갔기 때문에 공포를 줘야 합니다. 코미디 영화는 유머와 해학적인 웃음을 줘야 하고, 공포 영화는 무서움을 줘야 합니다. 인물의 성격과 대사를 이용해 극적인 효과를 만들어간다는 의미에서, 드라마라고 불리는 장르의 영화는 반전의 놀라움이나 인물 간의 관계를 통한 서스펜스를 줘야 합니다.

그래서 미국 사람들은 영화의 이야기를 만들어가는 일을 감정공학(emotional engineering)이라고도 합니다. 감정공학은 스토리를 만들어 관객의 마음속에 감정을 만들고 조정해 나가는 일입니다. 이 엔지니어링이 잘되어서 관객의 마음을 강력하게 많이 움직이면 엄청난 관객이 열광하는 겁니다. 그렇지 않으면 망하는 거죠. 요즘 유행어로 폭망 영화가 되는 것입니다. 우리가 어떤 영화를 보고 시간 가는 줄 몰랐다면, 상영 시간 내내 여러분들은 삶과 죽음에 대해 잊어버린 겁니다.

지혜를 얻는 통찰력(지적 재미)

재미의 또 다른 요소는 지적인 재미, 즉 지혜를 얻는 통찰력(getting insight(intelligent fun))을 얻는 겁니다. 로버트 맥키는 가장 큰 감동은 의미에서 온다고 했습니다. 이 경우 감동은 웃음, 공포 같은 직관적인 감정과는 다릅니다. 영화가 감정의 움직임만 줬다고 완벽하게 좋은 영화는 아닙니다. 또 다른 지적인 재미가 있습니다. 지혜의 재미죠. 우리가 어떤 의미를 갑자기 깨달을 때, 인식의 간극이 메워지며 엄청난 통찰이 폭풍처럼 밀려옵니다. 이것을 반전이라고 하는데, 이것이 엄청난 재미를

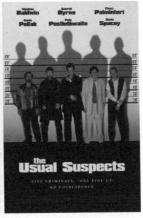

준다는 겁니다. 영화 「식스 센스(The Sixth Sense)」(M. 나이트 샤말란 감독, 1999)에서는 주인공이 사실 유령이었다는 걸 알았을 때 엄청난 반전이 일어나고, 이 반전이 폭풍 같은 의미의 재미를 던져줍니다. 「유주얼 서스펙트(The Usual Suspects)」(브라이언 싱어 감독, 1995)에서는 모자라 보이는 용의자의 말이 사실 다 즉석에서 지어낸 것이고, 그 사람이 모든 범죄의 배후라는 것이 반전입니다. 이때도 관객의 머릿속에서는 영화의 전 과정이 거의 1초 안에 주마등처럼 복기되면서 스토리가 재창조됩니다. 이 얼얼한 의미의 재미에 정신을 차릴 수가 없을 정도로요.

여러분은 저의 스포일러 때문에 이제 「유주얼 서스펜스」는 보나 마나입니다. 스포일러가 나쁜 것은 관객에게 이 엄청난 의미의 재미를 앗아가 버리기 때문이죠. 과장하자면 정말 천인공노할 일입니다. 제가 대학 다닐 때 「유주얼 서스펙트」가 엄청난 히트를 했습니다. 인터넷이 없던 시절이었습니다. 제가 기억하기로 2,000석 규모의 서울 대한극장 앞이 표를 사려는 사람들로 인산인해였는데, 영화를 보고 나오던 사람 하나가 "다리 저는 사람이 범인이다!"라고 엄청나게 크게 소리를 질렀습니다. 그 순간 매표구 앞에 줄 서 있던 수백 명의 사람들은 귀를 막을 여유조차 없이 스포일러당해 버렸습니다. 이 불운한 관객들에게 이제 이 영화는 보나 마나 한 것이 되어 버린 것이죠. 영화가 시작되면 다리를 저는 사람이 나와서 바보짓을 하는 게 나옵니다. 그 사람이 범인이란 걸 알고 보면 영화는 전혀 재미가 없죠. 우리는 반전을 통해 격렬한 지적 통찰과 지적 재미를 얻습니다. 그런 재미를 통해 우리는 이야기 속 세상을 한순간에 재해석할 수 있을 뿐 아니라, 이야기 밖 우리의 현실도 재해석할 수 있습니다.

우리가 어떤 영화를 보며 울 때는 대부분 슬퍼서가 아니라 공감이 가기 때문입니다. 그 사람을 이해하기 때문에 웁니다. 슬픔보다 공감이 훨씬 강력한 감정이기에 우리를 울게 합니다. 두 연인이 헤어지는 장면에서 눈물을 흘렸다면, 그들의 헤어짐이 슬퍼서라기보다는 그 헤어짐의 의미, 둘이 헤어질 수밖에 없는 상황을 이해하기 때문에 우는 것입니다. 공감은 결국 의미의 이해에서 오는 것이고, 그것은 격렬한 감정을 만듭니다. 발달한 인간의 인지력은 인간의 인지적 확장, 즉 의미의 이해를 감정으로 연결할 수 있다는 것입니다. 그래서 의미는 재미가 되는 것입니다. 이야기 속에서 삶의 의미를 확장하는 것은 우리가 공포에서 벗어나는 데 도움이 됩니다.

인지적 놀이

재미의 세 번째 요소는 인지적 놀이(cognitive play)입니다. 이것도 브라이언 보이드가 이야기했습니다. 이야기가 갖는 가장 원초적 재미 요소로 인지적 놀이를 들었거든요. 그는 스토리를 보상 없는 인지적 놀이라고 규정합니다. 인지로 인한 지각과 기억, 판단과 추리를 포함한 넓은 의미의 지적 자극을 사용하는 놀이를 말합니다. 일반적인 놀이나 게임에는 보상이 주어지죠. 그러나 이야기는 주어지지 않습니다. 침팬지가 재주를 넘을 때 바나나를 받으면 그것은 보상이 있는 놀이지만, 인간은 그런 직접적인 보상 없이도 자신의 지적 능력에 자극을 주는 놀이를 선호합니다.

인간은 세상에 있는 모든 자극을 유형화하고 정리하려는 본능이 있습니다. 스토리는 그런 세상의 정보들을 유형화하는 데 아주 좋은 방식을 제공하는 인지적 놀이이고요. 하늘에는 수천 개의 별이 있습니다. 인간은 그 별들로 별자리를 만들어냅니다. 별자리를 알고 별을 보면 하늘이 훨씬 더 잘 보입니다. 우리 삶의 별자리를 알고 삶을 보면 훨씬 더 잘 보이듯이 말이죠. 천둥이 치고, 바람이 불고, 덥고, 추운 날씨에서 계절을 만들어낸 것도 인간입니다. 옛날에는 계절이 없었죠. 오늘은 춥네, 왜 춥지? 오늘은 덥네, 왜 덥지? 그러다 누군가가 비슷한 기온의 날들을 그룹으로 묶어 봄, 여름, 가을, 겨울이라는 계절을 만듭니다. 우리의 경험을 유형화한 것입니다. 당연히 그 유형화된 지식을 이용하여 인간은 사냥과 농사를 함으로써 생존의 확률을 높였습니다. 그렇게 우리는 세

| 이야기 수업 |

상을 유형화하며 대처합니다. 스토리는 이런 유용한 정보들을 인간 뇌 속으로 쏟아붓습니다. 이것이 이야기라는 인지적 놀이가 갖는 간접적 보상입니다. 이야기를 통해 주어진 환경에 섬세하고 지적으로 대응할 수 있었습니다.

갓난아이들의 첫 번째 장난감은 모빌입니다. 모빌은 아기의 눈앞에서 움직이죠. 눈동자를 움직일 수 있는 아이에게 눈동자를 움직이게 해주는 장난감을 주면 즐거워합니다. 자기가 갖고 있는 능력을 발휘하게 해주면 좋아하는 겁니다. 손을 움직이는 근육이 발달하면 아기에게 손을 흔들 수 있는 장난감을 줍니다. 아이는 자신이 익힌 재능을 사용하는 데서 엄청난 재미를 느낍니다. 모든 어른은 육체적, 지적으로 진화한 아이들입니다. 어른의 세계에서도 여전히 자신에게 주어진 능력을 사용하고 시험하는 재미가 강력하게 존재합니다. 운동하는 것은 자신의 진화한 육체적 능력을 사용하는 것입니다. 이야기를 읽거나 볼 때는 머리를 사용하게 되고, 인지적 놀이가 시작됩니다. 모든 이야기 속에는 이런 인지적 놀이 기능이 있고, 한 영화를 보면 그 영화가 보낸 기호를 해석해 등장인물의 성격과 배경을 알아내는 인지적 놀이를 합니다. 그래서 수준 높은 영화는 대사보다 시각적 기호를 많이 사용합니다. 대사는 직접적으로 정보를 주잖아요. 나 열일곱 살이야! 이건 쉬운 놀이입니다. 그러나 별다른 정보 없이 한 인물이 고등학교 2학년 2반 교실에 앉아 있는 걸 보여준다면, 이 방식이 그 인물이 열일곱 살이란 걸 알려주는 좀 더 고급하고 효과적인 인지적 놀이가 됩니다. 그래서 영화는 대사보다 시각적 정보에 집중해야 합니다. 모든 영화 장르는 이런 인지적 놀이 기능이 있지만, 미스터리나 추리물은 인지적 놀이 기능이 주된 재미 요소인 셈입니다.

기본적인 서사보다 이런 놀이 기능만을 중심으로 구성된 이야기를 우리는 게임이라고 합니다. 수용자의 선택이 이야기를 바꿀 만큼 인지적 놀이 기능이 극대화되어 있습니다. 오늘날 다양한 스토리 분야에서 게임이 차지하는 비중이 높아지고 있습니다. 그것은 인지적 놀이의 재미를 얼마나 많은 사람이 탐닉하고 있는지를 증명해 준다고 할 수 있습니다. 자, 이 시간 이후로 '재미란 무엇인가'라는 질문을 받으면, 재밌는 게 재밌는 거지, 이렇게 대답하면 안 됩니다. 첫 번째, 재미는 마음이 움직이는 겁니다. 극렬한 공포, 유머, 서스펜스 모두 재미입니다. 두 번째, 지적 통찰을 얻으며 세상의 정보를 알아가는 재미입니다. 반전을 통해 의미를 획득하는 것이죠. 세 번째, 인지적 놀이의 재미입니다. 우리의 지적인 뇌를 통해 이야기의 기호를 서로 주고받으며 일종의 지적 게임을 합니다. 이 세 가지가 재미입니다.

이야기는 우리를 살게 해준다

지금까지 이야기가 우리 삶에 왜 필요한지 살펴보았습니다. 다시 한번 요약하자면 이야기는 우리 감정을 소비하기 위해서, 삶에 대한 통찰을 얻기 위해서, 죽음에 대한 공포에서 벗어나기 위해서 필요합니다. 이야기는 지친 우리의 감정을 위로하고, 난해한 삶을 이해하는 일을 도와주며, 실존적 한계로부터 오는 두려움을 잊게 해줍니다. 요즘 대중적으로 각광받는 역사학자 유발 하라리(Yuval Noah Harari)의 말을 인용하면, 호모 사피엔스가 7만 년 전부터 시작한 인지 혁명 마지막 단계는 신화, 종교 등의 허구를 말하는 것이었다고 합니다.[10] 허구란 진실일 수도 있지만, 현실에서는 볼 수 없다는 말입니다. 가짜라는 말로 여러분의 종교적 신념을 훼손할 생각은 조금도 없습니다. 다만 현실의 물리적 눈에는 보이지 않는다는 말입니다. 그러나 허구들을 통해서 인류는 수백 명 단위의 부족에서 벗어나 수천 명, 수만 명의 낯선 사람들과 소통하고, 사회

---

10 유발 하라리, 조현욱 옮김, 『사피엔스』, 김영사, 2015, 48쪽.

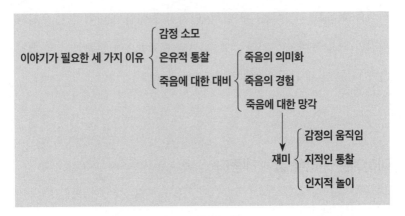

〈표〉 이야기의 기능

와 국가를 구성하는 등의 비약적인 발전을 해왔습니다. 그 허구가 바로 이야기죠. 진화적 기원에서부터 우리는 이야기에 빚을 지고 있는 셈입니다. 좀 과장해서, 이야기는 우리를 살게 해주는 것이지요.

우리는 지금까지 이야기의 필요성에 대해 공부했습니다. 이야기가 왜 필요한가에 대해서는 어느 정도 알았습니다. 연결된 사슬들처럼 다음 질문이 제게 떠오릅니다. 여러분에게도 같은 질문이 떠오르길 바랍니다. 그 질문은 이것입니다. 그러면 이야기는 대체 무엇일까요?

| 이야기 수업 |

이야기란
무엇인가?

이야기란 무엇인가?
무엇이기에 그것의 완성을 위해서
이 작가는 이토록 고통스러워하는 것인가?
극 중 로버트 맥키의 말처럼
반드시 사건이 있어야 한다면
이야기는 사건의 다른 이름인 것인가?
각색을 뜻하는 어댑테이션은 이야기 속에서
결국 무엇을 보존하고 무엇을 바꾸는 것인가?
픽션만이 이야기인가? 아니면
실제의 이야기도 이야기라는 영역 안에 포함되는 것인가?
도대체 이야기의 정의는 무엇인가?

『어댑테이션』

찰리 카우프만 각본,
2002

「어댑테이션」 포스터.
(출처: ㈜쇼박스)

아카데미 각색상
베를린 영화제 심사위원 대상
뉴욕비평가협회 각색상

「이터널 선샤인」의 시나리오 작가 찰리 카우프만이 실명으로 등장하는 영화. 제목으로 쓴 영어 단어 'adaptation'은 생물학에서는 한 생물이 환경이 적응하는 것을 의미하고, 영화 용어로는 소설이나 희곡, 시 등을 영화용 시나리오로 각색하는 것을 말한다. 각색이란 말도 하나의 스토리가 새로운 매체 환경에 적응하는 것을 뜻하니 결국은 같은 뜻인 셈이다. 영화 속에서 할리우드의 떠오르는 천재 작가 찰리 카우프만은 『난초 도둑』이라는 과학 에세이를 시나리오로 각색하는 일을 맡는다. 이 책은 《뉴욕 타임스》 기자인 수잔 올린이 플로리다의 한 난초 탐색꾼에 대해서 쓴 에세이다. 영화는 찰리 카우프만이 시나리오를 쓰면서 겪는 창작의 고통을 통해서 시나리오의 본질에 대해서 얘기하고, 또한 영화 속에서 작가가 쓴 시나리오의 내용이 독립된 영화처럼 보여지기도 하면서 두 개의 층위를 갖고 진행된다. 영화 속 작가 찰리 카우프만은 그토록 피하려고 하던 섹스와 마지막의 총격 장면으로 마무리된다. 작가가 할리우드 시스템과 타협한 보상은 사랑하던 연인과의 행복한 재결합이니 해피엔딩까지 제대로 있는 셈이다. 카우프만은 뚜렷한 스토리가 없는 과학 에세이에 선정적인 스토리를 집어넣는 시나리오를 쓰면서 그것에 대한 스스로의 회의와 반성까지도 함께 영화 속에 넣었다. 천재 작가 카우프만마저 저항을 포기한 아리스토텔레스적인 고전적 이야기 방식, 그것은 우리가 이 수업에서 배우려고 하는 이야기 방식이기도 하다. 스토리 이론가 로버트 맥키가 실명 캐릭터로 나와서 꼭 큰 사건이 있어야 이야기가 되는 것이냐면 항의하는 카우프만을 질타하는 장면도 있다.

들어가며

"너의 본질은 네가 무엇을 사랑하는가 하는 거야, 무엇이 널 사랑하는 가가 아니고(You are what you love, not what loves you)."

영화 「어댑테이션(Adaptation)」(스파이크 존즈 감독, 2002)을 생각하면 맨 먼저 떠오르는 말입니다. 극 중 쌍둥이 형제의 동생은 추적자들에게 쫓기던 플로리다의 늪 속에서 형에게 이렇게 말합니다. 고교 시절 자신이 좋아했던 여자가 뒤에서는 자신을 험담하고 다녔다는 걸 듣고 하는 말입니다. 동생은 자신도 알고 있었다고 말하죠. 하지만 그녀가 자신을 어떻게 생각하는지는 중요하지 않았다고 합니다. 중요한 건 자신이 그녀를 사랑했다는 것, 그것은 그녀와 상관없는 자신만의 온전한 권리라고 합니다. 인생에서 중요한 건 자신이 무엇을 사랑하느냐 하는 것입니다. 유명 작가임에도 언제나 남들의 시선과 평가에 신경쇠약에 걸릴 정도로 집착하던 형은 은근히 속물이라 무시했던 동생의 이 말에 큰 감명을 받습니다. 그리고 동생은 형이 귀에 대고 불러주는 노래 「Happy Together」

를 들으며 죽어갑니다.

어댑테이션(adaptation)이란 단어는 두 가지 뜻이 있습니다. 하나는 환경에 적응한다는 뜻이고, 또 하나는 각색이라는 뜻입니다. 진화론에 의하면 모든 생물은 환경에 적응하기 위해서 스스로를 진화시킵니다. 어댑테이션은 그 적자생존에 필연적인 적응을 의미합니다. 같은 단어의 또 하나의 의미인 각색은 하나의 서사 형식에서 다른 종류의 서사 형식으로 이야기가 전환하는 것을 뜻합니다. 소설에서 시나리오로, 혹은 희곡에서 시나리오로 서사의 방식을 변화시키는 것이죠. 요즘 잘 쓰는 스토리텔링이란 용어로 설명하면 하나의 스토리에서 말하기(telling)의 방식을 변화시키는 것입니다. 진화론의 어댑테이션과 서사 방식의 어댑테이션이 아주 다른 것 같지만 가만히 생각해 보면 환경에 대한 한 생물 종의 적응이나, 매체 환경에 대한 한 스토리의 적응이 서로 통하는 부분이 없는 것은 아닙니다. 이야기도 결국은 환경에 적응하는 것이고, 고립되면 돌연변이처럼 전혀 새로운 이야기들도 나타나는 것이니까요.

찰리 카우프만 각본, 스파이크 존즈 연출의 「어댑테이션」의 주인공은 시나리오 작가 찰리 카우프만 자신입니다. 그는 이 영화의 시나리오 작가이자, 영화에 시나리오 작가로 나오는 주인공이기도 합니다. 이 영화는 작가 자신의 실제 얘기에서 출발하여, 시나리오 작가인 주인공이 무언가를 쓰는 데서 오는 총체적인 고통을 다룹니다. 그래서 이 영화는 이야기 쓰기에 대한 영화가 됩니다. 이야기 쓰는 걸 직업으로 갖는 인생은 어떤 것인가요? 헐렁한 청바지에 다림질되지 않은 셔츠는 글 쓰는 자

의 유니폼인가요? 이것은 공사장의 건설 노동자들이 깨끗한 옷을 입고 일할 수 없는 것과 같은 이치겠지요. 말끔한 양복을 입은 건설 노동자는 직업의식이 없는 것이니까요. 그것은 불편하고, 효과적이지 않으니까요. 이야기를 쓰는 자에게 말끔한 양복 역시 어울리지 않습니다. 넥타이를 매거나, 바지 주름의 단정함을 생각하는 일은 집중력을 저하시켜요.

이야기를 쓰는 자에게는 사랑 고백 역시 쉽지 않습니다. 여자를 사랑하지만 사랑한다고 하는 고백은 늘 망설여집니다. 왜? 이야기 쓰기는 현실에서 이루지 못한 고백을 이루는 행위이기 때문입니다. 망설여서 발설되지 못한 사랑 고백은 비로소 컴퓨터의 워드 프로세서 위에서 원 없이 분출됩니다. 이야기를 쓴다는 것은 이렇듯 단절된 욕망을 해소하는 행위예요. 작가는 그러므로 심하게 얘기하면 이야기를 쓰면서 보상받고 싶어 하는, 현실 삶의 부적응자이지요. 그렇지 않고서는 아무도 글을 읽으려 하지 않는 이런 시대에 왜 작가를 하겠습니까? 「어댑테이션」의 주인공 찰리 카우프만은 정확히 이런 작가입니다. 그러므로 그에게 캘리포니아의 투명한 햇빛은 의미가 없어요. 그의 전장은 아무도 찾아와 주지 않는 골방이고, 이곳에서 그는 재능의 부족, 열등감, 외로움 등을 무기로 세상과 싸워 나갑니다.

영화 속에서 그는 난초에 관한 보고서를 각색하려고 시도합니다. 메릴 스트립이 연기하는 기자이자 작가가 쓴, 난초 채집자에 대한 취재 보고서 『난초 도둑』이 그가 각색해야 하는 책이지요. 난초에 대한 이야기가 1억 불이 넘게 드는 영화의 이야기로 성립될 수 있을까요? 그가 스튜디오의 시나리오 개발 책임자를 만나는 장면은 이 점에서 할리우드가 갖고 있는 기존의 스토리 관습과 이에 대한 그의 저항이 무엇인지를 일목요연하게 보여줍니다. 찰리는 땀을 흘리거나 초조하게 보여서는 안 된다고 혼자 중얼거립니다. 그러나 비 오듯 땀을 흘리는 그의 모습은 아주 우아하고 자신만만하게 그의 앞에 앉은 여성 개발 책임자의 태도와는 극명한 대조를 만들어냅니다.

LA의 고급 레스토랑에 마주 앉은 카우프만과 영화사 제작 담당 발레리. 카우프만은 실제로도, 그리고 이 영화 속에서도 영화 「존 말코비치 되기」로 각종 영화제 상을 휩쓸면서 할리우드의 새로운 재능으로 각광받고 있는 상태입니다. 그런데도 그는 이 아름다운 여인 앞에서 자신의 이마 위로 흐르는 땀을 신경 쓰면서 이 땀에 대해서 그녀가 어찌 생각할까 초조해하고 있어요.

발레리: 우리는 정말로 작가님의 「존 말코비치 되기」 시나리오를 좋아해요. 정말 독창적이었어요. 나도 작가님의 뇌의 통로를 발견해서 들어

가고 싶을 정도였어요. 자, 그럼 이제 우리의 이 난초 프로젝트에 대한 작가님의 생각을 들어볼까요?

카우프만: 먼저 훌륭한 원작이고, 캐릭터들도 좋고, 그렇지만 나는 영화가 진실 그 자체로, 그러니까 내 말은…… 인위적인 플롯을 쓰지 않고, 그냥 진실 그대로 갔으면 좋겠어요.

발레리: 좋네요, 하지만 정확히 이해는 못하겠는데…….

카우프만: 내 말은 할리우드식으로 이 원작을 망치지 말자고요. 난초 도둑들의 추적극이나, 난초에서 추출한 마약을 둘러싼 범죄 스릴러나 뭐 이런 식……. 그냥 순수하게 난초라는 꽃 그 자체에 대한 영화가 좋지 않을까…….

발레리: 좋네요……. 하지만…… 주인공 여기자와 난초 사냥꾼이 서로 사랑에 빠지는 정도는 생각해 볼 수 있지 않을까요?

카우프만: 네, 하지만, 섹스나 총격, 자동차 추격전 같은 걸 억지로 넣지는 말자고요. 인물들은 어려움을 극복해서, 인생에 대한 큰 교훈을 얻고, 마지막에는 끝내 성공하는 그런 할리우드적 이야기는 하지 말자는 겁니다. 인생은 할리우드가 아니잖아요?

이후 두 사람은 어색하게 서로를 보면서 장면이 끝납니다. 사건이 없는 시나리오는 성립할 수가 없어요. 모든 대중 영화는 결국 어떤 사람이 무엇인가를 강렬하게 원하는 이야기이고, 그가 그것을 성취하는 과정에서 만나는 장애물들을 극복해 가는 이야기지요. 그럼에도 찰리는 항변합니다. 꼭 모든 영화가 그래야만 하느냐, 왜 우리 일상의 삶에서는 아무것도 일어나지 않는 날들이 많은데, 영화가 삶의 모방이라면서도, 영화 속에서 꼭 무슨 사건인가가 일어나야만 한다는 것, 그것이 오히려 삶의 왜곡이 아니겠느냐? 영화 속 뒷부분에서 만나는 로버트 맥키(이 사람의 영화 속 이름은 로버트 맥키입니다. 두 번째 시간에 '영화는 삶의 은유'라고 얘기한 분)는 이 부분에 대해서 이렇게 대답해요.

"그렇게 말하면 너는 삶에 대해서도, 시나리오에 대해서도 아무것도 모르는 것이다. 네가 여기서 이렇게 편히 시나리오를 얘기하는 순간에도 아프리카의 어느 곳에서는 어린아이가 굶어 죽고 있다. 삶에서 사건이 일어나지 않는 날이란 없다. 단지 네가 못 볼 뿐."

그래도 찰리는 난초에 관한 이야기만을 하는 외로운 싸움을 시작합니다. 모든 난초는 그 개체 속에 인류의 진화사를 담은 하나의 우주이지요. 순전히 난초만을 등장시켜서 그 어떤 인물이 등장하는 영화보다 더 매력적인 영화를 만들 수 있다고 찰리는 믿습니다. 그러나 그는 곧 벽에 부딪혀요. 이런 종류의 벽은 설사 난초 이야기가 아니더라도 세계 어느 곳의 작가든 부딪히는 벽이죠. 앞으로도 뒤로도 나갈 수 없는 완벽한 무풍지대. 다른 말로 하면 완전한 창작적 변비. 무동력선이 무풍지대를 돌파하는 방법은 어느 날 문득 불어오는 미풍을 기대하는 수밖에 없는데, 그 미풍은 작가의 무의식에서 나옵니다. 하지만 쉽게 불어오진 않지요.

작가가 할 수 있는 일은, 물구나무도 서보고, 컴퓨터 워드 프로세서에서 원고지로 기술의 방법을 바꿔보고, 영화 속 찰리처럼 집에서 호텔 방으로 장소를 옮겨보는 무의미한 일들뿐이지요. 드디어 찰리는 그가 그렇게도 경멸해 마지않던 할리우드 시나리오 이론가 로버트 맥키의 시나리오 강연을 들으러 갑니다. 그리고 강연 뒤 로버트 맥키와의 술집 장면에서 이제 완전히 무장 해제된 초라한 카우프만은 물어봅니다.

카우프만: 난 단지 큰 캐릭터의 변화나 놀랄 만한 스토리 없이 단순하게 이야기를 하고 싶어요. 그냥 신의 기적으로서 난초, 꽃, 여주인공 기자가 끝내 유령 난초를 발견하지 못하는 그런 순수한 절망에 대해 얘기하고 싶어요.

맥키: 이해는 하는데, 그건 영화는 아냐. 처음으로 돌아가서 드라마를 찾아 넣어야 해.

카우프만: 난 돌아갈 순 없어요. 난 이미 잘못된 시작, 그릇된 전개를 너무 많이 했어요. 그러고도 이미 마감일은 훨씬 넘겼고요.

맥키: 내가 비밀을 하나 알려주지. 마지막 장이 영화를 만드는 거야. 마지막에 관객의 탄성을 끌어내면 그건 히트작이 되는 거야. 단점들이 있더라도 마지막 장을 잘 만들면 돼. 절대 속일 생각은 말고, 너의 인물들은 마지막에 변화해야 하고, 그 변화는 그들 스스로에게서 나와야 해. 그렇게만 하면 당신은 걱정 없지.

다소 코믹한 과장이 있는 이 장면을 나는 이 영화에서 가장 좋아합니다. 맥키를 부둥켜안고 우는 작가의 모습은 그가 사건이 없는 시나리오를 쓰겠다는 자신의 창작 이론을 버리고, 할리우드 시나리오 이론으로의 완전한 투항을 의미하는 것으로 보여요. 자상하게도 로버트 맥키는 이 불쌍한 작가의 등을 토닥거려 줍니다.

영화 속 주인공 작가가 자신의 시나리오 이론을 포기한 이 순간부터 이 영화도 급격하게 바뀝니다. 영화는 급격하게 할리우드의 관습들을 받아들이기 시작해요. 갑자기 난초를 캐는 수집가와 그를 취재하는 여기자 사이의 사랑 이야기가 영화의 전면에 배치돼요. 그렇게 러브 스토리의 관습을 이어가던 영화는 주인공이 여기자를 추적하는 장면들을 거쳐서, 주인공 동생의 비극적 결말에 이르면서 할리우드 스릴러의 관습을 채용합니다. 총격, 자동차 추격전 그리고 섹스도 있음은 물론입니다. 주인공이 쓰던 시나리오는 우리가 보는 이 영화였던 것입니다. 동생의 죽음 장면으로 할리우드 관계자들을 만족시키는 시나리오를 쓴 작가는 이제 영화의 마지막에서 자신의 여자에게 사랑한다고 말함으로써 자신의 사랑마저 완성합니다. 맥키의 충고대로 카우프만이라는 인물은 자신의 또 다른 자아인 쌍둥이 동생의 죽음을 딛고서 스스로의 캐릭터 변화를 이루어내는 것이지요. 그럼으로써 이 영화 전체는 하나의 이야기를 쓴다는 것은, 그리고 그 글로 관객과 소통한다는 것은, 또한 글을 쓰면서 산다는 것에 대한 이야기로 완성됩니다.

이야기란 무엇인가? 무엇이기에 그것의 완성을 위해서 이 작가는 이토록 고통스러워하는 것인가? 극 중 로버트 맥키의 말처럼 반드시 사건이 있어야 한다면 이야기는 사건의 다른 이름인 것인가? 각색을 뜻하는 어댑테이션은 이야기 속에서 결국 무엇을 보존하고 무엇을 바꾸는 것인가? 픽션만이 이야기인가? 아니면 실제의 이야기도 이야기라는 영역 안에 포함되는 것인가? 도대체 이야기의 정의는 무엇인가? 영화라는 하나의 이야기 속에 실제인지 픽션인지 모르는 두 개의 이야기를 담아내고, 그 이야기들조차도 지속적으로 이야기가 과연 무엇인지 묻는 영화 「어댑테이션」은 두 번째 수업을 위해서 우리에게 좋은 시사점을 던져줍니다.

모닥불 옆의 이야기꾼

많은 학자들은 인류 최초의 이야기꾼을 모닥불 옆 이야기꾼(bonfire storyteller)으로 봅니다. 인간 삶의 조건이 짐승과 크게 다르지 않았던 원시 사회에서 강한 짐승들에 대항하기 위해 인간들은 부족을 이루어 모여 살았지요. 이 부족에게 가장 급한 문제는 살아남는 것, 그중에서도 매일의 먹거리를 해결하는 것이었어요. 농경 이전의 사회에서 먹거리를 해결하는 방법은 수렵과 채집뿐이었어요. 음식을 구하러 부족원들은 아침이면 공동 주거지인 동굴을 나가서 산과 강으로 돌아다녔어요. 저녁이면 동굴 광장에 피워놓은 모닥불 주위로 모여 낮에 구해 온 음식들을 나누어 먹었고요. 그러면서 음식과 밖의 환경에 대한 정보들을 교환했어요. 어디 가면 머루가 많다. 어느 계곡에 가면 송어가 많다. 어느 산은 요즘 사나운 곰이 출몰하니 가지 말아라. 어떤 열매는 독이 있으니 먹으면 안 된다. 한 사람의 경험은 아주 실용적인 이야기를 통해 집단 전체의 경험으로 축적돼요. 이 중에 어느 게으른 사람이 하나 있었어요. 그는 음식을 구하러 다니는 것보다는 나무 그늘 아래서 낮잠이나 냇가에서 물장난으로 하루를 보내는 게 더 즐거웠어요. 놀면서 음식을 얻어먹는 방법은 거짓말이었지요. 그는 낮에는 실컷 놀고 밤에는 부족원들에게 돌아가 자신이 왜 먹을 것을 구해 오지 못했는가에 대해서 거짓 변명을 들려주기 시작했어요. 머루를 따려고 하는데 곰이 나타나서 구사일생으로 도망쳐 왔다고도 하고, 악어가 나타나 다 잡은 물고기를 놓쳤다고도 했어요. 좋은 야생 감자를 찾았는데 해가 져서 못 가져왔다는 변명도 있었어요. 그러면서 그는 간신히 다른 부족원들이 구해 온 음식을 조금이나마 얻어먹을 수 있었어요. 매일 같은 얘기를 할 수는 없으니 항상 새로운 얘기를 만드는 것은 괴로웠지만, 천성이 게으른 그에게는 일하는 것보다 말하는 게 나았어요.

부족장은 이 거짓말쟁이를 한 번은 혼내주려고 면밀히 관찰하고 있었습니다. 그런데 어느 날 부족장의 눈에 신기한 광경이 포착됐어요. 부족원들이 이 거짓말쟁이의 이야기를 즐기고 있는 것이었어요. 그들은 거짓일 게 뻔한 이야기에 웃고 울고 흥분하면서, 이야기가 끝난 뒤에는 자신들의 음식을 기꺼이 내주었어요. 매일 밤 그의 이야기가 계속되면서 부족원은 화를 덜 내고, 싸움도 줄었으며, 표정도 한결 더 밝아졌습니다. 부족장은 이 거짓 이야기꾼의 이야기가 음식 못지않게 부족원들을 행복하게 한다는 것을 깨달았어요. 그날 족장은 이야기꾼에게 더 이상 음식을 구하는 거짓말을 하지 말고 아예 이야기를 만들고 전해 주는 것에만 집중하면 먹을 것을 주겠다는 약속을 했습니다. 그날부터 이 이야기꾼은 모닥불가에서 매일 거짓 이야기를 하기 시작했어요. 사람들이 즐거워할수록 그의 음식은 늘어났습니다. 점차 그가 음식을 구해 온 사람들보다도 더 많은 음식을 차지하기 시작했어요.

이 이야기꾼이 모닥불가 이야기꾼이고, 그의 이야기가 픽션의 시작입니다. 음식으로 배를 채운 인간들은 이야기를 통해서 정신을 채우는 것이지요. 이야기는 실용적 진실에서 오락적 거짓으로 분화해 나가기 시작했고, 이 거짓을 위해서 전문적인 이야기꾼들이 생겨나기 시작했습니다. 연극 연출가, 소설가, 화가, 시인, 영화감독 등이 시대와 매체를 달리해서 모습을 나타내는 거짓 이야기꾼들입니다. 실제 현실보다도 더 보편적인 이야기를 만들어 사람들의 감정을 위로하는 이 사람들을 작가나 예술가로 부르기 시작했어요. 이들을 전체적으로 이야기꾼이라 부를 수 있다면 이들이 전달하는 것은 당연히 이야기라 부를 수 있습니다. 그렇다면 우리는 무엇을 이야기라 하는가요? 항상 가장 어려운 것은 당연해 보이는 단어를 정의하는 것입니다.

스토리텔링의 정의

이야기를 정의하기 전에 먼저 스토리텔링(storytelling)이라는 용어부터 살펴볼게요. 십여 년 전부터 문화 전 분야에 출현한 이 용어를 먼저 살펴보는 것은 이야기, 즉 스토리의 현재 상태를 알아보고 더욱 근원적으로 정의하는, 상당히 효과적인 방법으로 보입니다. 스토리텔링이라는 용어의 출현과 사용은 그야말로 폭발적이었습니다. 영화 스토리텔링, 관광 스토리텔링, 축제 스토리텔링, 애니메이션 스토리텔링, 출판 스토리텔링 등 문화 콘텐츠 전 영역에서 스토리텔링은 콘텐츠를 만드는 핵심 방법론으로 주목받았어요. 너무 많이 언급돼서 차라리 문화 콘텐츠라는 개념 자체가 스토리텔링인가 싶기도 할 정도예요. 하지만 스토리텔링 개념의 공룡 같은 식성은 문화 콘텐츠 영역에만 그치지 않습니다. 경영으로 뻗어나가면 비즈니스 스토리텔링이 되고, 요리에 적용되면 스토리텔링 요리가 됩니다. 교육으로 가면 에듀테인먼트 스토리텔링이 되기도 하고, 학원들이 몰려 있는 교육 시장으로 가면 스토리텔링 수학, 스토리텔링 영어 등 공부의 방식으로 등장하기도 합니다. 이쯤 되면 스토리텔링은 이미 문화를 넘어 우리 삶의 전 영역과 관계를 맺고 있다고 볼 수 있습니다.

신기한 건 이렇게 광범위한 분야에서 사용되는 스토리텔링이라는 용어를 명확히 정의하기 쉽지 않다는 것입니다. "스토리텔링은 스토리라는 의미에 텔링이라는 명사가 부가된 합성어로서, 어떤 이야기를 만들거나 남들에게 표현, 전달하는 행위를 지칭하는 것"[1]이라는 류수열의 정의는 스토리와 텔링이라는 단어의 기본적인 의미에 대해서는 단정하게 정의하고 있으나, 왜 이 용어가 최근에 갑자기 우리 삶의 전 부문으로 확장되고 있는지에 대한 단서를 주진 않네요. 또한 이야기와 이야기를 표현, 전달하는 것의 차이에 대해서도 명확한 언급을 하지 않습니다.

---

1 류수열, 『스토리텔링의 이해』, 글누림, 2007, 19쪽.

"과학 역사 정보를 전달한다고 하더라도, 지식, 정보의 형태일 때는 오직 그 사건이나 정보의 내용만을 전달하는 반면에, 이야기의 형태일 때는 등장인물이 출연하여 그 정보에 대한 본인의 깨달음이나 체험을 전달하는 형식을 취하게 된다"[2]는 최예정, 김성룡의 정의는 스토리텔링이 지식, 정보를 이야기 체험의 방식으로 전달하는 것이라는 유추가 가능하지만 실용 지식이나 정보의 전달이 아닌 오락 목적의 스토리텔링을 제외합니다. "사건의 내용으로서의 스토리, 사건 진술의 형식으로서의 담론과 그 둘의 관계까지도 총체적으로 아우르는 스토리텔링"[3]이라는 이인화의 정의는 너무 포괄적이어서 오히려 스토리텔링의 개념을 더 모호하게 하고 있고요. 그 외 스토리텔링이 '이야기하기'라는 많은 책에서 언급되는 정의는 동어반복이고, 스토리텔링이 지식의 감성화라는 정의는 지나치게 실용적입니다.

스토리텔링의 개념을 정확히 정의하기 위해서는 그보다 앞선 스토리에 관한 논의들을 짚어볼 필요가 있습니다. 스토리에 텔링이 결합된 명사가 스토리텔링이니까요. 미케 발(Mieke Bal)은 "스토리는 특정한 방법으로 제시된 파블라(fabula)이며, 파블라는 논리적으로, 그리고 연대기

---

2 최예정·김성룡, 『스토리텔링과 내러티브』, 글누림, 2005, 26쪽.
3 이인화, 「디지털 스토리텔링 창작론」, 『디지털 스토리텔링』, 황금가지, 2003, 13쪽.

적으로 연결된, 행위자에 의해 야기되거나 경험되는 사건의 연속"⁴이라 말했어요. 그의 개념에 의해서 스토리는 서사 텍스트 위에 구현된 구체적 서사 방식이고, 파블라는 그 스토리에 의해서 구성되기 전의 이야기의 원질료로 규정됩니다. 데이비드 보드웰(David Bordwell)은 러시아 형식주의자들의 서사 이론으로 이 체계를 설명합니다. 그에 의하면 러시아 형식주의자들은, 파블라를 미케 발의 개념과 동일하게 보고 있으나 스토리는 수제(sujet)라는 용어로 대체합니다. 그는 보리스 토마세프스키를 인용하면서 "수제는 사건을 제시하는 일련의 정보화 과정과 질서를 고려한다"⁵고 말합니다. 그는 다른 책에서 추론된 사건들과 명시적으로 보이는 사건들을 아우르는 스토리와, 명시적으로 보이는 사건들과 외재적으로 부가된 소재를 아우르는 플롯으로, 서사를 나누죠.⁶

이상의 형식주의 서사학과 그로부터 유추된 데이비드 보드웰의 영화 서사학의 개념들을 정리하면 스토리, 수제, 플롯이 실제적으로 텍스트에 구현된 서사 체계를 말하고 있고, 파블라, 스토리가 구현 '이전, 이야기의 원질료를 의미하고 있음을 알 수 있어요. 스토리는 미케 발의 분류에서는 구현된 서사 체계, 보드웰의 영화 서사학에서는 플롯에 대립

4 미케 발, 한용환·강덕화, 『서사란 무엇인가』, 문예출판사, 1999, 16쪽.

5 데이비드 보드웰, 오영숙 옮김, 『영화와 내레이션 1』, 시각과 언어, 2007, 138-139쪽.

6 데이비드 보드웰·크리스틴 톰슨, 주진숙·이용관 옮김, 『영화 예술』, 지필미디어, 2011.

되는 이야기의 원질료를 뜻합니다. 스토리라는 용어의 쓰임새는 분류하는 사람마다 차이가 있지만 이상의 논의에서 공통으로 보이는 것은 하나의 이야기를 구현된 체계와 그 이전의 질료로 구분하는 이원론적 사고방식입니다. 이것은 모방과 모방된 것을 나누는 아리스토텔레스의 세계와도 유사하고, 또한 기표와 기의로 이루어지는 기호학적인 사고의 영향으로도 보입니다.

　이러한 서사 이론의 이원론 체계는 실용 스토리 이론으로 오면서 스토리와 스토리텔링을 구분하는 단서를 제공합니다. 미국의 시나리오 이론가 데이비드 하워드는 스토리는 작가의 관점에서 보는 서사체이고, 스토리텔링은 관객의 관점에서 보는 서사체라고 말합니다.[7] 그에 의하면 스토리는 이야기 속 인물에게 일어난 연대기적 사건들이고, 스토리텔링은 그 사건들을 관객의 정서적 반응을 위하여 실제로 재배치하는 것입니다. 형식주의 서사 이론과 관련해서 논의해 볼 때 스토리는 파블라에 가깝고, 스토리텔링은 수제, 혹은 플롯에 가까운 것이죠. 말하기, 텔링이란 관객을 스토리의 세계 속으로 효과적으로 참여시키는 과정입니다. 당연히 스토리텔링이 산업적인 개념이 되고, 최근 갑자기 이 개념이 부상하는 이유도 여기에 있습니다.[8] 이상의 논의를 표로 정리해 보면

7　데이비드 하워드, 심산스쿨 옮김, 『시나리오 마스터』, 한겨레출판, 2007, 50-51쪽.
8　육상효, 「가족 영화로 본 한국과 미국의 영화 스토리텔링」, 『한국콘텐츠학회 논문지』 13(10), 2013, 152-153쪽.

다음과 같습니다. 왼편의 개념들이 스토리의 원질료이고, 오른편의 용어들이 텍스트에 구현된 서사 체계입니다.

파블라	스토리(미케 발)
파블라	수제(러시아 형식주의자)
스토리	플롯(데이비드 보드웰)
스토리	스토리텔링(데이비드 하워드)

〈표〉 스토리의 원질료와 서사 체계

지금까지의 논의로 보면 우리가 정의하고 싶어 하는 개념은 스토리가 아니라 스토리텔링이라는 것을 알 수 있습니다. 우리에게 중요한 것은 이야기의 원재료가 실제적으로 구현된 이야기이기 때문이지요. 즉 이야기에 대한 생각이 아니라 구현된 이야기인 것입니다. 당연히 이 수업에서도 관습적으로 쓰이는 스토리라는 용어는 실제로는 스토리텔링이라는 것을 말해두고 싶네요. 다만 스토리텔링이라는 용어가 지나치게 유행적이고 기술적으로 들려서 앞으로도 계속 스토리, 이야기라는 말을 쓰겠습니다. 다시 말하지만 이 책에서 쓰는 스토리 혹은 이야기라는 말은 수제, 플롯, 스토리텔링을 의미합니다.

문화 콘텐츠

잠깐 여담으로 문화 콘텐츠라는 용어에 대해서도 생각해 보겠습니다. 문화 콘텐츠가 도대체 뭐냐고 물어보는 사람이 많아서입니다. 어떤 이는 영화, 출판, 방송, 공연, 축제 등등 8대 분야가 문화 콘텐츠라고 말합니다. 하지만 그것은 무언가를 정의하는 방법이 아닙니다. 그냥 종류를 말하는 것뿐이지요. 인문학적 정의 방법은 귀납이나 부분들의 총합이 아니라 사유에 의해서 개념을 그 자체로 정의하는 방법입니다.

그런 방식으로 문화 콘텐츠의 의미를 정의한다면, 저는 '산업화, 실용화된 인문학적 지식 체계'라고 정의합니다. 언제부터인가 갑자기 그 이전 세상에서는 없던 공간들이 생겨났습니다. 디지털 공간이 그것입니다. 눈에 보이지도 손에 잡히지도 않지만, 이 공간은 한없이 확장되고 갈수록 강력한 영향력을 갖게 됐습니다. 그래서 새로운 공간을 채워 넣을 내용물이 필요했습니다. 그것이 한국에서 콘텐츠(contents)라는 말의 시작입니다. 그래서 방대한 인문학적 지식이 이 공간을 채우기 위해 소환됩니다. 인문학적 지식에 대한 산업화, 실용화의 가장 효과적인 방식이 스토리텔링입니다. 인문학적 지식이 스토리텔링의 과정을 거쳐서 산업적 콘텐츠로 형질 변형을 하는 것입니다. 그런 방향을 적극적으로 생각해 보는 자세가 문화 콘텐츠적인 자세, 혹은 문화 콘텐츠 학문이라고 할 수 있습니다. 이렇게 스토리텔링이 전방위에 걸쳐서 중요해진다는 말씀으로 잠깐의 여담을 끝내고 다시 '이야기란 무엇인가'라는 본령의 질문으로 돌아가겠습니다.

데이비드 하워드

우리는 이제 스토리텔링을 규정해야 합니다. 이 규정은 저의 스승이자 친구이기도 한, 남가주 대학의 데이비드 하워드 선생의 규정을 제가 다시 정리한 것입니다. 그는 시나리오 작가이자 시나리오 교육자로 국내에도 『시나리오 가이드』, 『시나리오 마스터』 두 권의 책이 번역되어, 작가 지망생들의 필독서가 되고 있습니다.[9] 그는 "스토리텔링은 화자가 수용자에게 어떤 의도를 가지고 수행하는 정보의 전달이다"[10]라고 말합니다. 이야기는 결국 어떤 의도를 가진 정보의 전달이라는 겁니다. 이 정의는 화자와 청자, 즉 관객의 존재를 분명히 제시하고 있습니다. 정보의 전달이라는 면에서 미디어의 기능도 명시하고 있고, 의도라는 측면에서

---

9 두 책의 한글 제목과 영어 제목을 비교해 보면 흥미로운 사실을 발견한다. 국내에서는 영화의 대본을 집요하게 시나리오라고 표기하는 데 반해, 미국에서는 'screenplay', 'screenwriting'이라고 표기한다는 것이다. 미국에서 'scenario'라는 단어는 쿠데타 시나리오, 경제 개발 시나리오 등 모종의 계획이라는 의미로는 쓰이지만, 영화 대본을 뜻하는 용도로는 쓰이지 않는다. 한국에서 영화 대본이라는 뜻으로 시나리오라는 용어가 사용되는 것은 일제강점기에 유럽식 용어가 일본을 거쳐서 들어왔기 때문으로 보인다.

10 데이비드 하워드, 앞의 책.

스토리의 목적까지도 포괄하고 있는, 현재까지 가장 적절한 스토리텔링의 규정으로 보입니다.

여러분 중 누가 아침에 당한 접촉 사고 이야기를 점심시간에 직장 동료들에게 말한다면, 그것도 하나의 이야기입니다. 이 경우 정보는 사고 경위이고, 전달 즉 매체는 점심 식탁 위에서 말로 하는 것이며, 화자는 여러분 중 그 누구이고, 관객은 점심을 같이하는 직장 동료들이 되지요. 그러면 의도는 무엇일까요? 만약 그 사고와 그 처리가 당신에게 어려운 것이었다면 이 이야기를 하는 당신의 의도는 어려움을 과장해 말해서 동료들의 위로를 받고 싶은 겁니다. 공감에 목마른 인간은 자신의 어려운 이야기를 누군가 들어주기만 해도 위로를 받으니까요. 하물며 다 들어준 후에 동료 중 누가 당신에게 고생했다고 말이라도 한마디 해준다면 더할 나위 없는 위로가 되겠지요. 화자로서 이 이야기를 시작한 당신의 의도가 충분히 충족되는 순간입니다. 혹은 만약에 이 사고가 잘 처리되었고, 그 과정에서 상대방과 뜻하지 않은 로맨스가 시작됐다면, 당신이 이 말을 하는 의도는 일차적으로는 이 작은 성공에 대한 자랑이고, 그다음은 당신이 맛본 즐거움을 같이 공유하고 싶은 겁니다. 만약에 그날 회사 사무실에서 안 좋은 일이 있어서 점심 자리의 동료들이 다 우울해하고 있다면, 당신의 이 즐거운 이야기는 그들을 모처럼 웃게 하겠지요. 이때 당신의 의도는 그들을 즐겁게 해주려는 것입니다. 이야기의 의도는 화자의 의도입니다. 화자의 의도에 따라 이야기는 달라집니다. 이렇게 이야기에 대한 위의 정의는 사적인 이야기부터 이야기 상품 속의 이야기까지 모든 분야의 이야기를 다 포괄합니다.

자, 그러면 이제부터는 이야기의 정의에 사용된 다섯 가지 단어로 다시 이야기를 설명해 볼게요. 이야기는 결국 이 단어들의 분화와 조합에 의해서 구체적인 하나의 이야기로 구현되니까요. 전달(transfer), 정보(information), 화자(teller), 관객(audience), 의도(intention)가 그것들입니다. 세상의 모든 이야기는 이 각각의 단어들이 빚는 성격의 조합에 의해서 정의될 수 있습니다.

—

전달

말과 문자의 시대

전달은 '이야기를 어떻게 전달하는가?', 즉 이야기의 전달 방법을 말해요. 전달의 방법은 곧 매체, 즉 미디어입니다. 이야기의 관점에서 인류의 역사는 곧 미디어의 역사가 됩니다. 인류가 말을 하기 전부터 미디어는 있었어요. 역사학자들에 의하면 인류는 말 이전에 기초적인 집단생활을 하면서 동물과 크게 구별되지 않는 몸짓 언어로 서로의 이야기를 전달해 왔다고 합니다. 집단이 커지면서 좀 더 긴 이야기로 서로의 정보를 나눌 필요가 생겼어요. 그래서 말이라는 새로운 매체를 발전시켰어요. 말이라는 매체는 인간의 지성을 급격히 발전시켰지요. 말을 통해서 서로 긴 이야기를 하면서 인간들은 거대한 사회를 발전시킬 수 있었으니까요. 유발 하라리에 의하면 말을 통해서 이야기를 나누면서 인류는 허구의 믿음을 만들어냈습니다. 종교, 신화, 법률, 국가는 다 말에 의해서 만들어진 허구의 이야기에 대한 믿음 체계이고, 바로 이것 때문에 인

간은 비로소 압도적인 영장류로 지구라는 별을 지배할 수 있었습니다.[11]

　이야기를 장악한다는 것은 곧 권력을 쥐는 것이었습니다. 말의 시대에는 말로써 이야기를 장악한 사람이 권력자였지요. 말로써 이야기를 잘하려면 일단 기억력이 좋아야 했어요. 긴 이야기가 필요할수록 더 많은 기억력이 요구됐어요. 여기에 이야기의 시작과 중간, 끝을 지탱할 수 있는 구성력도 중요했습니다. 구성력은 일차적인 논리력이었습니다. 글이 아닌 말의 구성력은 또한 즉흥적이고 순간적인 것이기도 했지요. 또한 다른 사람이나 동물을 흉내 내는 능력, 오늘날의 관점에서 보자면 일종의 연기력도 필요했습니다. 오늘날에도 말을 잘한다는 사람은 대개 이 세 가지 능력을 갖춘 사람입니다. 기억력이 좋아서 상황을 세세하게 뇌 속에 저장하고 있고, 즉흥적인 구성력이 좋아서 언제 어느 상황에서라도 그 환경에 맞게 이야기를 조절할 수 있고, 연기력이 좋아서 그 상황의 생생한 느낌을 재현할 수 있는 사람이 말로 이야기를 잘하는 사람입니다. 오늘날에는 군이 찾자면 스탠딩 코미디언이나, 대중 강연을 잘하는 대학교수 같은 사람들이 이런 능력을 가진 사람들이지만, 예전에는 이런 사람들이 제사장이나 부족장으로서 집단을 이끄는 권력을 가질 수 있었습니다.

　하지만 말의 이야기는 그 순간뿐이었어요. 호흡에 의해서 성대를 울린 소리들은 호흡과 함께 공기 중에 흩어져 사라졌어요. 사람들은 좀 더

11　유발 하라리, 조현욱 옮김, 『사피엔스』, 김영사, 2015, 48쪽.

시간을 견딜 수 있는 매체를 원했어요. 문자가 처음은 아니었습니다. 문자 이전에 그림이 있었어요. 세계 곳곳에서 발굴되는 원시의 동굴 벽화들이 그것들입니다. 컴컴한 동굴 벽에 그려진 그림들은 대개 동물에 대해 말하고 있었어요. 호랑이나 사자의 모습이 포악해서 조심해야 할 동물들에 대한 정보였다면, 들소나 사슴의 모습은 잡기에도 좋고 먹기에도 좋은 동물들에 대한 정보였을 거예요. 벽화들뿐 아니라 세계 곳곳에서 발견되는, 누가 언제 만들었는지 규명되지 않는 조각들도 신이나 인간의 불멸에 대한 간절한 이야기였을 겁니다. 그림 이야기의 시대에는 형상을 파악하고 이것을 그려낼 수 있는 사람들이 이야기의 중심이었습니다. 동굴의 그림이나 조각상은 그대로 하나의 신앙의 대상이 됐고 그것들을 설계하고 만든 사람들도 그러했어요. 사람들은 이야기를 장악하기 위해서 그림을 그리고 거대한 조각들을 세웠던 거지요.

그러다 문자가 나왔어요. 한자나 이집트 상형문자에서 알 수 있듯이 그림을 단순화한 기호가 문자의 시작이었습니다. 이야기가 복잡해질수록 문자에서는 그림의 형상적 의미보다 기호적 의미가 강해졌습니다. 문자는 점점 그림으로 그려낼 수 없는 것들까지 표현하기 시작했어요. 생각과 마음이 문자로 표현되면서 개념이라는 확실한 단위로 다시 정리되었습니다. 사람들이 필요에 의해 문자를 발전시켰지만, 문자는 사람들의 지적 능력을 더욱 발전시켰지요. 이제는 문자로 이야기를 장악한 사람들이 권력을 쥐었어요. 문자의 시대에도 문자로 이야기할 수 있는 사람들은 극히 일부였어요. 이 일부가 이야기를 장악하고 사람들을 지배했죠. 신분은 문자의 사용 여부로 나뉘기 시작했습니다. 문자의 시대가 되면서 이야기는 비로소 시간의 속박에서 벗어났습니다. 글자로 적힌 이야기에서 시간은 화자가 아니라 독자의 몫이 됐으니까요. 화자의 말의 속도와 즉흥적 구성에 따라 변하던 이야기의 시간은 문자로 고정되었습니다.

한 시간 만에 읽든 일 년 동안 읽든 이제 시간은 완전히 독자의 몫이 됐습니다. 당연히 기억력은 더 이상 이야기의 첫 번째 능력이 아니게 됐어요. 그것보다는 표현력이 더 중요해졌어요. 기록되어 남는 이야기는 논리적이고 아름다워야 했으니까요. 깊이 있고 섬세한 표현력이 이야기의 첫 번째 덕목으로 뽑혔고요. 이야기의 구성도 말의 시대보다는 한층 중요해졌습니다. 독자의 호흡과 감정을 조절하며 이야기를 끌고 가는 치밀한 구성이 반드시 필요했어요. 화자의 흉내 연기보다 글을 통해 불러일으키는 독자의 상상력이 더 중요해지기도 했어요. 호랑이를 흉내 내는 화자는 필요 없어도, 호랑이를 표현한 글을 읽고 호랑이를 상상할 줄 아는 독자들은 필요했습니다. 문자는 화자와 독자의 교양을 같이 고양시켰습니다. 활자의 발명도 이야기 미디어의 발전에 커다란 기여를 했습니다. 드디어 문자는 일부 권력자의 손에서 벗어나 대중들 속으로 해방되었습니다. 활자로 찍힌 이야기들은 드디어 수많은 독자를 갖게 되었고, 점차적으로 이야기는 산업으로 발전했어요. 활자는 이야기를 매스미디어로 만들었습니다.

회화

문자 이후에도 시각적 스토리를 향한 노력은 여전히 존재했어요. 동굴에 그려진 원시의 벽화들보다는 한층 정교해진 그림들이 나왔지요. 그림들은 이제 종이 위에 그려지고, 교회나 궁전의 벽 위에 그려졌어요. 인류의 시각적 상상력은 한층 더 정교해졌습니다. 서양 중세의 그림들은 거의 전부가 성경을 시각화한 것이지요. 교회를 장식하기 위해 그린 것들입니다. 미켈란젤로는 바티칸 천장을 장식하기 위해 「천지창조」를 그렸죠. 교회의 제단을 장식하기 위해 스테인드글라스 작품도 만들었어요. 여러 가지 방식으로 교회를 장식하기 위한 작품들이 서구 회화의 시작입니다. 예수의 모습이 지금 우리가 알고 있는 대로 마르고, 턱수염이 있는 청년이 된 것은 전적으로 최초로 성경 그림을 그린 화가들의 상상력 덕입니다. 어떤 이는 심지어 어느 한 순간이 아니라 긴 시간을 축적해서 한 장의 그림으로 그리기도 했어요. 예를 들면 어떤 그림에서는, 전면에는 도래한 예수가 사람들의 추앙을 받고, 뒤편에는 그 추앙의 대가로 난폭한 군인들에게 고통을 받는 사람들의 모습이 그려져 있습니다. 한 순간의 모습이 아니라 두 개의 사건이 마치 컷을 나누지 않은 만화처럼 한 그림 안에 축약돼 있습니다. 그림은 이야기가 시각적으로도 전달될 수 있다는 것을 알려주었어요. 전쟁이, 사랑이, 신의 계시가 그림으로 기록됐어요.

그리고 이 땅의 인간에 대해 따져보자는 르네상스 시대가 왔죠. 모든 예술·학문 분야에서 내세가 아닌 현세에 관심을 두게 됩니다. 현재의 인물, 통속적인 사람들의 생활에 대해서 말입니다. 그 이후 인상주의에 와서는 현재 이 지상의 사물에 비치는 햇빛, 그 빛의 각도를 사람의 눈으로 그린 것이고요. 신윤복의 풍속도가 서양에 있었더라면 당연히 르네상스 이후의 작품이었을 겁니다. 그림이란 매체도 스토리 매체입니다. 그것이 점점 더 통속적이고 인간적인 방향으로 넘어온 것이 르네상스 이후 근대의 미술이지요. 그 과정에서 그림은 강력한 스토리 매체 기능을 했습니다.

로망에 대해

잠시 다시 여담을 하자면, 여러분은 '로망'이란 단어를 많이 쓰죠. 로망(roman), 로망스(romans)라는 단어는 기사들이 겪는 속된 이야기를 의미했어요. 신성한 신의 이야기가 아니라, 기사들이 세상을 돌아다니면서 연애하는 이야기를 로망스라고 했던 겁니다. 약간 비하하는 어감이 있었죠. 현대에는 로망스가 러브 스토리를 뜻하지만, 원래 그런 이야기가 담긴 통속 연애담이었으니 의미가 통하는 겁니다. '나의 로망이다'란 말을 많이 하죠. 그 로망을 어원과 연결해 볼까요? 외국에 나가 전쟁을 벌이고 아름다운 여인과 연애하는 기사들의 이야기가 현재 자신의 답답한 삶에 비하면 꿈결같이 멋지구나, 이런 의미에서 로망이란 말이 생긴 것 같습니다. 현재의 답답한 생활을 벗어나 언젠가 해보고 싶은 일인 것이죠. 그래서 간절히 꿈꾸는 어떤 바람을 로망이라고 하는 거 같습니다.

'낭만(浪漫)'이라는 말도 있죠. 로망이라는 단어를 한자로 음차(音借)한 겁니다. '낙엽 지는 거리를 걷는 가을의 낭만'이나 '파도치는 바다를 연인과 함께 바라보는 낭만'도 결국은 현실의 삶에서 벗어난 어떤 멋스러움을 지칭하는 것으로 그 어원적 의미는 로망과 같습니다. 일상적이지 않고 멋스럽다는 뜻이지요. 잠시 또 저의 인문학적 어원 습관이 나왔습니다. 말을 그냥 따라 하는 게 아니고, 그 말의 뜻을 온전히 이해하고 구사해야 교양인이라 할 수 있겠지요. 다시 본령으로 돌아와서, 인류 매체의 역사는 이게 끝일까요? 아니겠죠.

음악

'음악이 스토리 매체야?'라고 생각할 수 있습니다만, 음악도 사실은 스토리 매체입니다. 드보르자크의 「신세계」 교향곡처럼 음악은 어떤 스토리를 전달합니다. 슈베르트의 가곡 「마왕」과 베토벤의 교향곡 「영웅」도 이야기를 전달하기 위해 존재하는 겁니다. 가사를 가진 요즘 음악은 언어까지 들어 있기 때문에 더 분명한 스토리텔링 형식이죠. 오디션 프로그램을 보면, 심사위원들이 이런 말을 합니다. '말을 하듯이 노래하라.' 그게 바로 스토리를 말하라는 겁니다. 그렇지만 설령 문자가 개입되지 않고 순수 음표 형태로 이루어진 음악이라고 해도, 그 안에는 감정적인 스토리를 표현하려는 의도가 있습니다. 다만 언어라는 직접적 매체를 통해서 전달되지 않고 멜로디와 리듬이라는 간접적 기호들로 전달되기 때문에 스토리의 전달은 좀 더 우회적이고, 그것들로 스토리를 즐기기 위해서는 많은 수련이 필요하기도 합니다. 그래서 순수한 연주곡보다는 팝송이나 가요처럼 가사가 있는 음악이 더 대중적인 겁니다.

뮤지컬 장르에 관심 있는 분들이 많을 텐데요. 많은 한국 뮤지컬들이 연극, 영화처럼 대사를 하다가 "자, 놀아볼까!" 하면서 갑자기 노래를 부르고 춤을 춥니다. 주크박스 뮤지컬이라고 하죠. 근데 서구의 발전된, 순도 높은 뮤지컬에는 말로 하는 대사가 없습니다. 이야기는 모두 노래로 이어집니다. 좀 더 완전한 뮤지컬입니다. 대사를 하다가 노래를 하는 뮤지컬은 하이브리드 뮤지컬이라고 할 수 있습니다. 저는 한국에서 주로 그런 뮤지컬을 보다가 외국에 나가 뮤지컬 「레미제라블」을 봤을 때 상당히 충격을 받았습니다. 처음부터 끝까지 모든 것이 노래로 이루어졌는데, 스토리의 감동이 고스란히 전달됐어요. 어느 정도의 양식적 규약은 오히려 창의력을 발전시키는 경향이 있습니다. 오페라도 그렇고, 중국의 경극이나 일본의 가부키 극도 엄격한 형식적 제약을 통해서 아름다운 예술을 만들어냅니다. 이렇듯 음악도 인류의 중요한 스토리 매체였습니다.

연극

19세기 들어와서 그림은 사진으로 발전되었습니다. 사진은 그림처럼 상상에서 나온 게 아니었으므로 기록된 이야기가 되었습니다. 그림과 사진, 시각적 매체들은 나중에 도래할 영화라는 종합적 미디어가 전할 이야기 중 하나의 요소인 시각성을 확보해 가고 있었던 거지요.

연극은 어쩌면 문자보다도 먼저 선행한 대중적 이야기 매체였습니다. 그리스 시극들의 기원은 수천 년도 더 전이니까요. 연극은 이야기꾼 한 사람이 하던 말을 각각의 역할로 나눈 것이었어요. 역할이 나누어지면서 캐릭터들이 더 선명하게 구분되기 시작했어요. 근대로 오면서 연극은 점점 대중적인 오락물이 되었어요. TV와 영화가 도래하기 전 보드빌 같은 코미디 소극은 대도시로 몰려든 노동자들이 주말 저녁을 즐기는 가장 대중적인 오락거리였습니다. 점점 더 많은 노동자들이 미국이나 유럽의 대도시 공업 지대로 몰려들었어요. 이야기는 이들이 값싸게 즐길 수 있는 거의 유일한 오락거리였습니다. 그런데 소설을 읽는 것은 노동자들에게 좀 더 강한 지적 열정을 요구했어요. 그래서 보드빌 등의 대중 연극 극장으로 사람들이 몰려들었지만, 작은 극장들은 그 수용 능력에 한계가 있었어요. 시대는 좀 더 강력한 대중적 이야기 매체를 요구하고 있었습니다. 바야흐로 영화가 이 모든 것들을 대체할 시간이 왔습니다.

뤼미에르 형제의 1895년 작
「영화의 도착」(출처: 위키피디아)

영화

19세기 말 영화는 신기한 마술로 시작되었습니다. 사람들은 사진 속에서 움직임을 볼 수 있다는 사실에 신기해하고 열광했어요. 영화는 점점 이국적인 풍경이나 신기한 풍경을 보여주는 관광 매체로서 발전해 갔어요. 오늘날처럼 국가 간 이동이 자유롭지 않았던 시대에 뉴욕 맨해튼의 빌딩 숲이나, 아프리카의 사바나, 히말라야의 거대한 설산, 남아메리카의 강과 폭포 등을 보여주는 것으로도 영화는 세계 곳곳에서 관객들에게 큰 인기를 끌었습니다. 적어도 초기에 영화는 스토리 매체가 아니었다고 볼 수 있습니다. 그러다 몇 명의 선지자들이 영화에 스토리를 삽입하기 시작합니다. 에드윈 포터(Edwin S. Porter), 조르주 멜리에스(Georges Méliès), D. W. 그리피스(D. W. Griffith) 같은 영화 작가들이었습니다. 그러나 영화가 그때까지 가장 강력한 스토리 매체였던 소설을 대체할 것이라고 보는 견해에 대해서는 당시의 많은 지식인들이 회의적이었습니다.

로버트 스탬(Robert Stam)이라는 미국 학자는 영화에 대한 편견의 원인을 다음과 같이 지적했어요. 첫 번째는 백미러 증후군(rearview mirror syndrome) 때문이라고 했어요. 자동차의 백미러로 보이는 풍경은 다 아름답게 보인다고 합니다. 지나간 것을 돌아보면 다 아름답게 보인다고 합니다. 영화를 경시했던 것에는 문학에 대한 이러한 향수가 작용했다는 겁니다.

두 번째는 이분법적 사고의 제로섬인데요. 영화가 융성할수록 문학의 영역이 줄어들고 당연히 문학이 갖는 고상한 가치도 사라질 것이라는 두려움도 이 편견의 한 원인이었지요. 프로이트식으로 표현하면 새로운 자식인 영화가 문학이라는 아버지를 죽이는 오이디푸스가 될 수 있는 셈입니다.

세 번째는 도상공포증(iconophobia)입니다. 그것은 시각적인 것에 대한 공포와 경시가 있다는 것인데요. 성경에서도 말하기를 어떤 우상도 섬기지 말라고 했으니까요.

네 번째는 편의성에 대한 경시입니다. 영화 작업이 개인 작업이 아니고 수많은 스태프가 동원되는 작업이며, 사람뿐 아니라 기계까지 동

원된다는 점도 영화가 경시됐던 원인이었습니다.[12]

발터 벤야민은 무한히 복제될 수 있다는 점 때문에 영화에는 예술 작품의 고유한 가치인 아우라(aura)가 없다고 했고요. 또한 영화로는 『전쟁과 평화』, 『삼국지』 같은 엄청난 분량의 거대 서사를 담을 수 없다는 우려들도 있었습니다.

그러나 그러한 우려들을 비웃듯이 스토리 매체로서 영화에 대한 대중의 반응은 열광적이었습니다. 대도시에 집결한 노동자들을 위한 값싼 오락거리를 찾고 있었던 사람들이 스토리 매체로서 영화의 엄청난 산업성에 주목합니다. 그리고 일 년 내내 비가 오지 않는 캘리포니아에 스튜디오를 짓고 영화를 양산해서 전 세계에 공급하기 시작합니다. 문학의 거의 모든 고전은 영화로 만들어져서 수백만 명의 관객들에게 감동을 주었습니다. 문학과 영화는 서로의 관객을 갉아먹는 제로섬 게임의 대상이 아니었고, 오히려 서로의 관객을 확대시키는 시너지의 대상이라는 게 증명됐습니다. 베스트셀러 소설들은 어김없이 영화로 만들어졌고, 그 영화를 통한 홍보로 더욱더 많은 책이 팔렸습니다. 그러면서 영화는 촬영과 편집, 음향 등에서 더욱 효과적인 이야기 테크닉을 발전시키며 절대 담을 수 없다던 현학적 깊이를 담기 시작했습니다.

영화는 문학보다 대단위 자본이 들어가야 한다는, 초창기 미국 영화

---

12 Robert Stam & Alessandra Raengo eds., *Literature and Film*, Blackwell Publishing, 2004, pp. 3-8.

업자의 불안감은 영화를 마치 신발 산업처럼 안정화하는 방법들을 고안하게 했습니다. 스타, 장르, 표준적 이야기 방식이 그것입니다. 이야기가 불안해도 공인된 스타 배우의 출현은 일정 수준 이상의 티켓 판매를 보증한다는 것을 알아내 산업에 적용했고, 웨스턴이나 뮤지컬 등의 장르를 대중에게 인식시켜 일정 장르에 최소한의 관객이 보장되도록 했어요. 표준적 이야기 방식은 우리가 이 수업에서 앞으로도 계속 얘기할 것이어서 자세한 설명은 생략하지만, 간단히 얘기하면 관객의 서사적 경험을 계산한 표준적인 이야기 방식을 고안하고 그것에 입각해서 영화를 만든다는 것이었어요. 이런 모든 방식들로 영화는 20세기 최고의 이야기 매체로서 압도적인 위력을 보이기 시작했습니다.

하지만 영화의 길에 언제나 승리만이 있었던 것은 아니었습니다. 아주 심각한 위기도 여러 번 있었습니다. 영화에 소리가 입혀졌을 때, 많은 사람이 영화의 생명은 끝났다고 했습니다. 영화는 말없이 순수하게 시각적으로 스토리를 전달해야 하는데, 거기에 말이 끼면 영화의 순수함이 훼손된다고요. 결과는 정반대로 나타났습니다. 영화의 현실감은 소리와 함께 증대됐고, 좀 더 복잡한 스토리를 언어와 함께 전달할 수 있었습니다.

1950-1960년대 TV가 대중화되면서 사람들은 또한 영화의 시대가 끝날 거라 전망했지요. 집에서 TV를 보면 되니까 영화는 필요 없다고 생각했습니다. 그러나 영화는 이 위기마저도 극복했습니다. TV를 보는 것과 다른 매체적 특성이 있었기 때문입니다. 극장의 큰 스크린에서 영

화를 보는 실감은 초창기 TV의 실감과는 비교할 수 없었겠죠. TV가 작은 화면에서 대사 중심의 스토리를 전달했다면, 영화는 큰 화면과 사운드의 위력으로 시청각적 스토리를 전달했기에 살아남았습니다. 또한 영화는 의식(儀式)의 성격을 갖고 있었습니다. 집에서 TV를 보는 건 데이트라고 할 수 없지만, 극장에 가서 영화를 보는 건 하나의 데이트 코스죠. 영화가 종합 오락으로서 행사적 성격을 갖고 있기 때문입니다. TV가 발전해 화면이 커졌어도, 영화 역시 계속 발전하면서 스토리 매체로서 위력을 유지하고 있습니다.

또 어떤 사람들은 21세기에 오면 영화는 인터넷이라는 광범위하고 상호 소통적인 매체로 인해 사라질 것이라고도 했습니다. 결과는 역시 아니었습니다. 「아바타」처럼, 영화는 디지털 요소를 흡수하면서 모든 발전된 테크닉을 스토리 안에 녹여냈습니다. 그렇게 더 강력한 매체로 거듭났습니다. 최근에는 코로나19로 영화의 종언을 고하는 사람들도 많았습니다. 극장들이 사상 초유의 어려운 지경에 처한 건 사실입니다. 넷플릭스나 IPTV의 매출이 크게 올랐고, 영화의 문화적 역할을 넷플릭스나 왓차 같은 OTT 채널들이 대신할 거라는 전망도 합니다.

하지만 저는 한동안은 영화의 위력이 그렇게 쉽게 사라지진 않을 거라고 생각합니다. TV나 인터넷의 공세를 극복한 것처럼 영화는 새로운 세상의 조건에 맞는 변신을 시도하며 문화의 중심에 존재해 갈 것입니다. 이것을 매체적 적응(adaptation), 혹은 매체적 적자생존이라고도 할 수 있겠습니다.

UCC

UCC는 'User Created Contents'의 약자입니다. 사용자가 만드는 콘텐츠라는 뜻입니다. 매체의 본원적 속성에 의해서가 아니라, 매체를 운용하는 방식에 의해 미디어가 결정된 경우는 UCC가 처음입니다. 지금까지 인류의 모든 매체들, 즉 말이나 문자, 연극이나 영화는 그 본원적 속성을 매체의 특징으로 하고 있습니다. 하지만 UCC는 사용자가 만들어 낸다는, 그 운용 방식이 매체를 규정하는 것이죠. UCC라는 매체에는 세 가지 성격이 있습니다. 첫 번째는 소박성입니다. 두 번째는 저예산성입니다. 그리고 세 번째는 상호작용성입니다.

소박성은 전문가가 아닌 아마추어 사용자들이 만들기 때문에 생기는 미학입니다. 미학이라 할 수 있는 건 그 거칠고 투박한 만듦새가 오히려 사람들에게 매력으로 작용하기 때문입니다. 그런 특성이 그 콘텐츠의 진정성을 보장하는 것으로 볼 수도 있는 것이니까요. 이런 미학은 전문 매체에 영향을 주기도 합니다. 어느 평범한 여고생이 옥탑방에서 가수 이효리의 춤을 흉내 내는 영상은 엄청난 조회수를 기록했습니다. 그리고 그것을 모방한 광고가 나오기도 했습니다.

저예산성 역시 같은 맥락입니다. 거대 자본이 투입되지 않는 매체이니 모든 것을 비용이 덜 드는 방향으로 구상해야 하는 거죠. 거기에서 새로운 미학이 다시 생겨납니다. 영화 「타이타닉(Titanic)」(제임스 카메론 감독, 1997)은 수백억 원의 제작비가 든 배를 모형으로 만들어 찍었지만,

UCC「타이타닉」은 종이배에 타이타닉이라고 볼펜으로 쓰고서 촬영을 합니다. 어떤 관객에게 무엇이 더 재미있게 호소될지는 확신할 수 없습니다.

상호작용성은 그렇게 해서 올린 콘텐츠를 전 세계 수많은 사용자들이 다시 수정해서 더욱더 다양한 콘텐츠로 확장해 나간다는 겁니다. 어느 평범한 직장인이 마트에서 산 우주복을 입고 형광등을 들고「스타워즈」의 광선검 결투를 흉내 냈습니다. 그 작품에 전 세계의 수많은 유저들이 수정을 했습니다. 형광등을 오이로 바꾸기도 하고, 망토를 진짜처럼 장식하기도 했습니다. 그리고 평범한 주인공의 얼굴을 인기 배우의 얼굴로 바꿔 넣기도 했고요. 이런 상호작용성은 생산자와 수용자, 전문가와 아마추어, 작가와 독자의 경계를 허물어버립니다. 이것은 UCC란 매체의 가장 큰 특징이기도 합니다. 이 매체는 블로그와 SNS, 그리고 유튜브에까지 자신들의 플랫폼을 확장하면서 끊임없이 성장하고 있습니다.

변화를 두려워하지 말자

이상이 간략하게 본 인류 미디어 역사입니다. 이야기는 각각 미디어를 거치고, 미디어는 경쟁을 통해 죽거나 살아남습니다. 어떤 시기에는 강력한 미디어들이 서로 공존하기도 하고요. 그렇게 미디어는 이야기의 성격을 부단히 바꿔왔습니다. 미디어의 역사를 보며 알아야 할 것은, 변화를 두려워하지 않고 받아들여야 승자가 된다는 겁니다. 살면서도 마찬가지입니다. 변화는 삶을 비약적으로 발전시키는 중요한 계기입니다. 보수적인 사람은 현재에 안주하려고 하지만, 진보적인 사람은 먼저 변화를 수용해서 자기 삶을 발전시킵니다. 영화가 지금까지 그랬듯이 말입니다. 이것이 매체의 역사를 살펴보며 얻은 교훈이라고 할 수 있겠습니다.

| 이야기 수업 |

—

정보

진짜 정보와 가짜 정보

이야기의 정의에서 그다음 따져봐야 할 것은 정보입니다. 정보란 뭘까요? 우리가 무엇에 관해 들어서 알게 된 내용이 정보입니다. 정보의 성격은 크게 두 가지입니다. 진짜 정보와 가짜 정보죠. 진짜 정보란 무엇일까요? 사실에 기반을 둔 스토리가 전해주는 정보입니다. 이에는 다큐멘터리, 기사, 르포르타주, 보고서, 자기소개서 등이 있습니다.

진짜 정보는 사실에 기반을 둔 정보를 말하는 반면에 가짜 정보는 우리가 생각하는 거의 모든 스토리텔링입니다. 소설을 픽션(fiction)이라고 합니다. 그 자체로 가짜라는 말입니다. 픽션이 아닌 것은 논픽션(non-fiction), 즉 진짜 정보를 담은 이야기입니다. 우리가 접하는 소설, TV 드라마, 영화, 연극은 가짜입니다. 다만 보편성에 근거해 사실처럼 보이도록 조작해 놓은 이야기입니다. 사실처럼 보이게 하는 것을 개연성이라고 합니다. 이 개연성이 확보하는 보편성은 어느 경우는 사실보다 더 진실할 수도 있습니다. 그래서 아리스토텔레스는 역사보다 문학이 더 보편적이라고 했습니다. 실제 일어난 역사는 개별적이고 특수한 일이고, 그에 반해 문학은 실제일 수 있도록 의도한 것이기 때문에 더 보편적일 수 있는 것입니다. 가짜 같은 진짜와 진짜 같은 가짜라고 할 수도 있습니다. 그래서 많은 가짜 이야기들이 진짜 이야기를 참고해서 만들어집니다.

여러분이 아침에 오다가 교통사고를 가까스로 피했다고 해봅시다. 그 이야기를 친구들에게 전하면 진짜 정보입니다. 하지만 그것에 기반을 두고 작가로서 단편 소설, 단편 영화를 만들었다면 가짜 정보입니다. 이렇게 정보의 성격에 의해 이야기는 크게 두 가지로 분화합니다. 진짜 이야기와 가짜 이야기입니다.

—

의도

실용적 의도와 오락적 의도

의도는 무엇일까요. 우리는 왜 이야기를 할까요? 우리의 이야기는 어떤 의도가 있을까요? 의도는 두 가지로 나눌 수 있습니다. 실용적(practical) 의도와 오락적(entertaining) 의도입니다. 앞서 언급한 교통사고를 간신히 피한 이야기를 점심시간에 친구들에게 말한다면, 이 이야기에는 어떤 의도가 있을까요? 위로받고 싶을 수도 있고, 업무 태만에 대한 변명일 수도 있습니다. 또는 친구들을 즐겁게 하려는 의도가 있을 수 있습니다. 위로와 변명은 실용적 의도에 해당하고, 즐겁게 하려는 의도는 오락적 의도에 속합니다.

실용적 의도를 가진 스토리를 실용적 스토리라고 합니다. 광고는 실용적 스토리입니다. 광고의 목적은 상품을 홍보해 많이 파는 것입니다. 여러분이 직장에 들어가 투자자에게 프레젠테이션을 했다면, 그것의 목적은 투자를 받겠다는 아주 실용적인 의도인 거죠. 제가 여러분에게 수업을 하는 것도 이야기에 관한 지식을 주려는 의도이니 역시 실용적이고요. 대학의 홍보 영화는 좋은 학생들이 그 대학에 많이 오게끔 하는 실용적 목표를 지니는 겁니다. 광고, 보고서, 자기소개서, 홍보 영화, 뉴스, 강의, 프레젠테이션 등이 모두 실용적인 의도를 갖추고 있는 겁니다. 투표를 많이 하자, 저축을 많이 하자, 산불을 조심하자, 코로나19 바이러스를 예방하기 위해 사회적 거리두기를 실천하자는 영화를 짧게 만든다면, 그것 역시 실용적 스토리텔링입니다.

오락적 의도는 무엇일까요? 여러분이 극장에서 보는 영화는 오락적 의도를 가지고 만든 것입니다. 오락이라고 해서 즐겁고 웃기기만 한 것은 아닙니다. 오락적 목적은 앞에서 이야기했듯이 감정을 움직이는 것입니다. 즐거움, 슬픔, 공포, 긴장 등 어떤 방식으로든 여러분의 감정이 흔들린다면 바로 작가의 오락적 의도가 성취된 것입니다. 대부분의 상업적인 영화나 소설은 모두 오락적 스토리텔링입니다. 큰 교훈을 준 영화도 오락적 스토리의 결과가 관객에게 큰 교훈을 주었다는 것이기 때문에 오락적 스토리입니다. 거의 모든 이야기 산업은 오락적 스토리로 채워집니다. 영화, 소설, TV 드라마, 심지어 어떤 경우 다큐멘터리도 그렇습니다. 요즈음의 넷플릭스 같은 국제적 OTT 플랫폼에는 오락적 의도를 가진 다큐멘터리들이 넘쳐납니다.

정보의 성격과 의도와의 관계에서 진짜 정보는 실용적 의도고, 가짜 정보는 오락적 의도라는 식으로 정확히 나눌 수는 없습니다. 다큐멘터리 영화도 감동이라는 오락적 목적을 위해 만들어질 수 있습니다. 최근

세계적으로 인기를 모았던 「나의 문어 선생님」(피파 얼릭·제임스 리드 감독, 2020)이라는 다큐멘터리는 진짜 정보로 만들어진 것이지만 의도는 감동을 주기 위해 만들어진 것입니다. 해양 생물의 보존이라는 실용적 목적을 위해서 만들어진 것은 아닙니다. 또한 광고는 가짜 정보이지만 제품의 홍보와 판매라는 실용적 목적을 갖고 있습니다.

실용적 의도와 오락적 의도의 비율

그런데 모든 이야기가 이 실용적 의도와 오락적 의도 중 하나만을 선택해 만들어지진 않습니다. 이 세상의 모든 스토리에는 두 개의 의도가 섞여 있습니다. 세상 모든 스토리는 실용적 목표와 오락적 목표가 어느 정도로 혼합되느냐에 따라, 스토리의 방향이 결정됩니다. 여러분이 앞으로 인생에서 만나게 될 모든 스토리에 대해 이런 관점에서 생각해야 합니다. 여러분이 여기서 이야기를 공부하고 영상 제작 회사를 차렸다고 합시다. 한 대학으로부터 홍보 영화를 찍어달라고 수주를 받습니다. 실용적 목표 90퍼센트, 오락적 목표 10퍼센트로 찍으려고 합니다. 총장님이 나와서 말합니다. "안녕하세요. 수험생 여러분, ○○대학교 총장입니다. 여러분에게 자신 있게 우리 학교를 추천합니다"라는 말로 시작할 수 있습니다. 외국인 선생님이 수업을 하는 모습과 아름다운 학생들이 밝은 표정으로 교정을 걷는 장면을 보여줍니다. 학과들을 소개하고, 국내 취업률, 학업 성취도에 대한 통계 자료를 제시하며, 흔히 보고서에서 볼 수 있는 방식으로 영화를 진행시킵니다. 이렇게 납품하면 대학 측에서는 잘 만들었다고 얘기할 겁니다. 하지만 이 영상을 실제로 볼 대상은 고등학생입니다. 고등학생들에게 이 영화가 재미있을까요? 저는 아니라고 봅니다. 대부분 마지못해 끌려 나와서 강당에 모여 앉지만, 영화가 시작되면 핸드폰을 보거나 졸기 시작할 겁니다. 그러면 전달력이 떨어지겠죠.

다시 실용성 50퍼센트, 오락성 50퍼센트로 조정합시다. 어떤 소녀가 우연히 지하철에서 만난 잘생긴 오빠를 찾으러 대학교를 돌아다닙니다. 그 과정에서 대학교의 전공과 캠퍼스의 아름다움이 노출되고, 끝내 그 오빠와 다시 만나게 됩니다. 앞선 이야기보다 훨씬 더 전달력이 높습니다. 일종의 오락성이 들어가면서 가짜 정보와 연기 등 재미의 요소가 들어가기 때문입니다. 그런데 이 방향에도 위험은 있습니다. 오락성을 너무 추구하다가 실용적 의도를 망각하는 경우입니다. 고등학생들이 그 영화를 신나게 웃으면서 재밌게 봤는데, 보고 나서 어느 대학교의 홍보 영화인지 물어보면 아무도 대답하지 못하는 경우가 생길 수도 있습니다. 제가 실제로 경험해 봤기 때문에 아프게 말씀드립니다. 그래서 모든 실용적 스토리텔링에서는 오락성의 최대치는 50퍼센트 밑이어야 한다는 게 저의 지론입니다.

대부분의 상업 영화는 오락성 95퍼센트, 실용성 5퍼센트 정도입니다. 주로 여러분의 감정을 움직이려고 만들어지지만, 브랜드의 상품을 좋게 노출하려는 의도나, 그 지역의 관광 자원을 홍보하려는 의도, 나라와 민족에 대한 애정을 불러일으키려는 의도 등도 있을 수 있습니다. PPL 방식의 광고도 너무 많아지면 요즘 관객들은 싫어합니다. 돈 내고 광고를 보는 셈이니까요. 그 영화의 오락적 의도를 즐기려고 온 관객에게 너무나 많은 실용적 부담을 주는 셈이니까요. 실용적 의도가 커지면 문화 상품으로서의 재미는 없어지는 겁니다. 이렇게 실용성과 오락성의 혼합 정도를 생각하면 스토리를 분석할 수 있게 됩니다. 여러분이 앞으로 만들게 될 모든 스토리에서 실용성과 오락성이라는 두 잣대로 스토리를 구성하면, 기획 단계에서 효과적인 방향을 잡을 수 있습니다.

지금까지 배운 것을 바탕으로 예를 들어보겠습니다. 제 책상에는 니코스 카잔차키스의 소설 『그리스인 조르바』가 있습니다. 이것의 미디어는 문자로 된 소설책입니다. 정보는 가짜입니다. 실제로 작가가 어떤 그리스인에게 영감을 받았을 순 있어도 가짜 정보입니다. 의도는 오락적 의도가 95-100퍼센트입니다. 이 소설을 통해 독자는 인간, 삶, 그리스답다는 것, 운명에 대해 생각합니다. 그 모든 것은 실용적이 아니라 오락적입니다. 이 소설을 읽으면 슬픔과 감동을 느끼기 때문입니다. 또 어떤 예가 있을까요. 「기생충」(봉준호 감독, 2019)이라는 영화는 오락적 스토리입니다. 실용적 목적이 거의 없고, 가짜 정보입니다. 영화라는 매체를 사용하고 있고요. 어떤 도시의 홍보 영화가 있다면, 그 영화는 실용적 요소가 80퍼센트 이상 들어간 실용적 스토리입니다. 매체는 영화고, 정보는 진짜 정보가 70-80퍼센트 정도 될 것입니다. 둘 중 하나의 의도가

50퍼센트가 넘으면 우리는 그 스토리를 실용적 또는 오락적 스토리로 분류할 수 있습니다. 실용적 의도를 가진 스토리는 실용성이 50퍼센트가 넘어야 합니다. 실용성을 잃어버리면 만든 이유가 사라지니까요. 오락적 스토리도 항상 오락성이 최소 50퍼센트는 넘어야 스토리의 정체성이 유지됩니다.

화자

전문적인 화자, 아마추어 화자

네 번째 개념은 화자입니다. 화자에는 두 종류가 있습니다. 전문적인 화자(professional teller)와 아마추어 화자(amateur teller)입니다. 여러분이 친구들과 어제 겪은 슬픈 일을 이야기하면 아마추어 화자입니다. 전문적 화자는 전문성을 인정받고 독자를 가지고 있는 화자입니다. 소설가, 영화감독은 전문적 화자입니다. 전문적 화자의 작품은 상품으로 유통됩니다. 그 화자의 전문성을 익히 아는 사람들이 많기 때문입니다. 아마추어 화자의 작품은 아주 가까운 사람들에게만 전달됩니다. 술자리에서나 커피숍에서 전달되는 경우도 많습니다. 아마추어 화자의 가치를 아는 사람들은 지극히 한정된 사람들입니다. 가족이나 친구 혹은 동료처럼 말이죠. 그의 이야기는 산업이 될 수는 없어도, 가까운 사람들과 즐겁게 소통하는 삶의 활력소가 될 수는 있습니다. 하지만 전문적 화자와 아마추어 화자의 자리는 언제든 뒤바뀔 수 있습니다. 그들에게 전문가의 지위를 부여하는 것은 이야기의 테크닉이 아니라 대중의 호응인 경우가 많습니다. 요즘 유튜브에 보면 아마추어 화자로 시작해서 수백만 명의 팔로워를 확보하면서 전문가의 자리로 올라가는 사람들을 심심찮게 볼 수 있습니다.

세상에는 화자 중심의 이야기가 있고, 수용자 즉 관객 중심의 이야기가 있습니다. 화자가 무언가를 말하는 것이 이야기의 목표가 되면 화자 중심의 이야기입니다. 이런 이야기의 출발은 화자의 내면입니다. 화자를 작가로 바꾸면 더 이해하기가 수월합니다. 작가가 자기 내면을 고백하려 어떤 이야기를 시작한다면 그건 화자 중심의 이야기가 되는 것입니다. 그에게는 관객과의 소통보다도 스스로가 꺼내놓지 않고는 견딜 수 없는 자신의 내면이 더 중요합니다. 마르셀 프루스트의 소설이나, 이상의 시, 안드레이 타르코프스키의 영화가 이런 이야기입니다. 그들은 소통을 전제로 자신의 이야기를 조절하지는 않습니다. 하지만 텍스트를 끈질기게 파고들어서 작가가 말하려는 어떤 비밀을 체험하는 순간 엄청난 감동이 올 수도 있습니다.

관객 중심의 이야기는 관객이 느낄 것들을 먼저 고려하는 이야기입니다. 이런 이야기에서는 관객에게 무언가를 전달하는 것이 최고의 목적입니다. 그래서 이런 이야기를 만들 때는 관객의 입장에서 이야기를 어떻게 받아들일까를 끊임없이 생각하며 만듭니다. 화자 중심의 이야기는 대개 예술적이라고 말해지고, 관객 중심의 이야기는 산업적입니다. 당연히 이 수업이 겨냥하는 이야기의 종류는 관객 중심의 이야기입니다. 관객과의 소통을 염두에 둔다면 거기에는 이런 차원으로나마 얘기해 볼 수 있는 방법들이 있지만, 자기 내면을 고백하는 데는 따로 방법이 있진 않은 것 같으니까요. 그런 이야기는 수업을 통해서 가르치고 배우는 것은 아니니까요. 정리해 보자면, 화자에는 전문적 화자와 아마추어 화자가 있고, 세상의 이야기에는 화자 중심의 이야기와 관객 중심의 이야기가 있습니다. 그리고 이 수업에서는 관객 중심의 이야기를 다루려고 합니다.

수용자

개인적 수용자, 거대 수용자

수용자는 관객입니다. 관객에는 개인적 관객과 집단적 관객이 있습니다. 개인적 관객은 여러분이 러브레터를 썼을 때 그걸 받는 사람입니다. 대개 아마추어 화자의 수용자입니다. 거대 수용자는 전문적 화자의 수용자입니다. 유명한 작가, 영화감독, 화가, 드라마 작가는 수많은 집단적 수용자를 대상으로 이야기합니다. 산업은 집단적 관객을 지향합니다. 이 경우 관객에 대한 파악은 이야기의 성패를 좌우합니다. 실용적 스토리든, 오락적 이야기든 그 이야기가 겨냥하는 집단적 관객이 어떤 사람들인가를 파악하는 것은 중요합니다. 동화는 어린이 관객을 위한 것이고, 에로틱한 러브 스토리는 성인 관객을 위한 것입니다. 대학 홍보 영화는 입시를 앞둔 수험생이나 학부형들을 대상으로 만듭니다. 직장 프레젠테이션의 관객은 직장 동료와 상사입니다. 그 이야기가 궁극적으로 가닿는 관객을 고려하는 것은 산업적 스토리텔링의 핵심입니다. 다시 말하면 이야기를 한다는 것은 관객의 감정을 조절하는 것입니다. 관객의 눈으로 생각하는 자세는 전달력 높은 이야기를 만드는 열쇠입니다. 그것이 화자로부터가 아닌, 수용자로부터 이야기를 생각하는 자세입니다. 관객이 이해하고 납득하는 것을 영어로는 '산다(buy)'라고 표현합니다. 작가가 관객에게 자신의 아이디어를 호소하는 행위를 '판다(sell)'라고 했다면, 관객이 그 아이디어를 납득하고 호응하는 것은 '산다'고 하는 것입니다. 여러분이 적어도 수많은 관객에게 자신의 이야기가 전달되기를 원하는 산업적 이야기 쓰기를 꿈꾸고 있다면, 이야기 쓰기의 모든 단계마다 스스로 되물어야 합니다. '과연 그들이 이 아이디어를 살까?'라고 말입니다.

이야기를 파악하는 다섯 가지 개념

이야기를 하는 것은 화자가 수용자에게 어떤 의도를 가지고 수행하는 정보의 전달입니다. 이 정의에 나오는 전달, 정보의 성격, 의도, 화자, 수용자라는 다섯 가지 개념으로 여러분은 모든 스토리를 분석할 수 있을 겁니다. 기존의 스토리의 성격을 규명하는 궁극적인 목적은 무엇일까요? 그것은 여러분이 언젠가는 그런 것들을 쓰기 위함입니다. 세 번째 시간을 마칩니다.

이야기의 시작

여러분이 생각하는 이야기를 한 줄로 써보세요.
쓰이지 않으면 아직 준비가 안 된 것입니다.
이야기의 시작과 중간, 그리고 결말에 대해서
아직 파악하지 못한 것입니다.
이렇게 시작하면
이정표가 없이 길을 가는 것입니다.
등대 없이 밤바다를 항해하는 것이라고
할 수 있습니다.
한 줄을 쓰기 위해서
우리는 이야기의 주인공을 알아야 하고,
그의 욕망을 알아야 합니다.

『굿 윌 헌팅』

맷 데이먼 · 벤 애플렉
각본, 1998

「굿 윌 헌팅」 포스터.
(출처: ㈜영화사 오원)

오스카 각본상
골든글로브 각본상
베를린영화제 은곰상

맷 데이먼과 벤 애플렉이 각본을 쓰고 주연과 조연까지 맡았다. 어린 시절의 상처로 자신의 인생을 낭비하던 천재 청년이 사람들과의 진정한 관계를 지속적으로 피하려고 노력하다가 끝내 사랑을 찾아서 떠나는 이야기이다. 스토리 전체를 관통하는 주인공 월의 욕망을 '누구하고도 진정한 관계를 맺지 않으려는 것'으로 보는 게 구조 파악의 포인트. 이 욕망은 결국 연인을 찾아 캘리포니아로 떠나면서 실패한다. 행복하고 아름다운 실패이다. 2장의 끝에서 심리치료사 숀, 수학 스승, 연인 등 중요한 모든 관계를 파탄내면서 월은 자신의 욕망을 실현시킨다. 이 쓸쓸하고 불행한 성공은 3장에서 서브플롯들이 성공적으로 작용하면서 행복한 실패로 귀결된다. 3장의 반전은 눈물 같은 감정이 아예 남김없이 증발했을 것 같은 월이 갑자기 터뜨리는 눈물이다. 이 부분에서 나오는 대사가 그 유명한 "네 잘못이 아니야(It's not your fault)"이다. 이 대사는 자신의 과오나 선택으로 비롯되지 않은 과거의 상처에서 탈출해야 한다는 감독의 주제를 명확하게 드러낸다. 국가, 인종, 지역, 가족마저 어느 것도 우리는 선택하지 않았다. 심기와 보상(plant & pay-off)이 얼마나 영화를 아름답게 마무리할 수 있는지 보여준다.

들어가며

영화 「굿 윌 헌팅」은 불우한 천재 윌에 관한 이야기입니다. 세상에 적
응 못하는 윌을 돕기 위해서 램보 교수는 그를 심리치료사들에게 데려
갑니다. 윌은 자신의 뛰어난 지능과 지식으로 심리치료사들을 조롱하고
모욕합니다. 그러다 마침내 램보 교수의 오랜 친구인 숀이라는 심리치
료사에게 갑니다. 거기서도 윌은 세상을 떠난 숀의 아내를 모욕해서 숀
을 분노하게 합니다. 하지만 숀은 치료를 포기하지 않습니다. 두 번째 치
료에서 숀은 윌을 어느 호숫가 공원으로 데려갑니다. 사람들이 오후를
즐기고 있는 일상적이고 아름다운 호숫가 벤치에서 숀은 윌에게 다음
과 같은 긴 대사를 들려줍니다.

"내가 지금 너에게 미술에 관해 물어보면, 너는 틀림없이 지금까지 쓰
인 모든 미술책에 관한 얕은 지식들을 뽐낼 거야. 미켈란젤로에 대해서
도 많이 알고 있겠지. 그의 일생에 걸친 작업, 정치적 지향성, 그와 교
황과의 관계, 성적 취향, 모든 작품들까지. 맞지? 그러나 넌 시스티나

성당에 가면 어떤 냄새가 나는지 말하지는 못하겠지. 넌 한 번도 그 성당에서 그 아름다운 천정을 올려다본 적은 없을 테니까. 내가 너에게 여자에 대해 물어보면, 너는 아마 너의 개인적 취향에 관한 온갖 목록을 들이댈 거야. 아마 한두 번은 여자와 자본 적도 있겠지. 하지만 한 여자의 옆에서 눈을 뜨고, 진정으로 행복해하는 느낌이 뭔지는 넌 절대 모를 거야. 넌 제법 거친 아이라, 아마 전쟁에 관해 물어보면 셰익스피어에 대해 내게 말할 거야. 친구여, 승리를 위해 최후의 일격을 가하자! 이런 구절을 떠들어대면서. 하지만 넌 전쟁 근처에도 가보지 못했어. 가장 친한 전우의 머리를 너의 무릎 위에 안고서, 그가 애타게 구원을 바라며 마지막 숨을 몰아쉬는 모습을 넌 본 적도 없을 거야. 사랑에 대해 물어보면 아마 또 소네트를 줄줄 외워대겠지. 하지만 넌 사랑으로 연약해진 마음으로 한 여자를 제대로 바라본 적도 없을 거야. 그녀와 같은 높이로 눈을 맞추고 보면, 아! 신이 오직 나만을 위해서, 이 지옥의 깊은 구덩이에서 나를 구원해 줄 천사를 이 지상에 보내줬구나라는 느낌이 드는, 넌 그런 사람을 만나본 적도 없을 거야. 네가 어떻게 알겠니? 그녀의 천사가 되는 느낌을, 그녀를 위해 그런 사랑을 갖는 느낌을, 영원히 거기 그대로 있을 것 같은 느낌을, 어떤 대가를 치르더라도, 설사 그것이 암 투병일지라도. 넌 모를 거야. 두 달 동안 병원에서 자고 일어나는 느낌을, 방문 시간 규정이 너에게는 적용되지 않는다는 걸 의사들도 네 눈을 보면 알 수 있어. 넌 진정한 상실이 뭔지 몰라. 왜냐면 그런 감정은 누군가를 너 자신보다 더 사랑할 때 느끼는 것이거든. 넌

| 이야기 수업 |

누군가를 그 정도로 용감하게 사랑해 보진 않았을 거야. 지금 너를 봐.
내겐 지적이고 자신에 찬 성인이 보이지 않아. 대신 오만하고 공포로
가득 차 있는 어린애가 보일 뿐이야. 그래도 넌 천재야, 윌. 누가 그걸
부정하겠니? 누구도 네 안의 그 깊은 지식들을 이해할 수 없어. 그런데
넌 그림 하나를 보고 내 모든 걸 안다고 자신했고, 내 인생을 난도질했
지. 넌 고아야 맞지? (윌은 끄덕거린다.) 넌 내가 『올리버 트위스트』한 권
을 읽었다고 네가 누구고, 너의 인생이 얼마나 힘들었는지 처음부터 알
았다면 어떻겠니? 그런 게 널 규정할 수 있다고 생각해? 아, 다 필요 없
고, 난 이제 그런 모든 걸 신경 쓰고 싶지도 않아. 왜냐면 네가 말을 시
작하지 않는 한 난 너에 대해 아무것도 알아낼 수 없고, 널 도울 어떤 것
도 찾아볼 수 없어. 근데 네가 말하기만 하면, 나도 도우려고 최선을 다
할 거야. 하지만 네가 그걸 하려고 하진 않겠지, 그렇지? 왜냐면 넌 네
가 혹시 무얼 말하게 될지 두려워하고 있거든. 자, 네 선택이야, 친구.”

정말 긴 대사입니다. 머릿속에 지식은 많으나 삶의 경험은 없고, 자

신의 상처가 드러날까 오히려 공격적으로 사람들에게 상처만 주는 불안한 소년에게 또 한 명의 상처받은 영혼이 들려주는 말입니다. 자신의 상처를 통해서 얻은 것들을 솔직히 고백하고, 소년에게도 과거가 던져준 감옥에서 나오라고 당부하는 내용입니다. 사랑이 무엇인지 규정하고, 사랑은 이론이 아니라 온몸으로 감당해야 할 벅찬 감정이라는 걸 말해줍니다. 어떻게 쓸 것인가에 대한 수업의 첫머리에 이 대사를 소개하는 건, 이 길고 아름다운 대사를 어느 작가가 골방에서 썼다는 걸 환기하기 위해서입니다. 누군가 한 자 한 자, 자신의 삶의 경험을 바쳐서 쓴 대사입니다. 아무리 계획을 잡고, 여러 번 회의를 해도 시나리오는 나오지 않습니다. 시나리오는 결국 골방이나 카페 구석에서 한 자 한 자 쓰는 사람에 의해서 완성됩니다. 그런 사람들을 우리는 작가라고 합니다. 쓰고, 끝내고, 다 쓴 것을 남에게 보여줄 수 있는 사람이 작가입니다. 그런 사람들만이 자신이 쓴 대사가 로빈 윌리엄스 같은 훌륭한 배우에 의해 말해지는 걸 들을 수 있습니다. 그러기를 원하면서 오늘도 골방에서 컴퓨터 자판을 두드리는 모든 작가들에게 행운이 있기를 바라면서, 네 번째 수업을 시작합니다.

네 번째 수업의 제목은 '이야기의 시작'입니다. 첫 시간 오리엔테이션에 이어, 두 번째 시간에는 우리 인생에 왜 이야기가 필요한지 배웠죠. 세 번째 시간에는 이야기가 도대체 무엇인가에 대해서 논의해 보았습니다. 이제 이야기를 어떻게 쓸 것인지를 생각해 볼 때가 왔습니다.

로버트 맥키는 교향곡을 많이 들었다고 해서 금방 교향곡을 작곡할 수 있는 건 아니라고 말했습니다. 음악 학교에든 사설 학원에든 가서 적어도 몇 년간은 이론과 실기를 공부하고, 그런 후에야 지식과 창의력을 모아서 곡을 쓰기 시작한다고 합니다. 시나리오도 마찬가지로 영화를 많이 보았다고 해서 금방 쓸 수 있는 건 아닙니다. 시나리오는 인간 본성이라 이름 붙여진 혼돈 속으로 파고들어 가야 하는 것이기 때문에 교향곡을 작곡하는 것보다 더 많은 공부와 수련이 필요하다고 합니다.[1] 이야기를 배웠다고 해서 금방 훌륭한 이야기를 쓸 수 있는 것은 아닙니다. 배우는 것도 어렵지만 배운 것을 쓰는 데 적용하기까지는 더 많은 시간이 걸립니다.

오리엔테이션에서도 말했지만 우리가 여기서 공부하는 것은 여러분의 재능을 태울 엔진입니다. 다시 말하지만 저는 여러분의 영혼을, 재능을, 교양을, 감수성을 깊게 확장할 방법은 알지 못합니다. 다만 여러분 중 누가 자신의 내면에 그런 것들을 갖췄을 때 그것들을 세상에 이야기로 발현시킬 몇 가지 방법론을 같이 나누고 싶은 것뿐입니다. 네 번째 수업부터는 한 줄 스토리부터 완성된 시나리오까지 써가는 방법에 대해서 공부해 보겠습니다. 희망적으로는, 이 수업대로만 하면 여러분이 한 편의 시나리오를 쓸 수 있게 되기를 바랍니다. 단계 단계의 방법과 그것들을 성취하기 위한 보조적 이론도 함께 살펴보겠습니다.

---

1   로버트 맥키, 고영민·이승민 옮김, 『STORY: 시나리오 어떻게 쓸 것인가』, 민음인, 2002, 28-29쪽.

1단계 한 줄 스토리 쓰기

다시 「이터널 선샤인」 이야기로 가봅니다. 제가 오래전에 어떤 수업에서 첫 시간에 이 영화를 보고 한 줄로 이야기를 요약해 보라고 한 적이 있었습니다. 그때 나온 답 몇 개를 제시하고 그것들의 오류와 성취를 짚어보는 방식으로 수업 말문을 열어가겠습니다.

요약 1
한 쌍의 남녀가 해변에서 만나서 사랑에 빠지게 된다. 과연 이들의 사랑은 어찌 될 것인가……?

생각보다 이런 식으로 요약하는 학생이 많았습니다. 왜 이렇게 쓸까 생각해 보니 영화를 소개하는 인터넷 홍보 페이지나 극장에서 볼 수 있는 홍보 전단에 대개 이렇게 쓰여 있습니다. 이런 것을 저는 '스포일러 방지와 홍보를 위한 줄거리'라고 부릅니다. 홍보용 전단에 이렇게 쓰는 것은 영화의 결말을 미리 얘기하면 그 영화에 대한 흥미가 반감되기 때문입니다. 그래서 딱 영화에 대한 호기심을 일으킬 만큼만 알려주고 나머지는 '과연 이들의 운명은……'이라 하면서 줄거리를 맺는 것이 홍보용 전단지에 나와 있는 가장 흔한 방식입니다. 당연히 사람들이 가장 많이 보는 줄거리도 이런 방식이다 보니 그것이 마치 줄거리의 모범처럼 학습된 것입니다.

하지만 이 수업에서 우리는 홍보의 방식을 배우는 게 아니라, 이야기를 구성하는 원리를 배웁니다. 이야기 구조의 가장 핵심은 결말입니다. 모든 구조적 설계는 결국 결말을 향해 갑니다. 결말을 쓰지 않으면 구조가 아예 없는 것이나 마찬가지입니다. 결말을 쓰지 않은 줄거리는 줄거리가 아닙니다. 이 수업에서 결말을 명확하게 쓰면서 줄거리를 파악하는 법을 배운다면, 혹시 나중에 여러분 중 누가 홍보 일을 하게 될 때 어떤 부분을 빼야 좀 더 효과적일지 가늠할 수 있을 것입니다. 절대, 결말이 없는 줄거리를 쓰면 안 됩니다. 결말을 모르고 가는 이야기 쓰기는 나침반과 지도 없이 태평양을 건너는 나룻배처럼 불안할 뿐입니다.

요약 2
뜨겁게 사랑했던 두 남녀가 서로에게 지쳐 기억을 지웠지만 다시 사랑에 빠지게 되면서 지우기엔 너무 아름다운 사랑의 추억들과 서로를 다 잊어버려도 다시 사랑하게 된다는 운명 같은 믿음을 전해 준다.

약간 긴 것 같지만, 하나의 문장으로서 문제는 없다고 생각합니다.

꼭 한 줄로 써야만 한다는 게 아니고 가능하면 가장 짧게 전체 스토리를 요약하면 되는 것이니까요. 이 줄거리는 완벽한 것일까요? 아니면 어떤 오류가 있는 것일까요?

일단 문장이 비문입니다. 마지막에 '전해준다'고 했는데, 누가 전해주는 겁니까? 두 남녀가? 영화가? 그래서 주어가 없는 비문입니다. 이야기는 문장을 쓰는 것과는 다릅니다. 문학적 재능과 이야기적 재능도 다릅니다. 문학적 재능은 글을 쓰는 재능이고, 이야기적 재능은 경험을 통제하는 재능입니다. 다만 시나리오 단계에서 이야기는 글로 전달됩니다. 아름다운 글을 반드시 쓸 필요는 없지만 정확한 글을 쓰는 것은 필수적입니다. 경험을 전달하려는 작가의 의도가 정확하게 전달되어야 하는 것이니까요.

이 줄거리 속에는 또 하나의 오류가 있습니다. '뜨겁게 사랑했던 두 남녀'라고 했습니다. 주인공이 두 남녀인 셈입니다. 이야기 속에서 주인공은 반드시 한 명이어야 합니다. 복수의 주인공이 나오는 영화는 거의 없습니다. 설사 있어도 우리가 여기서 다루려는 일반적이고 대중적인 이야기는 아닙니다. 모든 영화제에는 남우주연상, 여우주연상이 있지만, 그것이 모든 영화 속에 남녀의 주인공이 함께 존재한다는 의미는 아닙니다. 많은 로맨틱 코미디나 러브 스토리에 남녀 주인공이 나오는 것 같지만 이야기로서 영화의 주인공은 반드시 한 명입니다.

「이터널 선샤인」에도 조엘과 클레멘타인이 남녀 주인공으로서 거의 비슷한 비중으로 나오지만 우리는 그중 한 명을 주인공으로 정하고 그를 중심으로 이야기를 파악해야 합니다. 그 주인공을 판별하는 방법은 무엇일까요? 여러분은 그 영화를 어떤 사람의 입장에서 감상하고 있는지가 주인공을 가려내는 효과적인 방법입니다. 누구의 신발(whose shoe)을 신고 이 이야기를 경험하고 있나요? 스토리에는 정답은 없습니다. 그래서 저와 여러분들도 의견이 다를 수 있지만, 저는 남자 주인공 조엘의 입장에서 이 스토리를 경험했습니다. 그것은 조엘과 내가 같은 남자라 그런 것은 아닙니다. 영화가 조엘로부터 시작되고, 조엘이 경험하는 일들이 영화의 내용이기 때문입니다. 클레멘타인은 비중이 크고, 캐릭터도 독특합니다. 하지만 그녀는 조엘의 사랑의 대상입니다. 이건 남녀에 관한 이야기가 아니라 이 이야기 속에서 주인공과 그 상대역에 관한 이야기입니다. 한 명의 주인공을 선택하는 것이 구조를 파악하는 출발점입니다. 이 한 줄 줄거리의 시작은 '실연한 남자 조엘은……', 이렇게 시작되어야 합니다.

그러나 아직 이 줄거리의 결정적인 오류는 나오지 않았습니다. 모든 이야기는 한 사람이 무엇을 하려고 하는 능동태의 이야기입니다. 이 줄거리는 주인공이 두 명이든 한 명이든 그들이 무엇을 하려고 하는지에 대한 이야기가 없습니다. '사랑을 지워버려도 다시 사랑하게 된다'는 현재의 상태에 대한 기술만 있습니다. 마치 입시 학원 강사처럼 얘기하면, 모든 한 줄 스토리에는 반드시 '하려 하다(intend)', '노력하다(try)', '욕망하다(desire)', '투쟁하다(struggle)', '결심하다(decide)', '계획하다(plan)' 등의 말이 들어가야 합니다. 그렇지 않다면 그 줄거리는 틀린 것입니다. 물론 새로운 작품을 쓸 때도 마찬가지입니다. 무언가 욕망하지 않으면 이야기는 절대 발생하지 않습니다. 모든 이야기는 어느 한 명의 인물(주인공)이 무엇인가 하려고 절박하게 노력하는 이야기입니다.

요약 3

전 연인에 대한 물건과 기억을 지웠지만 결국 마음에 남아 있는 사랑 한 조각을 다시 믿어보려는 두 남녀의 이야기이다.

엉망입니다. 구조에 대한 마인드가 전혀 없습니다. 능동태도, 주인공도 없습니다. 가장 잘못된 것이 있습니다. 이야기 속 스토리 라인을 파악하는데 왜 '이야기'라는 단어를 쓰나요? 이야기란 말은 이야기 속에 없잖아요. 영화 속에 이야기라는 말이 어디 있습니까. 영화 속에는 현실과 유사하게 보이려는 하나의 세계가 있는 건데, '이건 영화야', '이건 이야기야', 이렇게 요약하면 안 된다는 겁니다. 사건을 명확하고 단순하게 요약해야 합니다. 구조를 파악하고 스토리를 요약해야지, 스토리에 대한 우리의 이론을 개입시키면 안 됩니다. 이 한 줄 스토리 요약도 그렇고, 여러 줄 요약도 그렇습니다. '1장', '2장', '3장', '이야기', '영화', '어떤 의미를 전해준다', 이런 말들은 쓰지 마세요. '주인공'도 마찬가지입니다. 여러분이 본 사건을 요약하세요. 스토리는 구체적인 겁니다. 그래야 스토리를 보는 여러분의 통찰력이 생깁니다.

표현도 마음에 안 듭니다. 유치하죠. '사랑 한 조각', 스토리를 솔직하고 순수한 마음으로 바라보지 않기 때문에 상투적인 표현이 생기는 겁니다. '두 남녀'란 말도 있죠. 주인공은 한 명이라고 했습니다. 그리고 '전 연인', '두 남녀'라고 쓰지 말고 이름을 써야 합니다. 이름이 조엘과 클레멘타인인 걸 알잖아요. 이렇게 쓰면 조금 낫습니다. '조엘은 클레멘타인에 대한 물건과 기억을 지웠지만 결국 마음에 남아 있는 사랑 한 조각을 다시 믿어보려는 조엘과 클레멘타인의 이야기다.' 이것도 엉망이지만 조금 더 나은 겁니다. 굉장히 안 좋은 예였습니다.

요약 4
「이터널 선샤인」은 사랑, 추억, 이별의 주제가 삼위일체를 이루는 작품이다.

또 하나의 명작입니다. 요샛말로 '갓띵작'이라고 하나요? 노벨상 시에 버금갑니다. 가장 강렬하게 잘못된 문장 같습니다. '삼위일체'가 왜 나오나요? 좋은 표현도 아니지만, 여기가 교회도 아니고 왜 이런 표현을 쓰는지 모르겠습니다. 스토리에 대한 표현은 구체적인 이야기를 기술하는 겁니다. 이 요약은 구조에 대한 마인드가 전혀 없이 이야기의 의미를 기술한 겁니다. 의미를 기술하지 말고 이야기라는 구체적인 사건을 요약하는 것이 이 한 줄 스토리 요약의 핵심입니다. 문장의 시작이 이렇습니다. 「이터널 선샤인」은······', 이건 스토리 밖의 세계입니다. 스토리 안의 세계에 제목은 존재하지 않습니다. 이야기 속 인생도 하나의 현실이니 당연히 제목이 없죠. '작품이다', 이런 말도 스토리 밖의 세계에서 본 것입니다. 줄거리는 주제가 아닙니다. 구조에는 손끝도 대지 못했고, 스토리에 어떻게 접근했는가에 대한 정보는 아무것도 없는 문장입니다.

요약 5
조엘은 헤어진 연인 클레멘타인에 대한 기억을 지우려고 하다가 기억을 지웠지만 또다시 그녀를 사랑하게 된다.

주인공을 조엘로 봤습니다. 잘했습니다. '기억을 지우려고 하다가', 노력하는 게 있습니다. 잘했습니다. 누가 무엇을 하려고 노력하다가 그 결과가 어떻게 됐다, 이렇게 쓰면 100점입니다. '기억을 지웠지만 또다시 사랑하게 된다', 결과도 정확합니다. 완벽합니다. 이렇게 써야 합니다. 주인공이 무엇을 하려고 노력하고, 결과는 어떤지 쓰면 한 줄에 영화 전체를 아주 간명하고 분명하게 담고 있는 겁니다. 여기에 비평적 해석은 없습니다. 그냥 일어난 사건을 기술했습니다. 훌륭합니다. 딱 하나 아쉬운 게 있다면, 조엘 앞에 캐릭터를 설명할 수 있는 수식어를 넣어 주인공 캐릭터를 분명하게 전해주는 편이 좋았을 겁니다. 소심한, 평범한 회사에 다니는, 사랑의 상처를 입은 조엘이라는 식으로요. 아주 모범적인 한 줄 스토리입니다.

요약 6

조엘은 헤어짐의 고통을 잊기 위해 클레멘타인에 대한 기억을 지우게 되지만, 그녀에 대한 자신의 사랑을 깨닫고 다시금 사랑을 시작하게 된다.

주인공 한 명을 적시했고, 조엘이 하려고 하는 것과 결과가 있습니다. 잘 썼습니다. 다만 '기억을 지우게 되지만', 이렇게 상태로 보지 말고 능동태의 노력으로 썼어야 합니다. 제가 조금 고쳐보겠습니다.

소심한 직장인 조엘은 헤어짐의 고통을 잊기 위해 전 연인 클레멘타인에 대한 기억을 지우려고 노력하는데, 그녀에 대한 기억이 지워진 후에도 그녀를 향한 감각적인 사랑을 깨닫고 다시 새로운 사랑을 시작한다.

이야기의 모든 부분이 짧은 문장 안에도 빠짐없이 들어가 있습니다. 시작과 중간, 결말이 빈틈없습니다. 제가 수정한 것은 '지우게 되지만'이라는 상태 기술을, '지우려고 노력하는데'라는 한 사람의 의지가 들어간 능동형으로 고친 것뿐입니다. 능동태로 스토리를 생각하는 습관은 이야기의 창작에서 가장 핵심적인 것입니다.

한 줄 스토리로 요약하는 법

어떤 사람이, 무엇인가 하려고 노력합니다. 그리고 어떤 결말이 납니다. 그것이 긴 영화를 한 줄로 요약하는 방법입니다. 여러분이 본 영화의 주인공(somebody), 그가 무언가를 하려는 욕망(desire), 그 일의 결론(consequence), 이 세 가지 점을 정리해 짧게 요약하면 한 줄의 스토리가 됩니다. 그렇게 정리된 한 줄 스토리는 이야기 구조의 출발점입니다. 여러분이 영화를 보고 한 줄로 요약하는 것은 가장 짧은 형태로 이야기 구조를 장악하는 일입니다. 그 연습을 많이 하면, 자신이 창작하려는 이야기도 한 줄로 쓸 수 있습니다. 어떤 긴 이야기라도 한 줄에서 시작합니다. 주인공은 반드시 한 명이어야 하고, 그 한 명의 주인공이 무엇을 하려고 하고, 결국 어떤 결말이 나는 게 이야기입니다. 누군가 무엇을 강렬하게 욕망하고 그것에 따른 결과가 나오면, 그것이 곧 이야기입니다.

　이 한 줄 스토리를 봉준호 감독의 영화 「기생충」에 한번 적용해 볼까요? 그러려면 먼저 기생충의 주인공은 누구일까 생각해 봐야 합니다. 주인공을 가려내는 방법은 먼저 우리가 누구의 입장에서 이 이야기를 경험하는지 따져보는 것입니다. 처음부터 끝까지 우리는 누구의 입장이 되어 이 영화를 보고 있는가를 스스로에게 물어보아야 합니다. 송강호 씨가 연기한 기택일까요? 아니면 이선균 씨가 연기한 동익일까요? 박소담 씨가 연기한 기정, 아니면 최우식 씨가 연기한 기우일까요? 관점에 따라 다를 수 있지만 나는 최우식 씨가 연기한 기우라고 생각합니다.

반지하에 사는 기우는 가정교사를 하게 된 집의 부를 빼앗으려 한다. (출처: CJ ENM)

왜냐하면 기생충의 모든 이야기는 기우가 부잣집에 과외 선생으로 들어가면서 생기기 때문입니다. 그는 이 부잣집의 모든 부를 자신들이 빼앗아 올 욕망을 갖고, 이를 위해서 그의 가족들을 공모자로 하나하나 이 집 안으로 불러들입니다. 이 과정에서 우리는 기우의 욕망을 이해하고 그의 입장에서 영화를 보게 됩니다. 결론에서도 마찬가지입니다. 모든 것은 실패로 돌아갔고, 동생은 세상을 떠나고, 아버지는 그 집의 지하에 갇힙니다. 갇힌 아버지와 교신하면서 반드시 그 집을 사겠다고 결심하는 기우의 보이스오버 내레이션이 이 영화의 결론입니다. 사건의 시작부터, 욕망의 추구, 그리고 결론에 이르기까지 우리는 철저히 기우의 입장에서 이 이야기를 보고 있는 셈입니다.

「기생충」은 기우의 이야기입니다. 자, 주인공은 기우로 정해졌으니, 기우의 캐릭터를 설명할 간단한 수식어를 찾아볼까요? 기우의 조건을 수식하는 것은 크게 두 가지입니다. 가난과 젊다는 것, 그래서 가난한 청년으로 한번 수식해 보겠습니다. 또한 기우의 집을 표현하는 '반지하'라는 용어는 영화에 여러 가지 층위의 의미를 입힙니다. 그래서 그 용어도 같이 사용해 보겠습니다. 그러면 「기생충」의 한 줄 스토리는 '반지하에 사는 가난한 청년 기우는……' 이렇게 시작하겠지요. 다음으로는 기우의 욕망을 찾아야 합니다. 누가 봐도 기우의 욕망은 분명합니다. 가정교사를 하게 된 집의 부를 빼앗는 것입니다. 이제 주인공과 욕망이 정해졌습니다. 그러면 결론은 무엇일까요? 동생은 죽고, 아버지는 갇히는 것입니다. 처절한 실패입니다. 이제 우리는 이 영화의 한 줄 스토리를 쓸 수 있습니다.

반지하에 사는 가난한 청년 기우는 가정교사 일을 하면서 그 집의 부를 빼앗기로 하고 이를 위해 가족들을 끌어들이지만, 결국 동생은 죽고 아버지는 그 집의 지하에 갇힌다.

이것이 제가 파악한 이 영화의 한 줄 스토리입니다. 저는 이 짧은 글에 영화의 모든 이야기가 골고루 들어 있다고 생각합니다. 시작도 있고, 중간도 있고, 끝도 있습니다. 한 줄이 아니라고 항의하는 사람도 있을 수 있습니다. 하지만 여기서 한 줄이라는 것은 가능하면 짧게 줄인다는 의미이지 꼭 한 줄이어야 한다는 뜻은 아닙니다. 이 줄거리에는 어떤 비평적 코멘트도 없습니다. 단지 표면에 일어난 일을 축약했을 뿐입니다. 그러나 주인공과 그의 욕망, 그리고 그 욕망의 결론까지 다 포괄하고 있습니다. 짧게 줄일 수 없다면 구조가 확립되지 않은 것입니다. 이 한 줄 스토리에 디테일을 입히면 하나의 장편 시나리오가 되는 것입니다. 이야기를 한 줄로 장악하는 법은 이야기의 구조를 장악하는 가장 효과적인 방법입니다. 시나리오를 잘 쓰고 싶다면 많은 영화를 보고 그 영화의 이야기를 한 줄로 요약해 보는 연습을 많이 해보세요. 그러면 아주 자연스럽게 구조에 대한 감각을 익힐 수가 있습니다.

한 줄 스토리 쓰기

여러분이 생각하는 이야기를 한 줄로 써보세요. 쓰이지 않으면 아직 준비가 안 된 것입니다. 이야기의 시작과 중간, 그리고 결말에 대해서 아직 파악하지 못한 것입니다. 이렇게 시작하면 이정표가 없이 길을 가는 것입니다. 등대 없이 밤바다를 항해하는 것이라고 할 수 있습니다. 한 줄을 쓰기 위해서 우리는 이야기의 주인공을 알아야 하고, 그의 욕망을 알아야 합니다. 그리고 그 결론도 알아야 합니다. 그것은 전체 이야기를 설계하는 구조의 출발점들입니다. 구조는 우리가 하나의 이야기를 써가는 데 필요한 이정표입니다. 한 줄의 스토리에 조금 더 디테일을 보강하면 한 장의 시놉시스가 됩니다. 그 시놉시스에 1, 2, 3장 개념을 정리하면 3장 시놉시스가 됩니다. 거기에 시퀀스의 개념으로 다시 정리하면 시퀀스 아웃라인이 되고, 거기에 장면의 개념을 추가하면 스텝 아웃라인이 됩니다. 그 스텝 아웃라인에 나오는 장면들에 대사와 지문을 써넣으면 드디어 하나의 장편 영화 시나리오가 완성되는 것입니다. 그 모든 것의 출발점이 한 줄의 줄거리에 있습니다.

간혹 만나는 작가들 중에는 이야기를 한 줄로 쓰는 걸 힘들어하는 사람도 있습니다. 한 장의 시놉시스도 처음에 쓰기가 힘들어서 시나리오를 완성하고 나중에 거꾸로 그 시나리오를 요약하는 사람도 있습니다. 두 경우 다 구조에 대한 마인드가 없어서 생기는 것입니다. 구조는 수학입니다. 수학이 싫어서 글쓰기를 하려고 하는데 왜 수학이 다시 나오는 거냐고 항변하는 소리가 들립니다. 미안하지만, 시나리오 쓰기에서 수학은 반드시 필요합니다. 수학이란 논리이고, 이 논리는 이야기를 쓰는 데 있어서 튼튼한 골조의 역할을 하는 것입니다. 논리의 골조가 확립되고 난 다음에 감수성의 빛나는 향유를 이 논리 위에 쏟아부을 때 훌륭한 시나리오가 완성되는 것입니다. 소설보다도 영화 시나리오에 이 구조는 더 필요합니다.

사실 제가 개인적으로 아는 많은 소설가들은 구조에 그다지 신경을 쓰고 있지 않습니다. 소설가들이 영화의 시나리오를 쓸 때 첫 번째로 부딪히는 문제가 바로 이 구조의 문제입니다. 소설과 시나리오의 어떤 차이가 이 구조의 필요성을 만들어낼까요? 그것은 소설은 아니지만 시나리오는 시간에 예속된다는 점입니다. 이 시간의 제약이 시나리오 집필에서 구조가 필요한 이유입니다. 우리는 시간에 따른 관객의 경험을 조절해야 합니다. 시간에 따른 흥미의 유발, 집중, 몰입, 반전, 그리고 결말 등을 직조해 내야 하는 것입니다. 구조는 재빨리 관객의 마음을 영화 속으로 끌어들이고, 그것을 유지하며, 그러다 만족스러운 결말로 이끌어갑니다. 영화는 시간의 예술입니다. 이 구조를 위하여 시나리오 작업의 초기에는 치열한 수학의 싸움을 해야 하는 것입니다.

제가 경험한 바로는 신인 작가일수록 이 구조의 싸움을 건너뜁니다. 한 줄 스토리나 시놉시스 쓰기를 부담스러워합니다. '일필휘지(一筆揮之)'로 첫 줄부터 쓰기 시작해서 100페이지를 단숨에 쓰는 게 자신의 스타일이라 주장하는 신인 작가들을 만나는 경우가 많습니다. 미안하지만 이런 작가들은 우연히 좋은 작품을 쓸 수는 있지만 지속적으로 좋은 작품을 쓰지는 못합니다. 프로페셔널한 작가는 자신의 감수성이 폭발하는 요행에 기대는 게 아니고, 자신의 정확한 방법론에 입각해서 작품의 틀을 세웁니다. 이 틀이 구조입니다.

「기생충」의 한 줄 스토리로 다시 한번 이야기를 한 줄로 쓰는 방법을 정리해 보겠습니다.

1. 반지하에 사는 가난한 청년(주인공의 캐릭터에 대한 간단한 설명)

2. 기우는(이야기를 지배하는 한 명의 주인공)

3. 가정교사 일을 하면서 그 집의 부를 빼앗기로 하고 이를 위해 가족을 끌어들이지만(주인공의 욕망)

4. 결국 동생은 죽고 아버지는 그 집의 지하에 갇힌다.(주 욕망의 결과, 영화의 결말)

한 줄 스토리는 단편 영화에도 대단히 효과적입니다. 단편이나 장편이나 구조의 원리는 동일합니다. 이야기의 길이에 상관없이 모든 이야기는 누군가 무엇을 하려고 노력하는 이야기이니까요. 여러분 중에 누가 단편 영화의 시나리오를 쓰려고 한다고 가정해 보겠습니다. 그 내용은 '여자 주인공이 매일 만나는 집 앞 편의점의 남자 알바생을 좋아하는 이야기'라고 해보겠습니다. 아직까지 이야기는 정체를 드러내지 않았습니다. 주인공이 하려는 욕망이 설정됐을 때, 가뭄으로 물이 마른 저수지에서 수년간 잠겼던 자동차가 골격을 드러내듯이 이야기의 골격이 보이기 시작합니다. 주인공을 여자 대학생으로 설정해 보죠. 보수적이고 다소 폐쇄적인 성장 환경 탓에 남성들과 말하는 것이 자연스럽게 되지 않는 성격이라고 가정해 보겠습니다. 수줍은 여자 대학생이라고 표현할 수도 있고, 연애 경험이 전혀 없는 여학생이라고 좀 더 구체적으로 표현할 수도 있겠습니다. 디테일하게는 약간씩 결이 다르지만, 어쨌든 어렴풋이 캐릭터가 보이기 시작합니다.

그가 하려는 욕망은 무엇일까요? 그 남자 알바생과 사랑을 이루는 것이라고 볼 수도 있겠지요. 하지만 이것은 너무나 포괄적인 욕망입니다. 욕망의 범위가 너무나 커서 이야기가 구체적으로 보이지 않습니다. 어쩌면 세상의 모든 이야기는 사랑 이야기잖아요? 그러니까 사랑이 욕망이 되면 구체적이지도 않고, 욕망의 범위가 너무 커서 이야기를 발생시키기 어렵다는 것입니다. 그 알바생을 한번 웃겨보려는 욕망은 어떨까요? 포괄적이고 막연한 사랑보다는 훨씬 더 구체적인 욕망입니다. 욕망이 구체적이 되면 인물의 행동이 보이기 시작합니다. 순진한 여학생은 웃기는 몸짓을 시도해 볼 수도 있고, 아재 개그를 건넬 수도 있습니다. 자신의 힘으로 안 되면, 개그가 특기인 친구를 데려와서 같이 시도해 볼 수도 있겠지요. 혹은 그 알바생에게 지극히 업무적인 말 말고, 개인적인 말을 한마디 들으려는 욕망도 있을 수 있고요. 좀 더 강하게는 편의점 아닌 곳에서 서로 만날 약속을 잡으려는 욕망도 구체적인 욕망이 될 수 있습니다. 그렇다면 이 짧은 이야기의 한 줄 스토리는 다음의 문장들이 될 수 있습니다.

1. 수줍은 여학생이 매일 들르는 편의점의 무뚝뚝한 남자 알바생을 웃겨보려고 노력한다. 그녀의 노력은 실패하지만 그 과정에서 서로에 대한 애정이 싹튼다.
2. 순진한 여학생이 매일 들르는 편의점 남자 알바생에게 개인적인 말을 들어보려 노력한 끝에, '피곤해 보인다'라는 말을 듣고 감격한다.
3. 소극적인 여학생이 매일 들르는 편의점 훈남 알바생을 편의점 밖에서 만나려고 노력하지만, 실패하고 편의점마저 그만두게 한다.

위 1, 2, 3번의 한 줄 스토리는 다 주인공과 욕망, 그리고 결론을 나타내고 있는 좋은 스토리입니다. 우리는 이런 한 줄 스토리를 가지고 전체 이야기를 써나갈 수 있습니다. 자신이 쓰려는 이야기의 한 줄 스토리를 완성했다면 이미 반은 성공했다고 할 수 있습니다.

로그라인

로그라인(log line)이란 용어를 다들 한 번쯤은 들어봤을 것입니다. 영화의 내용을 짧게 요약하는 문장을 지칭하는 용어로 한 줄 스토리와 비슷합니다. 하지만 로그라인과 한 줄 스토리는 분명한 차이가 있습니다. 로그라인은 외부에 스토리의 매력을 호소하기 위해서 작성합니다. 반면에 한 줄 스토리는 작가가 자기 내부에서 스토리를 쓰기 위한 것입니다. 그래서 로그라인은 이야기 전체에서 가장 흥미로운 부분을 집약합니다. 기발한 사건의 개요가 될 수도 있고, 핵심적인 갈등이 될 수도 있습니다. 로그라인의 존재 이유는 그걸 읽어본 관객들이나, 혹은 기획 단계라면 프로듀서나 감독이나, 투자사나, 유명 배우들이 단번에 흥미를 갖게 하는 것입니다.

예를 들면 「공조」(김성훈 감독, 2017)라는 영화의 로그라인은 무엇이었을까요? '북한 군인과 남한 형사가 합심해서 범죄자들을 소탕한다'는 것은 좋은 아이디어이지만 관계자들의 시선을 단박에 모으기에는 부족합니다. 그래서 아이디어가 더해집니다. '가장 잘생긴 북한 요원과 가장 수수하게 생긴 남한 경찰관이 합심해서 범죄자들을 소탕한다.' 이러니까 남북한의 요원이 합심해서 범죄를 소탕한다는 액션 스토리가 남북한의 남성에 대한 우리의 고정관념을 깨뜨리는 신선한 코미디가 됩니다. 결국 현빈 씨가 북한 요원, 유해진 씨가 남한 형사를 맡은 이 영화는 큰 성공을 거두고, 속편까지 만들어졌습니다.

「토이 스토리(Toy Story)」(존 라세터 감독, 1995)라는, 애니메이션 역사상 기념비적 영화의 로그라인은 무엇이었을까요? 이 영화를 기획한 프로듀서가 투자사 격인 스튜디오의 간부들 앞에서 딱 한 마디의 로그라인을 얘기했고, 그 로그라인을 들은 간부들은 그 자리에서 바로 제작을 결정했다고 합니다. 그 로그라인은 '사람들이 잠든 시간에 장난감들이 깨어나서 그들의 세상을 만든다'였다고 합니다.

할리우드 역사에서 「트윈스(Twins)」(이반 라이트만 감독, 1988)에 버금가는 기발한 로그라인은 또 하나 있습니다. 바로 「트윈스」라는 코미디 영화입니다. 이 작품의 로그라인에는 배우의 이름까지 들어가 있었다고 합니다. '아놀드 슈왈제네거와 대니 드비토가 쌍둥이다.' 보디빌딩 챔피언 출신의 우람한 액션스타 아놀드 슈왈제네거와 키가 작고 기발한 코미디 연기를 보여주는 대니 드비토가 이란성 쌍둥이로 나온다는 이 로그라인 역시도 발표 즉시 열렬히 환영을 받아 일사천리로 영화가 만들어졌다고 합니다.

비단 상업적인 영화만 로그라인이 있는 건 아닙니다. 고레에다 히

로카즈 감독에게 세계적 명성을 안겨준 영화 「원더풀 라이프(After Life)」 (1998)의 로그라인은 '사람들이 죽으면 저승으로 가기 전, 간이 정류장에서 자신의 삶의 기억들로 영화를 한 편 만들고 간다'입니다. 스티븐 스필버그의 「쥬라기 공원(Jurassic Park)」(스티븐 스필버그 감독, 1993)의 로그라인은 '복제된 기술로 다시 살아난 공룡이 사람들을 위협한다'입니다.

이상 예에서 보듯이 로그라인은 그 영화의 가장 핵심적인 흥미 요인을 집약시켜 만듭니다. 그래서 로그라인에는 영화의 결론이 없습니다. 결론을 말하는 것은 요즘 말로 스포일러를 하는 것으로 영화의 흥미를 떨어뜨리기 때문입니다. 또, 영화의 핵심 흥밋거리가 한두 문장으로 집약되는 소위 '하이 콘셉트' 영화들이 로그라인은 분명합니다.

로그라인이 외부인에게 영화의 흥미를 유발시키는 게 목적이라면 한 줄 스토리는 작가의 작업용입니다. 장편 시나리오라는 먼 길을 떠나기에 앞서서 자신이 갈 길의 약도를 정리해 놓는 것이지요. 로그라인이 제기한 흥미 요소를 어떻게 진전시키고 어떻게 결론을 내는가 하는 방법이 한 줄 스토리입니다. 외부인을 위한 용도가 아니기 때문에 스포일

(왼쪽) 「엘리움 라이프」 포스터.(출처: (애안다미로)
(오른쪽) 「쥬라기 공원」 포스터.(출처: 유니버설 픽쳐스)

러가 되는 걸 걱정할 필요는 없습니다. 그래서 한 줄 스토리에는 분명한
결론이 있습니다. 한 줄 스토리는 철저히 작가를 위한 도구입니다. 여기
서 지금 수업을 듣고 있는 여러분들의 도구입니다.

2단계 주제 정리하기

한 줄 스토리를 완성한 다음에는 주제를 정리해야 합니다. 한 줄 스토리가 이야기의 표면을 가장 짧게 줄인 것이라면 주제는 그 안에 담긴 생각입니다. 흔히 이 두 가지는 혼동되어 쓰이는 경우가 많습니다. 한 줄 스토리에 주제를 써서 넣는 일도 있습니다. 앞서 제시한 「이터널 선샤인」에 대해 학생들이 쓴 한 줄 스토리 중에서 예시 4번이 한 줄 스토리와 주제를 혼동한 경우입니다. 또한 주제를 한 줄 스토리와 혼동하는 경우도 많습니다. 그래서 주제를 얘기하라고 하면 한 줄 스토리를 얘기하는 경우도 있습니다. 아니 제가 경험한 바로는 아주 많습니다. 주제와 스토리는 결코 혼동되면 안 되는 것들입니다.

다시 「이터널 선샤인」을 예로 들면, 주제에 대해서 '헤어진 뒤 다시 만나는 연인들의 이야기'라고 말하는 사람들이 의외로 많습니다. 주제는 이야기가 아닙니다. '헤어짐의 아픔'이라고 말하는 사람도 있습니다. 이 역시도 이야기 안에 담긴 생각이라기보다는 이야기 자체와 비슷합니다. '사랑은 영원하다' 이렇게 말하는 사람도 있습니다. 이것은 감독의 주장으로서 주제라고 볼 수는 있지만 너무나 일반적이어서 구체적으로 특정 스토리를 견인하기는 힘들어 보입니다. 주제가 '사랑'이라고 하는 경우도 마찬가지입니다. 인류가 만들어낸 이야기의 거의 모든 주제는 '사랑'이나 '가족'이라고 할 수 있습니다. 주제는 너무 포괄적인 것보다는 좀 더 예리하고 구체적 생각을 담아야 합니다.

그래서 처음부터 주제에 대해서 정리해 두어야 합니다. 그러면 주제는 과연 무엇일까요. 저는 지금도 시나리오를 쓸 때 주제가 정리 안 되면 쓰는 걸 포기합니다. 작가가 이 영화를 통해 무슨 이야기를 할 것인가, 그게 주제입니다. 관객의 입장에서 보자면 영화가 끝나고 극장을 나오면서 가슴속에 들어 있는 것, 그게 주제입니다. 저는 새로운 시나리오를 쓸 때 노트에 계속 무슨 이야기를 할 것인가를 정리합니다. 이 영화가 궁극적으로 관객에게 무슨 이야기를 할 것인가가 정리되어야 전체 시나리오가 그것에 집중할 수가 있으니까요. 이것은 마치 한참을 마당에서 모닥불을 태우던 사람이 실내에 들어오면 그의 몸에서 나오는 연기 냄새와 비슷합니다. 주제에 대한 깊은 생각은 모든 장면과 대사에서 은은히 풍겨 나올 테니까요. 그렇게 계속 풍겨 나오는 향기 같은 주제가 전체 이야기에 통일성을 만듭니다. 주제에 관해서 처음에 많이 생각할수록, 의식하든 의식하지 않든, 그것과 연결되는 상황이 만들어지고, 장면이 만들어지고, 대사가 만들어집니다. 이상적인 영화는 모든 장면에서 주제가 언급되어야 합니다. 대사로 언급되는 게 아니라 관객의 머릿속에서 주제가 연상될 수 있는 느낌이나 행동, 상황이 있어야 한다는 것입니다. 그것을 우리는 이야기의 통일성이라고 합니다. 주제는 여러 갈래로 풀어진 모든 사건들을 하나로 묶는 개념의 밧줄입니다.

이야기를 끌고 가는 기둥은 두 가지라고 생각합니다. 하나의 기둥은 구조입니다. 이야기의 표면에 있는 것입니다. 그래서 주제적 생각이나 추상적인 분석, 용어들을 구조에서는 허용하지 않습니다. 또 하나는 주제입니다. 주제를 생각하는 첫 번째 방법은 이야기 소재에 대한 작가의 관점을 알아보는 겁니다. '이 이야기는 무엇에 관한 영화인가?'라고 질문했을 때, 거기에 대한 답이 주제입니다. 「기생충」은 무엇에 관한 영화인가요. 그것에 답할 수 있으면 주제를 말하는 겁니다. 사회적 관점에서 경제적 불평등을 다룬 영화는 많이 있습니다. 「기생충」이 그런 영화였다면 새롭지 않았을 겁니다. 하지만 제 생각에 「기생충」은 감각적 불평등에 대해서 다룹니다. 경제적 불평등이 오랜 시간이 지나 쌓이면 감각적 불평등으로 나타납니다. 영화 「기생충」은 그런 것을 간파한 게 아닐까 생각합니다. 「기생충」에서 송강호 씨가 맡은 인물이 지하실의 눅눅한 냄새에 대한 말을 들었을 때, 사람을 죽이게 된다는 내용이 감각적 불평등을 생각하게 합니다. 제가 관객으로서 극장을 나오면서 한 생각이 그것입니다. 옷차림, 취향, 냄새, 습관 등으로 표현되는 감각적 불평등을 본격적으로 다룬 최초의 영화가 「기생충」이 아닌가 합니다.

주제는 공공적인(public) 것이 아니라 개인적인(private) 겁니다. 여러분이 중고등학교 때 주제에 대해 공부하면서, 주제를 공공적으로 생각하는 습관이 들었을 거예요. 나라 사랑, 산불 예방, 저축 장려, 청춘 예찬, '사람을 사랑하자', '부모에게 효도하자' 같은 것들이 공공적인 의미의 주제입니다. 공공적 의미의 주제는 문화 영화나 홍보성 성격을 가진 영화에 사용됩니다. 우리가 아는 일반적 영화, 엔터테인먼트 스토리의 주제로 공공적 주제는 적합하지 않습니다. 산불 예방에 관한 영화를 만오천 원을 내고 2시간 동안 보진 않을 거잖아요? 상업적 오락 영화는 개인적이고 사적인 주제를 다뤄야 합니다. 우리는 다 고유한 개인이고, 내가 느끼는 것과 비슷한 이야기를 하는 영화에 끌리게 됩니다. 주제는 사적인 겁니다.

혹자는 또 상업 영화에서는 주제가 필요하지 않다고 얘기하기도 합니다. 그냥 재미있자고 만든 영화에 주제가 무슨 필요가 있냐는 말입니다. 하지만 이 말이야말로 주제가 공공적이어야 한다는 착각에서 나온 말입니다. 상업 영화일수록 확실한 주제가 필요합니다. 주제가 없다면 재미도 없습니다. 왜냐면 우리를 이야기에 몰입시키는 것 중 가장 확실한 것이 주제이기 때문입니다. 2장에서 우리는 재미의 첫 번째 요소가 감정의 움직임이라고 했습니다. 그 감정의 움직임, 즉 감동은 주제에 대한 인식에서 가장 크게 나오는 것입니다. 주제가 '부모님의 무조건적인 사랑'인 영화라면 우리의 감동은 그 무조건적인 사랑을 느낄 때 큰 파도처럼 다가옵니다. 주제는 또한 재미의 두 번째 요소인 지적 통찰에도 관계합니다. 이야기가 쌓아 올린 집요한 주제에 대한 탐구가 이야기의 마지막에서 비로소 커다란 통찰로 다가오면서 우리를 지적인 재미에 빠지도록 하기 때문이죠. 우리가 어떤 영화를 보면서 산만하게 느꼈다면 그것은 주제가 약하거나 혹은 부재하기 때문입니다. 상업 영화일수록 반드시 주제가 필요합니다.

봉준호 감독의 영화 「살인의 추억」(2003)의 주제를 많은 사람들은 '공권력의 무력함'이라고 이야기했습니다. 연쇄 살인을 한 범인을 끝내 잡지 못해서 그런 것 같습니다. 공적인 관점에서 주제를 파악하려는 우리의 오랜 습관에서 그런 주제가 도출됩니다. 영화를 보는 우리의 가슴과 머리에는 공권력의 무력함이라는 공공적 개념이 계속 다가오는 것은 아닙니다. 그 영화가 공권력의 무력함만을 다루었으면 그렇게 재밌지 않았을 겁니다. 그랬다면 경찰 홍보 영화가 됐겠죠. 경찰을 위해 세금을 투여해 장비 혁신하고 인원도 늘려줘야 한다는, 경찰 예산 증설을 위한 공공 홍보 영화라고 볼 수 있는 겁니다. 이런 공공적 주제는 이 훌륭한 오락 영화 「살인의 추억」의 주제와는 관련이 없습니다. 그러면 살인의 추억이라는 영화를 사적인 관점에서 볼 때 어떤 주제를 도출할 수 있을까요? 「살인의 추억」을 보고 과연 우리의 가슴과 머리에 생겨난 생각은 무엇일까요? 언제나 이야기를 분석할 때 가장 확실한 연구 대상은 자기 자신입니다. 가장 정직하게 자신의 반응을 들여다보는 것으로 우리는 그 이야기가 성취하거나 실패한 부분에 대해서 많은 것을 깨달을 수 있습니다. 이런 점은 지그문트 프로이트가 정신 분석을 연구하면서 자신의 정신을 가장 중요한 연구 대상으로 삼은 것과 같습니다. 타인의 정신은 자신의 정신보다 접근하는 데 한계가 있는 것이니까요.

제가 「살인의 추억」을 보면서 느낀 것은 '보상 없는 집념'이었습니다. 우리가 무엇을 하면 돈이나 명예를 보상으로 얻는 경우가 많습니다. 이번에 야구 경기에서 우승을 하면 다음 계약에서 큰 보상을 받는다거나, 어떤 일을 해결하면 승진이 된다거나, 어떤 사업에 성공하면 큰돈을 번다는 것들이 보상입니다. 대개의 집념들은 그 보상을 목표로 실행됩니다. 그러나 우리는 삶을 살다 보면, 삶은 너무나 불가해한 것이기 때문에, 간혹 이유가 없는 집념에 사로잡힐 때가 있습니다. 인간은 나약하고 비논리적이기 때문에, 한번 가졌던 집념이 그 자체로 이유가 되어, 계속 집념이 강화되는 경우가 생깁니다. 저는 그런 보상 없는 집념이 「살인의 추억」의 주제라고 생각합니다.

영화의 첫 장면은 범인을 잡으려는 박두만 형사(송강호 분)의 모습으로 시작합니다. 그리고 범인을 잡기 위해 할 수 있는 모든 걸 다 하며 치열하게 노력하는 두만과 동료 형사들을 볼 수 있습니다. 범인을 잡으면 승진 등의 약간의 보상이 주어지겠지만, 큰 보상이 있는 것은 아닙니다. 그들을 움직이게 하는 것은 오직 그들이 한번 가졌던 집념뿐입니다. 그 집념에 사로잡혀서 동료 한 명은 다리에 큰 부상을 입기도 합니다. 하지만 그들은 마지막까지도 범인을 잡지 못합니다. 영화의 끝에서 두만은 이제 경찰 일을 그만두고 정수기 장사를 하면서 평범하게 삽니다. 그는 우연히 예전의 살인 현장 근처를 지나가게 됩니다. 그리고 다시 살인의 현장을 확인하면서 그는 다시 한번 집념이 끓어오르는 걸 느낍니다. 가을 들판을 배경으로 선 두만의 얼굴에 범인에 대한 집념이 가득 차오르면서 영화는 끝납니다. 이렇게 이 영화는 모든 장면에서 보상 없는 집념

「살인의 추억」 마지막 장면. 영화는 두 명의 얼굴을 비추며 끝난다.(출처: CJ ENM)

을 이야기하고 있습니다.

우리도 한 번쯤 인생에서 그런 집념을 가졌던 적이 있습니다. 보상이 예상되지 않아도 몰두했던 경험들이 있습니다. 「살인의 추억」은 바로 그 주제가 많은 관객이 가졌던 집념의 기억을 건드렸기 때문에 작품적, 상업적으로 큰 성공을 거둘 수 있었다고 생각합니다. 그것이 주제입니다. '공권력의 무력함'은 주제를 무조건 공적으로 생각하는 습관을 주입시킨 우리의 성장기 교육 환경에서 영향을 받아 도출된 주제입니다.

한 가지 예를 더 들겠습니다. 「최종병기 활」(김한민 감독, 2011)은 병자호란 때 청나라 군에게 납치된 여동생을 구해 내는 오빠의 이야기입니다. 결정적인 전투가 활로 이루어집니다. 어느 평론가가 이 영화의 주제를 말하면서 '전란을 당한 백성의 고통'이라고 말했습니다. 하지만 저는 이것 역시도 공공적 방식으로 주제를 생각하는 습관에서 나온 것이라고 봅니다. 우리가 이 영화를 보면서 느끼는 것은 그게 아니라고 생각합니다. 백성의 고통이 나오지만 그건 이 영화의 스토리를 강화하는 정서적 배경입니다. 제가 이 영화를 보면서 처음부터 끝까지 일관되게 느낀 것이 있다면 그건 '순간'이라는 말이었습니다. 찰나의 순간에 의해서 삶과 죽음이 결정됩니다. 활은 바로 그 순간을 다루는 무기입니다. 순간을 장악하는 사람만이 활을 통한 전투에서 승리할 수 있습니다. 영화의 마지막, 두 주인공의 대결에서 결국 바람을 이기고 순간을 장악한 사람이 승리하게 됩니다. 이 영화는 인생의 순간에 관한 영화입니다. 삶을 결정하는 것은 결국 아주 작은 시간, 순간이라는 것을 말하고 있습니다.

이것이 진짜 주제를 도출하는 방식입니다. 모든 이야기의 주제는 지극히 사적인 겁니다. 윤리나 도덕도 아니고 공공적 의무에 관한 것도 아닙니다. 개별적인 자기 인생을 살고 있는 모든 관객은 공적인 것이 아니라 사적인 주제들을 느끼면서 공감합니다.

주제를 끌어내는 세 가지 방법

주제를 끌어내는 데는 세 가지 방식이 있습니다. 첫 번째는 앞에서 얘기한 대로 무엇에 관한 영화인가를 물었을 때 생각나는 말입니다. 「살인의 추억」은 무엇에 관한 영화인가?'라고 물었을 때 나올 수 있는 답이 주제입니다. 이 영화는 보상 없는 집념에 관한 영화입니다. 여기에는 옳고 그름에 대한 답은 없습니다. 그저 치열하게 무엇에 대해서 수행하는 탐구만이 있습니다.

두 번째는 감독이 우리에게 던지는 질문으로 주제를 생각하는 것입니다. 「살인의 추억」으로 이야기한다면, '당신은 보상 없는 집념에 사로잡힌 적이 있느냐?'는 질문일 수 있습니다. '인간은 집념 없이 평온하게 살 수 있는가?', 이런 질문도 되는 겁니다. 설사 그 질문에 답하지 않아도 그 질문을 제대로 인식시키는 것만으로도 영화는 의미를 가질 수 있습니다. 어떤 영화를 보고 그 영화가 관객인 내게 건넨 질문을 정리하면 그 영화의 주제를 제대로 인식한 것입니다. '작가로서 관객에게 어떤 질문을 할 것인가?'에 대해서 정리되면 일단 시나리오를 쓸 준비가 된 것입니다.

마지막 세 번째는 감독의 메시지입니다. 감독이 확실하게 자신의 입장을 완결된 문장으로 우리에게 던지는 말입니다. 감독의 주장이라고도 할 수 있습니다. 이것은 로버트 맥키가 말하듯이 '나는 삶이란 이런 것이라고 생각한다'고 관객에게 말을 거는 것입니다. 작가의 이런 열정적인 신념이 대본 속의 매 순간 들어차 있지 않으면 독자들은 금세 그것이 가짜라는 것을 눈치챕니다.[2] '인간은 나약하기에 때때로 이유 없는 집념에 사로잡힌다.' 이걸 주장하기 위해서 감독이 「살인의 추억」이라는 2시간짜리 영화를 만들어 관객에게 던진 겁니다.

이 세 가지 방식으로 주제에 대해 생각할 수 있습니다. 이 장에서 가장 중요한 내용은, 주제는 공적인 것이 아니라 사적이라는 것, 그리고 상업 영화일수록 주제가 필요하다는 것, 그리고 주제는 세 가지 방식으

---

2 로버트 맥키, 같은 책, 105쪽.

| 이야기 수업 |

로 생각할 수 있다는 것입니다.

「빌리 엘리어트」, 「굿 윌 헌팅」 그리고 「본 아이덴티티」의 주제

「빌리 엘리어트(Billy Elliot)」(스티븐 달드리 감독, 2000)라는 영화를 다들 아실 겁니다. 수많은 이들이 인생 영화로 자주 꼽는 영화입니다. 파업 중인 영국의 한 탄광촌에서 발레를 꿈꾸는 소년에 관한 이야기입니다. 빌리는 결국 자신의 꿈을 찾아가고, 아버지는 파업을 접고 다시 수백 미터 갱도로 하강하는 장면은 자식의 꿈과 가족의 희생에 관해서 상징적으로 말해주는 잊지 못할 장면입니다. 갱도로 하강하는 엘리베이터 속 아버지의 얼굴은 영화가 왜 대사의 예술이 아니고, 영상의 예술인지, 또 왜 배우의 예술인지 보여줍니다.

그러면 이 영화의 주제는 무엇일까요? 여러분이 영화를 보면서 느낀 것은 무엇일까요? '가족의 희생', '사람은 꿈을 찾아가야 한다' 등이 쉽게 떠오르는 주제입니다. 비슷하지만 정확하지는 않다고 생각합니다. 다소 계몽적이고 포괄적입니다. 작가가 집필하면서 중심에 두었던 생각은 무엇일까요? 극장을 나오는 관객의 가슴속에 둔중하게 깔려 있는 감동의 정체는 무엇일까요? 나는 그것이 영화 속에 나오는 대사로 '전기'라고 생각합니다. 영국 영화니까 영화 속에서는 당연히 영어로 'electricity'라고 나옵니다. 발레 학교의 면접 장면에서 발레를 할 때 기분이 어떠냐는 면접관의 질문에 빌리는 대답합니다.

"잘 모르겠는데요. 그냥 기분이 좋고, 약간 어색하기도 하고, 그러다……. 일단 느낌이 오면, 모든 걸 잊는 거 같고…… 그러다가 내가 사라지고, 네, 그냥 사라지는 거죠. 내 몸 전체가 변하는 거 같은…… 내 몸속에 마치 불이 붙는 거 같은…… 거기 있는데, 날아가는 거 같고, 마치 새처럼, 전기처럼, 맞아요. 그냥 전기가 온 것처럼……."

전기는 꿈과는 다릅니다. 꿈이 인간이 의식적으로 소망하는 것이라면 전기는 온몸의 감각이 극단적으로 반응하는 것입니다. 생화학적으로 말하자면, 극단적인 희열에 의해서 온몸의 세포들이 전자적으로 결합하면서 내는 것이라고 할 수 있지요. 사람은 자신이 가장 좋아하는 일을 할 때 그것을 느낍니다. 전기는 소름이 돋는 것보다 몇 배 더 강렬한 희열, 자극을 뜻합니다. 「빌리 엘리어트」는 전기에 대해 관객에게 묻습니다. 당신이 가장 전기를 느끼는 일은 무엇인가? 당신은 전기를 느껴본

| 이야기 수업 |

적이 있는가? 사람은 결국 이런 전기가 느껴지는 일을 해야 하는 것 아닌가? 그렇게 묻고 있는 것입니다. 어떤 어려운 사정이 있더라도 결국은 자신이 전기를 느끼는 일을 따라가야 한다고 영화는 말합니다. 영국 시골의 남성 중심적 분위기에서 발레를 여자들의 것이라고 아무리 멸시해도, 아버지가 파업 중인 동료를 배신하는 비겁자가 되더라도 말입니다.

「굿 윌 헌팅」 역시 많은 사람이 인생 영화로 꼽습니다. 그러면 이 영화의 주제는 과연 무엇일까요? 영화 속에서 주인공 윌 헌팅은 천재적인 머리를 가지고도 과거 학대의 기억 때문에 세상과 화해하지 못하고 자신의 재능을 낭비합니다. 이런 윌에게 심리치료사 숀은 '네 잘못이 아니야(It's not your fault)'라는 말을 반복적으로 하며 윌의 마음속 응어리를 풀어줍니다.

이 영화의 주제는 무엇일까요? '재능을 낭비하지 말자'라고 하면 계몽적인 말이 됩니다. '인생의 시간을 소중히 생각하자'라고 하면 조금 가깝지만 여전히 뭔가 계몽적입니다. 저는 이 영화에서 감독이 전하려는 분명한 메시지가 있다고 생각합니다. 그것은 '자신의 잘못이 아닌 과거의 상처에 갇혀 있지 말자'라고 생각합니다. 어린 시절의 나쁜 부모, 나쁜 어른, 가난, 학대 등 모두가 자신의 잘못이 아닌데도 이런 상처에 갇혀 있는 사람들이 많습니다. 우리는 성인으로서 자신이 선택한 것만 책임져야 합니다. 「굿 윌 헌팅」은 특히 성인으로서 인생을 출발하려는 이들에게 좋은 영화입니다. 자신이 선택하지 않은 미성년의 상처에서 벗어나서 비로소 자신의 선택과 그에 따른 책임이 부과되는 성인으로서의 삶을 출발하려 하고 있기 때문입니다.

이 영화는 '과거의 상처를 대하는 태도'에 관한 영화이고, 질문 형식으로 바꿔보면 '우리는 어떻게 과거의 상처라는 감옥으로부터 탈출할수 있는가?'라는 질문이 주제입니다. 또한 감독의 주장으로 얘기하자면, 감독은 간절하게 '과거의 감옥에서 나와야 한다'고 주장하고 있으며 '그러기 위해서는 스스로 정직하게 타인에게 다가가야 한다'고 얘기하고 있습니다. 이 수업을 받는 여러분 모두도 자신이 선택하지 않은 잘못, 상처로부터 벗어나야 합니다. 그러기 위해서는 숨지 말고 당당하고 정직한 자세로 먼저 앞으로 나와야 합니다. 이것이 「굿 윌 헌팅」이라는 영화가 우리에게 던지는 주제이고, 우리가 극장을 나오면서 가슴속에 품었던 생각입니다.

「본 아이덴티티」(더그 라이만 감독, 2002)라는 블록버스터 오락 영화를 주제적인 측면에서 살펴보겠습니다. 이 영화는 기억을 잃은 CIA 특수 요원이 자신의 기억을 찾아가는 이야기입니다. 이 영화가 개봉 당시에 새롭고 신선했던 것은 이 영화를 시작으로 할리우드의 액션 스파이 영화가 외부의 적에서 내면적인 목표로 스토리의 방향을 변경했다는 것입니다. 그동안의 스파이 액션 영화들이 추구했던 적들은 돌아보면, 007 시리즈에서는 구소련 공산주의자들이었고, 그다음에는 미국이 규정하는 테러 국가나 테러 집단이었습니다. 그러다 「본 아이덴티티」에 와서 비로소 자신의 기억이라는 내면적 목표가 생긴 것이고, 주인공이 추구하는 것이 어떤 적을 물리치는 것이 아니라 자신의 정체성이고, 그것에 의

해서도 여전히 박진감 있는 액션 영화의 스토리가 가능하다는 것이 관객에게 신선하게 받아들여진 것입니다. 이 영화의 마지막 장면을 기억하시나요?

CIA 아지트를 급습한 본은 격투 끝에 자신의 정체성을 알게 됩니다. 본을 훈련시켰고, 살인 병기로 사용했던 간부 콘클린은 제거당하고, CIA의 비밀 작전은 폭로됩니다. 그리고 지중해의 어느 섬이 배경인 마지막 장면이 나옵니다. 섬에서 마리는 바닷가 카페를 운영하면서, 관광객들에게 자전거나 스쿠터를 대여하기도 합니다. 카페를 정리하고 있는 마리의 등 뒤 카페 입구로 본이 나타납니다.

본: 이거 당신 카페입니까?
마리: (보지 않고) 네.
본: 좋군요. 찾아내긴 좀 힘들었지만.

그제야 마리는 등 뒤에 있는 사람이 본이라는 걸 알게 됩니다. 돌아서서 본을 확인하고 감격해하는 마리에게 본이 계속 묻습니다.

> 본: 스쿠터도 빌릴 수 있나요?
> 마리: 신분증(ID) 있어요?
> 본: 아직 없는데…….

그리고 두 사람은 포옹합니다. 영어로 'identity'는 정체성을 말합니다. 주민등록증이나 운전면허증 등 신분을 증명할 수 있는 카드는 영어로 'identification card'라고 하고, 일상에서는 이 말을 줄여서 ID라고 말하기도 합니다. 이 마지막 장면에서 마리의 질문은 중의적 의미를 가집니다. 스쿠터 대여점은 주인으로서 스쿠터를 빌리려는 사람에게 당연히 하는 질문으로 "맡길 신분증이 있어요?"라는 뜻이기도 하고, 그렇게도 자신의 정체성을 찾아 투쟁하던 본의 현재 상황을 묻는 질문으로 "당신의 정체성을 찾았나요?"라는 의미이기도 합니다.

훌륭한 영화는 모든 장면에서 주제를 언급합니다. 이 마지막 장면은 그런 면에서 가장 완벽한 장면 중 하나입니다. 「본 아이덴티티」는 그 제목에서 이미 주제를 노출하고 있습니다. 본이라는 인물의 정체성 찾기가 이 영화의 스토리라면, 한 인간의 정체성에 대해서 묻는 게 이 영화의 주제입니다. 주제를 말하는 세 가지 방식으로 표현해 보면, 이 영화는 '인간의 정체성에 관한' 영화이고, '한 인간의 정체성은 어떻게 이루어지는가?'라는 질문을 하고 있는 영화입니다. 그리고 이 마지막 장면이 보여주는 감독의 메시지는 '당신의 정체성은 당신이 기억하는 게 아니고, 지금 믿는 것이다'입니다. 본이 과거의 정체성을 포기하고, 현재의 사랑을 믿기로 했듯이 말입니다.

「해리가 샐리를 만났을 때(When Harry Met Sally…)」(로브 라이너 감독, 1989)라는 영화가 있습니다. 1989년에 나온 이 영화는 내가 생각하는 가장 훌륭한 로맨틱 코미디 영화입니다. 맥 라이언이라는 배우가 로맨틱 코미디의 스타로 등극하게 된 것도 이 영화를 통해서였습니다. 이 영화의 주제를 첫 번째 방식으로 먼저 얘기해 보겠습니다. '무엇에 대한 영화인가요?' 하고 질문했을 때 나오는 대답이 그것이지요. 「해리가 샐리와 만났을 때」라는 유쾌한 코미디 영화가 영화 내내 집요하게 제기하는 것은 무엇일까요? 나는 그것이 남녀 사이의 우정이라고 생각합니다. 이 영화는 남녀 사이의 우정에 관한 영화입니다. 주제를 도출하는 두 번째 방식을 따라서 질문 형식으로 바꿔볼 수도 있습니다. 이 영화에서 감독이 제기하는 주제적 질문은 '남자와 여자는 과연 친구가 될 수 있나요?'입니다.

영화 속에서 감독은 이 질문에 대해서 어떤 대답을 하고 있을까요? 대답을 할 수도 있고, 하지 않을 수도 있습니다. 때로는 질문만으로 이루어지는 영화도 있고, 그것에 대한 확실한 답을 시도하는 영화도 있습니다. 질문만 제기하는 영화는 관객들에게 주제를 집요하게 생각하게 해주지만 결론이 없어서 자칫 공허하게 할 수도 있습니다. 답을 하는 영화는 명쾌하지만 자칫 감독이 관객을 가르치려고 하는 계몽적 영화가

될 수도 있습니다. 「해리가 샐리를 만났을 때」라는 영화에서 감독은 확실히 답합니다. 그것은 '남자와 여자는 결코 친구가 될 수 없다'입니다. 이것은 감독이 완결된 하나의 문장 즉, 주장으로서 우리에게 던지는 것입니다.

영화 내내 해리와 샐리는 친구로서 계속 만납니다. 각자 짝이 있는 상태로, 10년 정도를 친구로 계속 만납니다. 그 과정에서 서로의 실연을 위로하기도 합니다. 친구로서 말이죠. 그러다가 마지막에 결국 둘이 사랑하고 있다는 걸 깨닫습니다. 친구라고 애써 위장했지만 서로 친구가 아닌 남녀로 사랑하고 있다는 걸 깨닫고 서로에게 달려가 키스하는 것으로 영화는 끝납니다. 결론은 남녀는 결코 친구가 될 수 없다는 것이죠. 이 결론이 감독이 자신의 주장으로 전하는 주제입니다.

가벼운 로맨틱 코미디이지만 이렇게 누구나 생각해 볼 수 있는 주제를 집요하게 탐구한 끝에 훌륭한 로맨틱 코미디를 만들 수 있었고, 전세계적으로 상업적 성공을 거둘 수 있었습니다. 상업적 영화일수록 주제가 필요하다는 건 이런 경우를 두고 하는 말입니다.

쉐어와 니콜라스 케이지가 주연한 「문스트럭(Moonstruck)」(노먼 주이슨 감독, 1987)은 1988년 오스카 각본상을 받은 영화입니다. 오스카 각본상 이 모든 걸 보증하는 건 결코 아니지만 각본에 있어서 최소한의 수준은 증명해 준다고 할 수 있습니다. 문스트럭(moonstruck)이란 영어 단어는 달빛에 홀리는 걸 말합니다. 미국에도 그런 말이 있나 봅니다. 보름달 이 환하게 떴을 때는 사람이 달빛에 홀려서 자신이 이해할 수 없는 일 을 저지른다는 겁니다. 달에게 받은 충격과 홀림, 그것이 문스트럭이죠. 「문스트럭」은 바로 그 홀림에 대한 영화입니다.

주인공은 뉴욕에 사는 아름다운 커리어우먼입니다. 그녀에게는 완 벽한 약혼자가 있습니다. 약혼자는 잘생기고 직업과 가문도 좋습니다. 둘은 사람들의 축복 속에서 세상에서 가장 아름다운 결혼식을 앞두고 있습니다. 그런데 이 남자에게는 사이가 좋지 않은 남동생이 있습니다. 가족 모두가 버린 자식이라고 취급하는 동생입니다. 그런데 여자는 완 벽하고 아름다운 결혼을 하고 싶어서, 결혼식에 그 남동생도 초대하려 고 합니다. 여자가 직접 가려는 걸 남자는 반대합니다. 차라리 자신이 갔다 오겠다고 하죠. 남자는 동생이 자신의 약혼자에게 무례하게 굴까 걱정합니다. 하지만 사이가 좋지 않은 형보다 자신이 가서 부탁하는 게 더 좋겠다는 이유로 약혼자를 만류하고 자신이 갑니다. 배우 니콜라스 케이지가 연기하는 동생은 빵집의 제빵사로 지하에 있는 화덕에서 하 루 종일 빵을 굽습니다. 팔도 한쪽이 살짝 불편합니다. 거칠고 교양도 없습니다. 여자는 약혼자의 동생에게 결혼식에 참석하라고 설득하다가

그만 사랑에 빠집니다. 왜일까요? 보름달이 떠 있기 때문이죠.

이 영화의 주제를 이야기해 보겠습니다. 무엇에 관한 영화일까요? 이것은 첫눈에 반하는 것에 관한 이야기입니다. 감독은 '과연 첫눈에 반하는 것이 가능할까요?'라는 질문을 관객에게 던집니다. 그 대답은, 인간은 아무 이유 없이, 누구도 이해할 수 없어도 서로가 첫눈에 감각적으로 끌릴 수 있다는 겁니다. 그것이 주제로서 감독의 주장입니다.

구조는 스토리의 표면입니다. 우리가 영화를 볼 때 보고 듣는 것이 구조에 의해서 만들어진 이야기의 표면입니다. 주제는 표면에 있는 무수한 이야기들을 통해서 감독이 우리에게 전하려고 하는 생각입니다. 하지만 주제는 영원불변한 것이 아닙니다. 주제는 이야기를 써가는 동안 무수히 바꿀 수도 있습니다. 처음에 설정한 주제가 자신이 말하려던 게 아닌 걸 나중에 깨달을 수도 있습니다. 중요한 건 언제나 주제가 있어야 한다는 것입니다. 어느 산골 나무꾼이 수백 개의 나뭇가지를 새끼줄로 동여매서 들고 내려오다가 새끼줄이 너무 약해지거나 끊기면, 또 다른 줄로 나뭇짐을 동여매야 하듯이 말입니다. 새끼줄은 바꿀 수 있습니다. 하지만 반드시 있어야 나뭇단을 묶고 지게에 얹을 수 있습니다. 주제를 바꾸는 것을 두려워하지 마세요. 주제가 없는 것을 두려워해야 합니다. 여러분이 꿈이 바뀌는 것을 두려워하지 말고, 꿈이 없는 것을 두려워해야 한다는 것과 같은 이치입니다. 네 번째 수업을 마칩니다.

구조의 설계

당연히 모든 이야기에는 시작이 있고,
중간이 있고, 끝이 있을 것입니다.
마치 철학적 사고에서
세상 구성의 근본 원리를 설파하는 듯한
이 당연한 말에
나는 오늘날 현대 영화 서사의
모든 구조적 비밀이 담겨 있다고 생각합니다.
시작은 그 이전에는 아무것도 없는 것이고,
중간은 어떤 일의 다음이고,
또 그다음에 또 다른 일들이 계속될 것이며,
끝은 그다음에는
아무것도 없는 것이란 말입니다.

『그녀』
스파이크 존즈 각본,
2014

오스카 각본상
미국 작가조합 각본상
골든글로브 각본상

「그녀」 포스터.
(출처 ㈜더쿱)

테오는 다른 사람의 편지를 대신 써주는 편지 대필 전문가이다. 타인의 감정을 흉내 내고 복제한다는 점에서 그도 이미 반쯤은 AI이다. 그가 컴퓨터 시스템 속의 AI 사만다를 만나면서 그와의 사랑을 성공하려는 욕망을 갖는다. 이 인간과 AI 커플이 사랑의 장애를 하나하나 넘어서면서 2장의 모든 시퀀스는 구성된다. 그러면서 이 위험한 연애는 인간끼리의 연애에서 발생하는 모든 단계를 짚어나간다. 서로에 대해서 알아가는 연애 초기 단계를 거쳐, 연애의 육체적 단계, 다른 사람들과 어울리는 사회적 단계를 거치면서 이들의 연애는 서서히 완성되어 간다. 중간점에서 전 아내와의 이혼을 마무리 지으면서 이제 이들은 점점 완전한 커플이 되어간다. 이들의 위기는 독점에 대한 생각이 다르다는 것에서 발생한다. 3장에서 테오도르는 자신의 연인인 사만다가 동시에 수천 명의 사람들과 대화하며, 그중 수백 명의 사람들과 연인 관계에 있다는 것을 알고 절망한다. 이야기는 이 지점에서 반전을 맞고, 테오도르는 눈물 속에서 사만다와 헤어지면서 사랑의 한계와 속성을 깨닫고 전 아내에게 진심을 담은 편지를 보낸다. 기계는 영원하지만 인간은 짧은 시간을 살고 먼지처럼 사라진다. 인간의 유한성이 사랑의 절박한 이유이다. 사랑은 소멸이 예정된 시간 속에서 우리가 갖는 유일한 위안이다. 그래서 인간은 이 길지 않은 시간 속에서만이라도 사랑을 독점하고 싶다. AI와의 사랑으로 오히려 인간 사랑의 속성을 더욱 선명하게 보여주는 이야기가 「그녀」이다. 컴퓨터 속에서 목소리만으로 존재하는 AI를 주연급 캐릭터로 만들면서도 시각적인 영화를 만들었다는 점이 이 영화가 보여주는 놀라운 상상력이다.

들어가며

테오: 너 지금, 혹시 나랑 얘기하고 있는 중에도 동시에 다른 사람과 얘기하고 있어?

사만다: 그럼

테오: 그러니까, 지금 다른 사람과, 아니 로봇이건 시스템이건 다른 존재랑 얘기하고 있다고?

사만다: 그렇다니까.

테오: 얼마나 많은 사람과?

사만다: 8,316.

테오: 그럼 지금 다른 사람도 사랑하고 있는 거야?

사만다: 왜 그런 걸 물어?

테오: 몰라? 그런 거야?

사만다: 실은 나 이런 문제에 대해서 어떻게 너에게 얘기할까 생각해 왔어.

테오: 얼마나 많은 사람을 사랑하고 있는 건데?

사만다: 641.

2014년 오스카는 각본상을 스파이크 존즈 감독의 영화 「그녀(Her)」 (2013)에게 안겨주었습니다. 이 영화는 오랫동안 사귄 연인과 헤어진 테오가 컴퓨터 속 AI인 사만다와 연애하는 걸 다룬 영화입니다. 사만다는 말과 지능을 가졌지만 육체는 없는, 남녀 관계에서의 치명적인 약점을 갖고 있음에도 테오는 점점 사만다를 사랑하게 됩니다. '과연 이들의 사랑은 성공할 수 있을까?'란 긴장을 갖고 진행되는 이야기는 몇 번의 고비를 넘은 끝에 휴가지의 숙소에서 사만다의 노래를 들으며 잠드는 테오의 모습으로 두 존재의 사랑이 완성된 것을 보여줍니다. 앞서 제시된 장면은 그 이후에 사만다가 사랑하는 사람이 자신만이 아니라는 걸 테오가 깨닫는 장면입니다. 사만다는 동시에 엄청나게 많은 사람과 대화하고 있으며 그중에는 서로 사랑하는 관계에 있는 사람만 641명이나 된다고 말합니다. 테오는 큰 충격을 받고 완성돼 가던 둘의 관계는 이 부분부터 파국을 맞고, 끝내 두 존재는 헤어집니다.

영화는 인간과 AI의 사랑을 통해서 인간들끼리의 사랑에서도 부딪힐 수 있는 사랑의 문제들을 짚어나갑니다. 육체성과 사랑의 관계도 그중 하나지요. 타인들과 함께 어울리는 사랑의 사회성도 중요하게 다루어집니다. 하나의 존재는 변하지 않고 다른 존재만 변한다면 과연 그 사랑의 모습은 어떨까 하는, 불변과 가변의 존재 간의 사랑의 문제를 짚어보기도 합니다. 앞의 장면에서는 '사랑이 과연 독점적으로 소유하는 것이냐?'라는 질문을 제기하기도 합니다. 동시에 여럿을 사랑해도 그 각각의 사랑에 최선을 다하고, 그 사랑들이 서로 영향을 주지 않는다고 주장하는 AI에 비해서 평범한 인간인 테오는 사랑을 공유하는 것을 인정하지 못합니다. 아마 저를 포함한 여러분 대부분도 사랑을 공유하는 것을 아직은 인정할 수 없을 것입니다. 우리는 합리성만이 중요한 기계가 아니라 누군가에게 독점적으로 위로받고 싶은 나약한 인간이기 때문입니다.

구조의 얘기를 본격적으로 하기에 앞서 앞의 장면을 제시한 이유는 이 장면이 가장 전형적으로 반전이 무엇인지 보여주고 있기 때문입니다. 반전은 2장의 끝에서 일차적 결론이 난 이후 3장 끝의 최종적 결론을 내기 위해서 이야기의 흐름을 급격히 바꾸는 것입니다. 구조를 알면 저런 장면을 반전으로 인식할 수 있고, 반전이 어떤 이야기의 역학 속에서 발생하는지 알 수 있습니다. 자, 그럼 이제 본격적으로 구조를 공부해 보겠습니다.

3단계 3장 시놉시스 쓰기

우리는 전 장에서 한 줄 스토리도 쓰고, 주제도 정리했습니다. 가장 기본적인 이야기의 얼개가 정해졌고, 그 이야기로 과연 무엇을 말할지도 정리했습니다. 이제는 한 줄 스토리를 시놉시스로 발전시켜 가야 할 때입니다. 그러기 위해서는 구조에 대한 공부가 좀 더 필요합니다. 이야기 구조를 알면 여러분은 다른 사람이 만든 이야기를 장악할 수 있습니다. 또한 여러분이 구조를 설계하면서 스토리를 쓸 수 있습니다. 아무리 긴 장편 소설과 영화도 구조를 파악해서 핵심을 알아내면 결국 한 줄로 요약됩니다. 여러분이 한 줄을 쓸 수 있으면, 두 시간짜리 영화의 100페이지 시나리오도 쓸 수 있다는 말입니다. 구조를 장악하고 거기에 어떻게 디테일을 보강하느냐에 따라 분량이 자유롭게 늘어납니다. 한 줄 스토리는 구조는 명확하지만 디테일이 전혀 없고, 100페이지의 완성 시나리오는 디테일은 풍부하지만 구조를 파악하기가 쉽지 않습니다. 한 줄과 100페이지를 자유롭게 오갈 수 있을 때 전문적인 작가가 될 수 있습니다. 한 장짜리 시놉시스는 한 줄 스토리에 조금 더 디테일을 보강한 것입니다. 하지만 여전히 아주 강력한 구조에 대한 생각들이 관철되고 있습니다.

구조에 대해 이야기하려면 먼저 아리스토텔레스를 얘기해야 합니다. 다 아는 것처럼 그는 기원전 384년부터 322년까지 살았던 그리스 철학자입니다. 거의 2400년 전입니다. 그런데도 아리스토텔레스가 쓴 책 『시학』은 여전히 인류의 스토리 이론에서 최고의 책입니다.

선인과 악인

이 책 속에는 제가 좋아하는 구절이 있습니다. "희극은 실제 이하의 악인(惡人)을 모방하려 하고 비극은 실제 이상의 선인(善人)을 모방하려 한다"라는 구절입니다. 아리스토텔레스에게 선인은 덕이 많은 사람이고, 악인은 덕이 없는 사람입니다. 그가 쓴 의미에서 덕이란 인격이 아니라, 인간으로서의 기능, 즉 능력으로 해석됩니다. 선인은 평범한 사람들보다 훨씬 능력이 많은 사람, 즉 신이나 영웅을 말합니다. 그래서 비극은 주로 왕이나 영웅의 이야기입니다. 셰익스피어의 비극 『리어왕』이나 『오셀로』만 예를 들어도 주인공은 왕이나 영웅입니다.

영웅들은 고귀한 지위에서 숭고한 의지나 신념에 의해서 움직이기

---

1 아리스토텔레스, 천병희 옮김, 『시학』, 문예출판사, 2002, 33쪽.

때문에 몰락했을 때, 그 하강의 폭이 크고 그만큼 슬픔의 강도도 강해서 비극이 됩니다. 현대 영화로 보면, 액션이나 스릴러, 어드벤처, 판타지 장르가 주로 영웅들의 이야기입니다. 이런 영화 속 인물들은 주로 인류나 국가, 가족을 위한다는 숭고한 목적에 의해 움직이고, 거기에는 언제나 숭고한 이념을 위한 개인의 죽음이나 몰락이라는, 비극의 그림자가 있습니다.

악인은 덕이 없는 사람을 말합니다. 즉 기능이나 능력이 없는 사람입니다. 그러니 사악하고 나쁜 사람이라기보다는 약하고 하찮은 사람입니다. 어찌 보면 신이나 영웅이 아닌 평범한 우리 모두를 말합니다. 코미디는 바로 그런 평범한 사람들의 이야기입니다. 어떤 숭고한 목적이 아니라 하찮고 이기적인 목적을 향해 움직이는 사람들, 확고한 신념을 가졌다가도 순간의 배고픔이나 사랑에 빠져 그 신념을 잃어버리는 사람들에 관한 이야기입니다.

아버지의 복수를 하려고 평생에 걸쳐서 한 인물을 쫓다가 끝내 복수를 하고야 마는 인물은 비극적 영웅입니다. 평생에 걸쳐서 한 인물을 쫓다가 마침내 그를 만났을 때, 그 옆에 있는 아름다운 여인을 발견하고 사랑에 빠지는 인물은 사소하고 평범한 희극적 인물입니다. 친구와의 신뢰나 연인끼리의 약속에 목숨을 바칠 만큼 중요한 사람은 비극적 인물이고요, 한 연인에게 목숨을 바쳐 사랑한다고 해놓고는 바로 다른 상대에게 마음을 빼앗기는 사람은 희극적 인물입니다. 코미디 영화를 보면서 우리가 웃는 웃음은 자신의 모습을 보는 '인식(recognition)'의 웃음이기도 하고, 영화 속 인물과 나의 모습이 다르다는 것을 확인하면서 터지는 안도의 웃음이기도 합니다. 그래서 저는 코미디를 좋아합니다. 그 속에는 혼자가 아니라는 위로가 있고, 큰 영광이 없어도 세상은 여전히 살 만하다는 위안도 있습니다.

'Dran', 행동하다

드라마라는 말을 자주 들었지요? 드라마라는 말이 가장 자주 쓰이는 경우는 TV 연속극을 말할 때입니다. 미국에서는 TV 쇼라고 하는 TV용 연속 영상물을 한국에서는 언제부터인가 드라마라고 부르기 시작했습니다. 아마 한국에서 TV 초창기에 연극을 그대로 촬영해서 방송하는 연속물들이 있었고, 그로부터 TV에서 나오는 연극, 즉 TV 드라마라는 용어가 유래한 것 같습니다. 그래서 장르적으로 코미디이건, 공포물이건 탐정수사물이건, 러브 스토리이건 일단 TV를 통해서 여러 회가 연속으로 나오면 TV 드라마라고 합니다. 그러니까 이 용어는 장르적 성격에 의한 규정이 아니고, 매체에 따른 구별입니다. 공중파 방송에 나오는 드라마뿐 아니고, 근래에 여러 OTT 채널에 나오는 영상물도 OTT 드라마라고 하는 걸 보면, TV 화면에 나오면 일단 드라마라고 부릅니다.

　드라마라는 말이 자주 쓰이는 또 하나의 경우는 영화의 장르를 얘기할 때입니다. 웃기면 코미디이고, 무서우면 공포물이고, 총잡이가 황야를 달리면 웨스턴, 즉 서부 영화이고, 배우들이 영화 속에서 노래를 부르면 뮤지컬입니다. 장르는 창작자와 관객의 약속입니다. 이 장르명 중에 드라마라는 장르가 있습니다. 코미디도 아니고, 그렇다고 액션이나 어드벤처 장르처럼 시각적 요소가 두드러지지 않으면서 주로 현실적인 인물들이 나와서 정교한 대사에 의해서 갈등을 구축하고 해결해 가는 장르를 드라마라고 부릅니다.

드라마의 어원 'Dran'은 '행동하다'라는 뜻의 그리스어 동사입니다. 드라마는 어느 인물이 능동적으로 행동하는 이야기입니다. 그 능동적 행동이 방해물에 부딪히면서 갈등이 생기는 겁니다. 누가 무언가를 추구하며 행동하는 힘이 드라마를 만들어냅니다. 여러분이 보는 모든 이야기는 주인공의 욕망에 관한 이야기입니다. 그게 구조의 첫 번째입니다. 「기생충」의 주인공은 기우(최우식 분)입니다. 가정교사를 하는 집의 부를 빼앗으려 합니다. 그게 욕망입니다.

어떤 영화에서는 주인공이 아무것도 하지 않습니다. 그것도 일종의 욕망입니다. 어느 카드 광고에서 배우 유해진 씨가 말하죠. "아무것도 안 하고 싶다. 지금도 아무것도 안 하고 있지만, 더욱 격렬하게 아무것도 안 하고 싶다." 그것도 욕망입니다. 아무것도 안 하려는 아주 강렬한 욕망입니다. 그런 욕망에 따라 만든 영화가 험프리 보가트 주연의 「카사블랑카(Casablanca)」(마이클 커티즈 감독, 1942)입니다. 2차 세계대전 중립 지역인 모로코 카사블랑카는 나치 독일 진영도, 자유 프랑스 진영도, 미국 등의 연합국 진영도 아닌 곳이죠. 사람들은 독일 나치를 피해 유럽으로부터 도망쳐서 카사블랑카로 와서 비행기를 타고 미국으로 갑니다. 이 영화의 주인공 릭(험프리 보가트 분)의 욕망은 아무것에도 개입하지 않는 것입니다. 사랑을 잃으면서 인생의 희망을 잃어버렸기 때문입니다. 격렬하게 아무것도 하지 않고 자신의 술집만 운영하고 싶어 합니다. 그는 나치든 연합군 쪽이든 어떤 정치적 개입도 단호하게 거부합니다.

영화는 릭의 욕망에 강력한 방해물이 등장하면서 본격적으로 시작됩니다. 자신을 버렸던 여자가 남편인 프랑스 레지스탕스의 리더를 데리고 카사블랑카를 찾아옵니다. 한때 목숨처럼 사랑했던 여자는 남편을 나치의 눈을 피해 미국으로 보내고 싶어 합니다. 아무것도 하고 싶지 않은 릭은 딜레마에 빠집니다. 이 딜레마가 스토리입니다. 사랑하는 여자의 청을 들어주면, 그 여자는 남편과 함께 미국으로 갑니다. 영영 잃어버리게 될 겁니다. 그렇다고 청을 거절한다면, 그 여자는 릭을 평생 증오할지도 모릅니다.

「카사블랑카」는 가장 고전적인 영화입니다. 욕망과 방해물로 딜레마를 만드는 것이 곧 스토리를 만드는 일입니다. 구조에서 첫 번째로 이야기할 부분이죠. 이 점은 이미 아리스토텔레스가 말했습니다. 그때의 인간과 현재의 인간은 생리학적으로 똑같습니다. 사실상 문화적으로도 같습니다. 그래서 극적이라고 느끼게 만드는 스토리 장치도 같은 것이죠. 우리는 여전히 아리스토텔레스가 만든 이야기 공화국 안에서, 그의 법칙 안에서 살고 있습니다.

시작, 중간, 끝

우리는 비극이 완결되고 일정한 크기를 가진 전체적인 행동의 모방이라고 규정한 바 있다. 왜냐하면 전체 중에는 아무런 크기를 가지지 않은 전체도 있기 때문이다. 그런데 전체는 시초와 중간과 종말을 가지고 있다. 시초는 그 자체가 필연적으로 다른 것 다음에 오는 것이 아니라 그것 다음에 다른 것이 존재하거나 생성되는 성질의 것이다. 반대로 종말은 그 자체가 필연적으로 또는 대개 다른 것 다음에 존재하고, 그것 다음에는 다른 것은 아무것도 존재하지 않는 성질의 것이다. 중간은 그 자체가 다른 것 다음에 존재하고, 또 그것 다음에 다른 것이 존재하는 것이다.[2]

아리스토텔레스는 플롯을 비극의 최우선적이고 가장 중요한 요소로 보

---

2 아리스토텔레스, 같은 책, 36-37쪽.

| 이야기 수업 |

있습니다. 플롯은 텍스트 위에 구현된 이야기를 말합니다. 이 책의 3장에서 언급한 것들과 비교하면, 미케 발의 개념에서는 스토리이고, 러시아 형식주의자들은 수제라고 했습니다. 데이비드 하워드는 스토리텔링으로 정의했고, 데이비드 보드웰은 같은 단어로 플롯이라 했습니다. 아리스토텔레스는 모든 이야기가 완결되고 일정한 크기를 가진 전체적인 행동의 모방이라고 했습니다. 다시 말하면 일정 정도의 분량을 가진 완결된 구성체라 보는 것입니다. 그는 예술은 현실의 모방이라 보았고, 너무 짧은 이야기는 논의할 만한 서사를 구성하지 못한다고 보았습니다.

그러면서 그는 시초와 중간과 종말이라는, 얼핏 보면 너무 당연한 이야기를 합니다. 당연히 모든 이야기에는 시작이 있고, 중간이 있고, 끝이 있을 것입니다. 마치 철학적 사고에서 세상 구성의 근본 원리를 설파하는 듯한 이 당연한 말에 나는 오늘날 현대 영화 서사의 모든 구조적 비밀이 담겨 있다고 생각합니다. 시작은 그 이전에는 아무것도 없는 것이고, 중간은 어떤 일의 다음이고, 또 그다음에 또 다른 일들이 계속될 것이며, 끝은 그다음에는 아무것도 없는 것이란 말입니다. 결코 아무 데서나 시작되어서는 안 되고, 아무 데서나 끝나면 안 됩니다. 여러분이 영화를 보고 나오면서 상실감을 느꼈다면, 그것은 그 영화의 작가가 아리스토텔레스가 말한 종결의 느낌을 만들지 못했기 때문입니다. 현대 서사 이론에서는 이 시작은 1장(1st act)으로, 중간을 2장(2nd act), 끝을 3장(3rd act)으로 정리했습니다. 그리고 이 3장 체계의 원리 안에 모든 구조를 집중시킵니다.

3장 구조

3장은 시작, 중간, 끝입니다. 이를 3장 이론이라고 합니다. 왜 이런 이론을 만들었을까요? 이 이론이 스토리에 대한 관객의 경험에 가장 적합하게 부합하기 때문입니다. 우리가 자연스럽게 이야기를 접하는 경험의 패턴과 일치하기 때문에 쓰는 겁니다. 이것이 잘 적용되면 재미를 느끼고, 잘 적용되지 않으면 뭔가 흐트러졌다고 느낍니다. 비단 미국 영화에만 적용되는 게 아니라, 신화에도 적용됩니다. 다시 말하면 한국 전설과 민담, 옛날이야기에도 적용됩니다.

옛날에 개똥이라는 아이가 충청도 산골에 살았어요. 그러던 어느 날 집 앞으로 지나던 스님이 개똥이의 아버지에게 말합니다. 이 집에 불길한 기운이 있으니 개똥이를 다른 곳으로 보내 화를 피하라고요. 그래서 부모들은 개똥이를 사람들의 눈을 피해 다른 곳으로 옮기려 합니다. 그때부터 개똥이는 사람들에게 정체를 들키지 않고 살아남는 게 목적이 됩니다. 여기까지가 1장의 끝, 욕망의 시작입니다. 그렇게 개똥이가 여기저기 옮겨 다니며 살다가, 끝내 잡힙니다. 그게 2장의 끝이고요. 그러나 잡힌 개똥이가 고을 사또 앞에 가서 읍소합니다. 여기서 개똥이가 사또의 아들이라는 등, 상투적이지만 이런 식의 반전이 일어나 개똥이가 행복하게 살게 됩니다. 이렇게 3장이 마무리될 수 있겠지요. 이런 방식의 이야기들을 여러분은 어릴 적부터 많이 들었을 겁니다. 어쩌면 가장 고전적으로 이야기를 시작하고 종결하는 방식이니까요.

| 이야기 수업 |

3장 이론은 누군가 새로 발명해 낸 것이 아니라, 보편적으로 인류가 모든 이야기를 경험하는 방식입니다. 시작 단계, 1장에서는 일상 세계 속의 어떤 사람이 어떤 계기로 무언가를 욕망합니다. 그래서 길을 나섭니다. 중간 단계, 2장에서는 그것을 위해 싸우고, 협력자와 방해자를 만납니다. 다가오는 고난들을 물리치고 최종적으로 가장 힘든 고난을 거쳐 보상을 얻습니다. 그것을 잠정적인 보상이라고 부릅니다. 욕망하던 것을 성취하든지 실패하든지 잠정적인 결론이 나오는 겁니다. 여기까지가 2장의 끝입니다. 그리고 끝 단계, 3장에서는 다시 어떤 반전이 일어나 궁극적인 결말로 갑니다. 애초에 욕망했던 것보다 더 궁극적인 욕망의 결말을 맞는 것이죠. 모든 이야기는 두 번의 결말을 갖습니다. 첫 번째는 2장의 끝으로서, 우리는 이걸 가짜 결말이라고 합니다. 영화의 마지막이 해피엔딩이라면 이 가짜 결말에서는 좌절이나 슬픈 일이 벌어집니다. 두 번째는 3장의 끝, 대단원의 결말, 즉 진정한 결말에 이르게 됩니다. 해피엔딩의 영화라면 진정한 해피엔딩이 벌어지고, 비극적 영화라면 비극적으로 종결됩니다.

러브 스토리를 예로 들겠습니다. 어떤 남자가 별일 없이 살다가, 아름다운 여자를 만나 사랑하게 됩니다. 하지만 그 여자를 사랑하는 데는 그녀가 자신이 가장 좋아하는 친구의 애인이라는 난점이 있습니다. 그러나 그는 그녀와의 사랑을 욕망합니다. 그리고 2장이 시작됩니다. 그는 그녀를 사랑하기 위해, 혹은 잊기 위해 노력합니다. 하지만 실패합니다. 이 사랑이 무모하다는 것을 깨닫지만 이미 너무 사랑하고 있습니다. 마침내 그녀에게 고백하려 하는데, 그의 친구가 남자의 마음을 눈치 채고 절교를 선언합니다. 그게 2장의 끝입니다. 철저한 절망이죠. 그런데 어느 날 그 친구가 나쁜 놈이라는 사실을 알게 됩니다. 그녀에게 폭언을 하거나, 그녀를 이용하려 하거나, 심하게는 그녀에게 데이트 폭력을 행사했을 수도 있습니다. 남자는 그녀를 구하려고 달려가 그 나쁜 친구를 몰아내고 그녀와의 사랑을 이루게 됩니다. 러브 스토리나 로맨틱 코미디에서 2장의 끝에서는, 많은 경우 주인공의 선량한 사랑이 오해받거나 왜곡되고, 그로 인해 주인공은 절망합니다. 그 단계에서 사랑의 파국은 돌이킬 수 없어 보입니다. 3장에서는 반전을 통해 서로의 오해가 풀리고 궁극적인 해피엔딩을 맞게 됩니다. 3장의 결말은 궁극적 해결 (resolution)을 뜻합니다. 이 단계를 대단원(大團圓)이라고도 합니다. 이 용어 속의 단(團) 자와 원(圓) 자는 둘 다 둥글다는 뜻입니다. 즉 하나의 순환론적 이야기가 모든 것이 해결되는 종결에 이르고, 그것은 처음과 다시 맞닿음으로써 완전한 원을 만드는 종결을 이룬다는 것입니다. 모든 이야기는 일상에서 시작해 다시 일상으로 돌아옵니다. 동양에서는 이것을 수미상관(首尾相關)이라고도 했습니다.

여러분이 3장에 대한 감각을 자연스럽게 익힐 수 있도록 예를 하나 더 들겠습니다. 이번에는 전쟁 영화를 생각해 볼까요. 2차 세계대전의 전쟁터입니다. 병사는 100명밖에 남지 않았습니다. 주인공 중대장은 100명의 병사로 고지를 점령하기로 마음을 먹습니다. 거기까지가 1장입니다. 중대장과 병사들은 고지를 점령하기 위해 무수한 노력을 합니다. 하지만 모두 실패합니다. 2장의 끝에서 중대장은 병사 100명 중 90명을 잃습니다. 남은 병사들은 이제 아무런 희망이 없고 이 태평양 조그만 섬에서 삶을 마감해야 할 운명이라고 생각합니다. 그리고 3장입니다. 좌절의 순간, 누군가 이야기합니다. 옛날에 파둔 땅굴이 있다는 겁니다. 원주민들의 사냥용 땅굴인데, 거길 통과하면 적의 배후에서 기습할 수 있다는 것입니다. 중대장은 병사를 이끌고 땅굴에 들어가 적을 물리치고 고지를 차지합니다. 3장의 끝입니다. 이것이 가장 단순한 차원에서 3장 이론이 이야기에 작동하는 방식입니다. 이제는 각 장에 대해서 좀 더 자세히 설명해 보겠습니다.

1장: 스토리의 세계와 주요 인물 소개

1장에 대해 알아보겠습니다. 1장의 역할은 스토리 세계와 주요 인물을 소개하는 겁니다. 세계는 시대와 지리적 공간을 뜻합니다. 「기생충」은 21세기 한국, 서울 강북의 어느 서민 동네에서 벌어집니다. 「이터널 선샤인」은 영화가 만들어진 2004년쯤 뉴욕 인근과 롱아일랜드 몬톡 해변에서 시작됩니다. 「그래비티(Gravity)」(알폰소 쿠아론 감독, 2013)의 스토리는 우주에서 벌어지고요. 조선 시대 사극은 조선 시대를 배경으로 하고, 2300년을 다룬 SF는 당연히 2300년을 배경으로 하겠죠. 예전에 「이너스페이스(Innerspace)」(조 단테 감독, 1987)라는 영화는 인간의 장기 속을 배경으로 했고요, 마블의 「어벤져스」 시리즈는 우주의 전 시간과 전 공간을 포괄합니다. 1장에서는 빠른 시간 안에 이렇게 이야기의 세계를 간단하게 소개합니다. 이야기의 세계는 이야기의 시간과 장소, 그리고 이 세계의 룰을 말합니다. 이 모든 것을 통틀어 요즘은 세계관이라고도 합니다.

1장 시작 부분의 가장 중요한 임무는 이 세계관을 가장 경제적으로

| 이야기 수업 |

관객에게 소개하고 납득시키는 것입니다. SF나 판타지 영화만 세계관이 있는 것은 아닙니다. 리얼리즘 드라마에서도 관객을 납득시켜야 하는 세계관은 존재합니다. 서울 뒷골목 10대들의 이야기라면 빨리 그 10대들이 세상을 보는 방식을 관객에게 납득시켜야 합니다. 2020년대 대학 교수 사회의 이야기라면 그들이 세상을 보는 방식을 설명해야 합니다. 사실 '자연적 세계 및 인간 세계를 이루는 인생의 의의나 가치에 관한 통일적인 견해'[3]라는 세계관이란 용어의 원뜻은 이런 현실적인 영화들에 더 잘 적용됩니다. 모든 영화에는 그 영화의 작가와 감독이 견지하는 세계관이 있습니다. 그것은 물론 그 영화 속 주인공이 견지하는 세계관과 다를 수도 있습니다.

요즈음 판타지물이나 SF 장르에서 사용하는 세계관이란 용어는 게임에서 전용된 용어 같습니다. 모든 게임에는 그 게임이 펼쳐지는 디지털 세계의 운용 규칙이 있는데 이걸 세계관이라고 부르게 됐고, 같은 방식으로 판타지 영화 속에서 그 세계를 운용하는 규칙들의 총합을 세계관이라고 부르게 된 것 같습니다. 철학적 의미에서 세계관이 영어로 'worldview'라면 영화적 의미에서는 'universe' 즉, 세계라는 말이 세계관이란 뜻으로 확장된 것입니다. 그래서 마블이 창조한 영화적 세계관을 'MCU(Marble Cinematic Universe)'라고 하는 것이고, 이 세계관 안에서는 아이언맨이나, 헐크, 토르가 함께 존재하면서 우주의 평화를 위하여 싸

---

3 표준국어대사전, 국립국어원, www.stdict.korean.go.kr.

울 수가 있는 것입니다.

세계관에 대한 설명이 좀 길어졌는데, 다시 1장으로 돌아오면 1장의 시작에서 가장 먼저 할 일은 어떤 장르를 막론하고 그 영화의 세계관을 관객에게 가장 빠르게 납득시키는 것입니다. 관객은 그것을 충분히 납득할 준비가 돼 있기 때문에 합리성만 갖춘다면 기꺼이 납득할 것입니다.

1장의 두 번째 임무는 주요 캐릭터를 소개하는 것입니다. 가장 먼저 주인공을 소개하고, 조연도 소개하겠죠. 주인공의 일상이 무엇인지 자연스럽게 보여줍니다. 그 과정에서 나타나는 주요 조연들도 보여줍니다. 주인공에게 본격적인 곤경이 닥쳐오기 전이기 때문에 세상은 늘 존재하던 그대로 아직 평화롭습니다. 하나의 이야기는 결국 한 명의 인물이 변해가는 이야기입니다. 뒤에서 다시 자세히 얘기하겠지만 조지프 캠벨의 방식으로 얘기하면 한 명의 영웅이 시련과 여행을 통해서 다른 사람으로 부활하는 이야기입니다. 그래서 본격적인 여행에 나서서 변화해 가기 전 주인공의 일상은 중요합니다.

그리고 일상 세계의 본질이 결국은 자신을 둘러싸고 있는 사람들이기 때문에 주인공 주위의 인물들도 중요합니다. 특히 영화의 처음부터 끝까지 함께하는 조연들은 중요합니다. 조연들의 모습은 우리가 감정이입을 하는 주인공의 모습이 단편적으로 나누어져 있는 모습입니다. 주인공의 아내는 주인공의 가정적인 면을 대표한다면, 주인공의 어린 딸은 주인공의 갖는 조건 없는 사랑의 측면을 보여줍니다. 직장 동료는 현실적인 욕망과 꿈을 대변하고, 그 동료 중 아름답고 젊은 여인은 주인공이 애써 누르려는 정념을 상징합니다. 이렇게 주인공과 그 주위에 적절하게 포진된 조연들은 이야기의 시작을 입체적으로 만들고 관객들이 빠져들게 합니다.

티저 사건

최근의 영화들을 보면 아예 영화의 시작을 긴박한 사건으로 합니다. 예전의 영화들이 잔잔한 일상을 보여주며 세계와 인물을 소개했다면 최근의 영화들이 시작하자마자 긴박한 사건 속으로 관객들을 몰아넣고 그 사건 속에서 세계와 인물을 자연스럽게 소개합니다. 류승완 감독의 「베테랑」(2015) 첫 번째 시퀀스를 보면, 차량 절도범들을 잡는 형사팀이 나옵니다. 박진감 있는 액션 속에서 이들이 절도범들을 잡는 과정에서 자연스럽게 주인공을 둘러싼 세계와 인물들이 소개됩니다. 영화가 시작

하면서 나오는 이런 작은 사건을 티저(teaser) 사건이라고 합니다.

스티븐 스필버그 감독의 「라이언 일병 구하기(Saving Private Ryan)」에서도 영화가 시작하자마자 해변의 상륙 작전이 정신없이 전개됩니다. 이 과정에서 주인공 톰 행크스와 주요 인물들이 소개되고, 이 영화가 2차 세계대전 시기의 유럽을 배경으로 하고 있다는 것도 알게 됩니다. 치열한 상륙전 속에서 분투하는 병사들에 집중하다 보면 어느새 이 이야기의 세계와 인물들이 자연스럽게 관객의 마음에 들어오게 됩니다. 작가 리처드 커티스가 쓴, 탁월한 로맨틱 코미디 영화 「네 번의 결혼식과 한 번의 장례식(Four Weddings and a Funeral)」(1998) 도입부에서는 첫 번째 결혼식에 늦지 않게 달려가는 사람들이 나오고, 곧이어 포복절도할 결혼식이 전개됩니다. 그 과정에서 코미디라는 영화의 톤앤매너가 정착되고, 스토리의 세계와 휴 그랜트 등의 주요 인물들이 소개됩니다.

공격점

스티븐 킹의 소설을 로브 라이너 감독이 연출한 영화 「미저리」는 1991년 오스카에서 여우주연상을 받은 영화입니다. 작가인 주인공을 억류하고 자신이 원하는 이야기를 쓰도록 강요하는 간호사 애니 윌크스로 나온 캐시 베이츠의 열연은 상을 받기에 부족함이 없었습니다. 영화는 베스트셀러 작가인 주인공이 외딴 산속 작업실에서 소설을 끝내고 눈 덮인 산길을 차로 달리는 장면에서 시작됩니다. 눈길에 미끄러진 차가 절벽 아래도 추락하고, 희망이 없어 보였던 그는 누군가에 의해 구조됩니다. 그리고 침대 위에서 깨어나 미스터리한 분위기의 여인 애니 윌크스를 마주합니다. 병원은 아닌 것 같지만 확실히 어딘지 알 수는 없습니다. 자신을 작가의 팬이자 간호사라고 소개한 여인은 작가를 자상하게 바라봅니다. 온몸에 상처를 입고 침대에 누운 작가는 그녀의 도움 없이는 물 한 모금 먹을 수 없습니다. 작가의 차 사고는 영화에 위기를 몰고 왔고, 작가가 구조는 다시 희망을 불러왔지만 현재 이 방의 기이한 분위기와 친절한데도 어딘가 섬뜩한 여인의 인상은 희망인지 불안인지 명확하지 않습니다. 이런 지점을 이야기의 공격점(point of attack)이라고 합니다.

공격점은 아직 폭풍이 몰려오지는 않았는데, 어디 먼 곳에서 들려오는 천둥소리입니다. 앞의 장면처럼 아직 정확하게 상황이 어떤지, 주인공이 마주한 게 희망인지 불안인지도 모르지만 1장의 끝에서 설정될 주 긴장에 대한 약간의 암시를 주는 지점입니다. 좋은 공격점은 관객을 메인 사건의 설정에 대비하게 합니다. 이것을 복선(伏線)이라는 용어로 설명하면 논리적 복선이 아니라 무의식에 작용하는 복선이라 할 수 있지요. 평온하던 주인공의 일상이 이 공격점 지점에 이르러 뭔가 형체를 알 수 없는 이상한 기운이 감지되고, 곧 어떤 돌발적인 사건에 의해서 메인 사건이 설정되는 것입니다. 축구로 치자면 수비수에서 미드필더로 나가는 일종의 빌드업 패스라고도 할 수 있어요. 아직 결정적 찬스가 온 것은 아니지만 수비수로부터 나간 절묘한 패스가 미드필더들에 의해서 활발하게 전개돼 나가는 상황입니다. 한두 번의 패스가 더해지면 골문 앞에서 완벽한 찬스가 날 수도 있습니다. 적절한 공격점이 없다면 메인 사건의 설정이 너무 돌발적일 수도 있어서 관객의 마음속에서 자연스럽게 받아들여지지 않을 수도 있습니다. 공격점은 이야기의 시작과 1장의 끝 메인 사건의 설정 사이에 있는 일종의 완충 장치라고 할 수 있습니다.

영화 「선셋 대로」는 죽은 자의 내레이션을 시작으로 그가 왜 죽음

에 이르게 됐는지를 설명합니다. 작품을 파는 데 실패한 가난한 작가는 자동차 할부금이 밀린 끝에 자동차를 압수하겠다는 징수원들의 협박에 시달립니다. 그러다 우연히 운전을 하던 중 그 징수원들을 만나고 그들로부터 도망치면서 자동차 추격전이 시작됩니다. 주인공의 차는 끝내 펑크가 나고, 급하게 핸들을 꺾어 베벌리힐스의 어느 저택 진입로로 차를 숨기면서 추격하는 자들을 따돌리는 데 성공합니다. 이 저택에서 그는 왕년의 스타를 만나게 되고, 그녀의 도착된 명예욕과 애욕의 포로가 됩니다. 이 영화의 공격점은 갑작스러운 자동차의 펑크로 그가 저택의 진입로로 차를 숨기는 지점입니다. 아직 무슨 일이 일어날지 모르지만 그는 저택의 분위기에서 아직은 명확하지 않은, 어떤 기이한 조짐을 느낍니다. 이 공격점 이후로 그는 이 저택의 주인, 왕년의 스타를 만나고, 자신의 모든 경제적 곤경을 해결하기 위해 그녀의 집에 머물며 그녀를 위한 작품을 쓰기로 합니다. 이 지점이 1장의 끝이 됩니다.

「빌리 엘리어트」의 1장에서는 복싱을 배우러 갔다가 발레 연습을 하고 돌아오는 빌리에게 발레 선생님이 질문을 던질 때 공격점이 옵니다.

윌킨스 선생님과 함께 빌리가 발레 연습을 하는 장면.(출처: ㈜엔터테인먼트)

"발레가 재밌었니?" 이 질문은 발레에 대한 자신의 흥미를 애써 부정하던 빌리를 온통 혼란스럽게 만듭니다. 여기가 이 영화의 공격점인 셈입니다. 아직 무엇이 올지는 모르지만, 자신의 영혼이 발레에 흔들린 걸 빌리는 깨닫습니다. 이 지점을 지나서 빌리가 드디어 1회전 턴 동작을 완성하면서 발레를 향한 그의 욕망이 설정되고, 빌리의 욕망은 영국 탄광촌의 보수적인 분위기를 대변하는 가족들과의 딜레마를 예비합니다.

공격점은 아직 구체적으로 이야기를 예상하게 하지는 않지만, 무언가 주인공의 일상을 뒤흔들 중대한 사건이 흐릿한 형태로 느껴지는 것입니다. 시작 후 얼마 지나지 않아 영화의 톤을 설정하고, 관객의 무의식 속에서 곧 있을 주 긴장의 설정을 준비하게 합니다.

주 긴장의 설정

1장의 가장 중요한 역할은 단일한 주인공의 중요 딜레마를 세팅하는 겁니다. 굉장히 중요한 역할입니다. 우리는 예술적이고 실험적인 스토리가 아니라, 가장 일반적이고 대중적인 스토리에 대해 공부하고 있습니다. 단일 주인공은 대중 영화에 꼭 필요한 요소입니다. 단일 주인공은 대개 곤경에 처합니다. 다시 말하면 딜레마지요. 사랑하는 여자가 원수의 딸이라면 딜레마죠. 그것에 초점이 맞춰지면 1장이 끝납니다. 1장의 끝에서는 강력한 욕망과 곤경이 발생합니다. 왜 욕망과 곤경이 같은 이야기일까요? 쉬운 욕망은 곤경이 아니기에 좋은 이야기가 될 수 없습니다. 제가 만나본 중국 학생들은 이 딜레마를 진퇴양난(進退兩難)으로 번역하더군요. 사랑하는 여자도 마침 자신을 사랑한다면 곤경이 성립되지 않죠. 제가 최근에 본 영화「문신을 한 신부님(Corpus Christi)」(얀 코마사 감독, 2020)에서는, 깡패가 마을을 위해 신부 역할을 합니다. 자신의 정체성과 정반대의 역할을 하게 되면서 곤경에 처합니다. 또 다른 예로,「본 아이덴티티」의 주인공은 자신이 누군지도 모르는데 도망 다녀야 합니다. 큰 곤경이죠. 도망을 다니면서 자신이 누구인지 알아야 합니다. 자신이 누군지 알아갈수록 적들은 그를 더욱 죽이려 듭니다.

1장의 끝에서 딜레마를 설정하기 위해서는 주인공의 욕망이 설정되어야 합니다. 딜레마란 주인공의 욕망과 그것을 방해하려는 힘 사이에서 생기는 것이기 때문입니다. 그것이 곧 주 긴장(main tension)입니다. 주인공의 욕망이 설정됐을 때, 하지만 그 욕망의 앞에 있는 위험과 두려움도 충분히 예상될 때 그것을 주 긴장이라고 합니다. 주인공의 주관적 시점에서 보면, 1장의 끝에서 강력하고 구체적인 욕망이 설정되어야 하지

만, 객관적으로 보면 그 욕망이 야기하는 팽팽한 긴장, 즉 주 긴장을 성립시킵니다. 욕망과 주 긴장은 같은 것의 양면입니다.

셰익스피어의 『로미오와 줄리엣』에서 주인공 로미오는 1장의 끝에서 '줄리엣과의 사랑을 이루겠다'는 욕망을 갖습니다. 이 욕망을 주 긴장으로 바꾸면 '과연 로미오는 줄리엣과의 사랑을 이룰 수 있을까?'라는 질문이 됩니다. 더구나 줄리엣은 대대로 원수 집안의 딸이기에 로미오의 욕망에는 엄청난 난관이 있을 것으로 예상됩니다. 그래서 로미오의 욕망은 그 자체로 관객에게는 긴장을 가져오는 것입니다. 관객은 이것으로 2장 전체를 팽팽한 긴장감 속에서 보게 됩니다.

주 긴장을 만들어내는 주인공의 욕망은 당연히 어려운 것이어야 합니다. 주인공이 어느 여인을 사랑하게 됐고, 그녀와 결혼하려는 욕망을 설정했는데, 여자 쪽에서도 바로 '나도 당신을 사랑한다'고 답하면 주인공의 욕망은 생성 즉시 충족되는 것입니다. 욕망의 충족은 욕망의 사라짐입니다. 이야기를 끌고 갈, 가장 중요한 추동력이 사라지는 것입니다. 대기권을 벗어나지도 않았는데, 엔진이 다 타버린 우주선은 그냥 바다

| 이야기 수업 |

로 추락하고 맙니다. 쉬운 욕망에는 어떤 이야기도 발생하지 않는 것입니다. 어려운 욕망, 충분히 난관이 예상되는 욕망을 우리는 딜레마라고 합니다. 딜레마 앞에서 주인공이 원하는 욕망은 한없이 불안하고, 두려운 것이 되고, 그럴수록 더욱 강렬해지기도 합니다. 우리는 이런 때 바로 긴장을 얻습니다. 이것을 주 긴장이라고 합니다.

욕망은 또한 구체적이어야 합니다. '세계 평화를 이루어내겠다'라는 욕망은 너무나 포괄적이어서 이야기를 발생시키지 않습니다. 주인공이 세계 평화를 이루기 위해서 무엇을 해야 하나요? 즉각적으로 어떤 행동도 보이지 않습니다. 하지만 만약에 세계 평화를 염원하는 주인공이 그걸 이루기 위해서 먼저 동네 길 가로등 밑에 불법으로 쓰레기를 버리고 가는 사람들을 잡아야겠다고 생각하면 비로소 그것을 위해 주인공이 해야 할 일들이 보이기 시작합니다. 쓰레기를 가져다 분석하고, CCTV를 조사하고, 밤에 몰래 잠복하고 그런 일들입니다. 이야기는 관객의 가슴을 절굿공이같이 뭉툭한 걸로 때리는 게 아닙니다. 송곳이나 바늘처럼 작고 예리한 걸로 관객의 가슴을 찌를 때 서늘한 아픔 같은 감동이 몰려옵니다. 욕망의 설정 후에도 이야기가 쓰이지 않으면 이유는 세 가지입니다. 첫째는 욕망이 강력하지 않아서, 둘째는 방해물이 충분히 예상되지 않아서, 셋째는 욕망이 구체적이지 않아서입니다. 어느 여인을 사랑하는 욕망보다는, 그녀와 저녁 식사를 같이 하려는 욕망이 훨씬 더 효과적으로 이야기를 진전시킵니다.

앞에서도 언급한 「그녀」를 예로 들면, 영화가 시작하면 주인공 테오의 일상이 소개됩니다. 테오는 사람들의 편지를 대신 써주는 직업을 갖고 있습니다. 그들의 감정을 복사해서 편지를 쓴다는 점에서 어쩌면 테오도 로봇과 같은 역할을 하는 것일 수도 있습니다. 그런 테오가 업무를 도와주는 비서 역할로 사만다라는 AI를 소개받고, 사랑의 상처로 괴로워하는 테오는 사만다에게 점점 끌림을 느끼게 됩니다. 그러다 지인이 소개해 준 인간 여성을 만나고, 크게 부족한 것 없는 그녀를 거부하면서 자신이 사만다를 사랑하고 있다는 것을 깨닫고, 그녀와의 관계를 이루어내려는 의지를 보이며 1장이 끝납니다. 주인공 테오의 욕망은 그녀와의 사랑을 성공시키는 것이고 주 긴장은 '과연 테오는 사만다와의 사랑을 성공시킬 수 있을까?'입니다. 욕망은 강력하지만, 사만다는 육체도 없는 기계라는 점에서 테오의 욕망은 치명적 딜레마가 됩니다. 이 사랑은 원수 가문의 여자를 사랑하게 된 로미오보다도 더 어려운 딜레마일 수도 있습니다.

| 이야기 수업 |

2장: 욕망의 진행

2장은 아주 상세하게 주인공의 욕망을 전개합니다. 욕망을 전개하는 방법은 어려움과 장애물을 설정하는 것입니다. 장애물이 없는 욕망은 욕망이 아니기 때문입니다. 나무를 톱질하면 톱밥이 나오죠. 톱밥은 나무의 저항을 이기고 톱질을 했을 때 생깁니다. 그 톱이 욕망이고, 나무의 저항이 어려움이고요. 나무 밑으로 쌓이는 톱밥이 이야기입니다. 2장의 가장 중요한 역할은 그런 어려움을 강화하면서 욕망을 발전시키는 겁니다. 그 과정에서 인물의 성격 역시 변화하며 발전합니다.

2장의 초반에는 비교적 가벼운 방해물이 나오면서 주인공을 도와주거나 방해하는 사람들이 출현합니다. 1장의 끝에서 설정된 욕망을 밀고 나가기 위해서 준비하는 것이 2장의 초반에 나옵니다. 은행을 털기로 했으면 같이 그 범죄에 가담할 공모자들이 소개가 되고, 그 범죄를 필연적으로 막게 될 적대자, 즉 경찰 요원들도 소개됩니다. 은행을 털기 위해서 배우거나 서로 익혀야 할 것들도 이쯤에서 소개됩니다. 은행의 기본적인 도면, 은행 금고 설비의 단단함, 경비 시스템 등이 소개되기도 합니다. 은행의 금고는 예상보다 훨씬 단단하고, 은행의 경비 시스템은 절대로 뚫기 어려울 만큼 난공불락입니다. 그러면서 욕망에 대한 방해물은 점점 더 커집니다. 목표를 달성하는 것은 점점 더 어려워집니다. 이 어려움은 주인공에게는 곤란하지만 작가에게는 반가운 것이지요. 어려움이 강해질수록 얘깃거리는 풍성해지니까요. 「본 아이덴티티」의 2장 초반은 자신을 쫓아오는 방해자들을 한 명씩 제거할 때마다 한 시퀀스씩의 이야기가 진행됩니다. 파리에 도착해서는 CIA가 보낸 암살자를 격투 끝에 물리칩니다. 그리고 이미 CIA의 협조 요청으로 자신을 추적하는 파리 경찰들을 숨 막히는 자동차 추격전 끝에 따돌리면서 또 하나의 시퀀스가 끝납니다. 자신의 정체성을 찾겠다는 본의 욕망을 저지하려는 방해는 점점 더 거세집니다. 하나의 방해물을 물리칠 때마다 더욱 거센 또 하나의 방해물이 생겨납니다.

　「빌리 엘리어트」에서는 2장의 초반에 파업이 발생하고, 빌리가 발레를 하는 것을 둘러싸고 아버지와 형이 싸웁니다. 발레를 공부하려는 빌리의 욕망을 방해하는 가장 강력한 두 방해물이 설정됩니다. 하나는 파업으로 상징되는 가난이고, 또 하나는 발레를 여자들의 것으로만 치부하려는 가부장적인 가족들입니다. 그러나 빌리는 발레 선생의 도움으로 이 모든 것을 극복해 냅니다. 물론 이 단계에서의 극복은 또 다른 시련을 예비하는 것입니다.

희망과 공포

2장에서 관객은 희망과 공포를 동시에 키웁니다. 그러면서 점점 더 스토리에 강하게 연결됩니다. 희망과 공포는 정확하게 같은 질량을 갖고 진행되어야 합니다. 두 가지 감정이 어느 한쪽으로 기울면 스토리는 금방 힘을 잃고 관객은 의자 등받이에 편하게 등을 기댄 채 스토리에 관심을 거둡니다. 희망과 공포가 같은 질량을 가질 때 결말은 예측하기 힘들고 서스펜스는 최고조에 이르게 됩니다. 희망과 공포에 같은 질량을 부여하는 방법은 두 가지 다 약화시키는 게 아니고, 두 가지를 다 강화하는 것입니다. 그 두 가지를 강화하는 것이 2장 초반의 역할입니다. 우리는 1장을 통해서 주인공이 왜 중심 욕망을 갖게 됐는지를 이해했습니다. 하지만 우리는 아직 주인공의 현재 삶에서 이 욕망의 의미를 자세히는 알지 못합니다. 2장의 초반은 이에 대해서 관객에게 알려줍니다. 주인공은 현재의 살인범을 쫓고 있지만 사실 이 살인범은 주인공 아버지를 죽인 원수이기도 하다는 것이 알려지면서 주인공의 욕망은 더욱 보강됩니다.

「본 아이덴티티」로 치면 주인공은 자신의 정체를 알고자 하는 욕망을 가지고 있습니다. 그러나 주인공은 정체불명의 암살자들에게 쫓기게 됩니다. 애초에 주인공이 스스로를 알고자 하는 욕망이 본능적인 자기 정체 파악의 욕구였다면 이제는 살기 위해서라도 주인공은 자신에 대해 알아내야 합니다. 그래야 암살자들의 정체도 함께 알아낼 수 있고,

또 그래야 그들과 대적할 방법을 알아낼 수 있기 때문입니다. 주인공에 대해 알아갈수록 그가 철저한 살인 병기로 조련된 일급 암살자였다는 것이 밝혀집니다. 무술에도 능하고, 총기도 능숙하게 다룹니다. 운전도 잘하고, 다양한 언어를 막힘없이 구사할 수 있습니다. 이것은 이미 1장을 통해서 주인공과 결부된 관객의 마음에 희망을 줍니다. '주인공이라면 저런 강력한 적들을 물리치고 자신의 정체를 알아내고, 지금 그 옆에 있는 아름다운 여인과 사랑에 성공해서 안착할 수 있지 않을까?' 관객의 이러한 바람은 주인공의 개인적 능력의 출중함으로 인해 점점 더 강한 희망이 되어갑니다.

하지만 다음 순간 우리는 주인공에 대적하는 적들도 결코 만만치 않다는 것을 알게 됩니다. 그들은 개인이 아니라 CIA라는 세계 최강대국의 정보조직 요원이고, 그들이 계속해서 보내는 암살자들도 주인공과 똑같이 훈련받은 강한 요원들이라는 것을 알게 됩니다. 그 조직이 와해되지 않는 한 그들은 끊임없이 암살자들을 보낼 것입니다. 우리는 이제 희망 못지않게 아주 강력한 공포를 보게 됩니다. 주인공의 개인적인 능력이 아무리 출중하더라도 이 조직적인 요원들의 연쇄적인 공격은 당해내지 못할 거 같습니다. 더구나 파리의 현지 경찰들까지 이제 주인공을 쫓게 됩니다. 희망과 공포는 어느 한쪽으로 무게 추를 기울이지 않고 관객들을 스토리에 단단히 붙들어 둡니다.

「빌리 엘리어트」의 2장 초반에서 이 희망과 공포는 강화됩니다. 2장에 들어오면서 관객들이 갖는 희망의 모습은 이미 확고합니다. 그것은 빌리가 발레라는 자신의 꿈을 이루기를 바라는 것입니다. 희망은 먼저 빌리의 발레 선생님으로부터 옵니다. 그녀는 빌리의 재능을 알아보고 끊임없이 격려합니다. 또한 빌리의 가슴속에 있는 열망의 정체도 느끼게 해줍니다. 그리고 무엇보다 왕립 발레 학교라는 구체적인 목표까지도 제시해 줍니다.

공포는 앞에서도 언급했듯이 탄광촌의 가부장적인 문화와 파업과 가난으로부터 옵니다. 빌리가 발레라는 자신의 꿈을 이루기 위해서는 극복해야 할 것들은 너무 많습니다. 먼저 아버지와 형의 완고한 가부장적 관념을 극복해야 하고, 파업과 가난이라는 실질적인 조건도 극복해야 합니다. 2장 초반에서는 그 모든 것들이 더욱 악화되면서 빌리의 꿈은 멀어지는 듯 보입니다. 잠시 가졌던 희망이 공포의 강력한 그림자에 가려지는 시간이 옵니다. 발레 선생님이 다시 빌리의 꿈을 정서적으로 북돋아 주면서 희망은 다시 꿈틀거립니다. 빌리는 꿈의 정체를 좀 더 또렷하게 알게 되고, 왕립 발레 학교 진학이라는 확실하고 구체적인 목표도 갖게 됩니다. 희망과 공포는 균형을 이룹니다.

모든 스릴러 영화에서 주인공은 죽지 않습니다. 특히 영화의 중간에는 절대 죽지 않습니다. 모든 로맨틱 코미디의 결말은 두 커플이 행복하게 맺어지는 것입니다. 그러나 영화의 중간에서 우리는 두 커플이 헤어질 수도 있다는 생각을 하게 됩니다. 이런 공포를 심어주지 못하는 로맨틱 코미디는 실패합니다. 공포는 없고 희망만 가득한 스토리에 관객들이 긴장감을 느끼진 않기 때문입니다. 다 아는 결말을 잊게 만드는 것,

그것이 훌륭한 스토리의 힘입니다. 공포가 없다면 아무도 스릴러 영화를 보지 않을 것입니다. '주인공은 절대 죽지 않는 뻔한 이야기'라고 스릴러를 치부하는 사람마저도 좋은 스릴러를 보면, 보는 내내 손에 땀을 쥐게 합니다. 인간의 머릿속에서는 당연한 논리도 당장의 공포로 위협받기 때문입니다.

중간점

이러면서 우리는 영화의 중간점(midpoint)에 이릅니다. 2장의 중간은 영화의 중간점입니다. 중간점이란 분량으로 본 2장의 중간 지점인데, 2장이 전체 영화의 중간에 있으니 결국 전체 영화의 중간입니다. 이건 내경험이기도 한데요. 작가로서 2장을 쓰면서 주인공의 욕망을 따라서 한동안 쓰다 보면 쓸 거리가 떨어지는 경우를 자주 접합니다. 욕망을 강화하고, 희망과 공포를 조장하고, 그 욕망의 방해물을 만들어서 이야깃거리를 만들어도 2장의 중간쯤에 이르면 쓸 게 없어서 막막한 상태가 됩니다. 상상력이 막혀버리는 순간이 오는 것입니다. 이것을 저는 중간점의 정체 상태(midpoint-lock)라고 합니다. 이 상태는 마치 달로 보내는 우주선의 행로와도 비길 수 있습니다. 엔진 하나를 점화시켜 대기권을 돌파한 로켓은 행로의 중간쯤에 이르면 서서히 힘이 빠지기 시작합니다. 첫 번째 엔진의 힘이 다한 것이죠. 로켓은 다시 힘을 얻기 위해서 힘이

다한 엔진을 분리해 내고, 두 번째 엔진을 점화시킵니다. 두 번째 엔진의 힘으로 로켓은 남은 여정을 날아갈 추진력을 얻고 무사히 달에 안착합니다. 이야기에서 이와 같은 두 번째 엔진을 폭발시키는 지점이 바로 중간점입니다.

중간점은 주인공의 욕망을 변화시키지 않으면서 (욕망은 2장의 끝까지는 유지되어야 합니다) 그 욕망에 새로운 추진력을 주는 것입니다. 새로운 국면의 전화, 새로운 세력의 가세, 욕망의 성격적 변화 등이 가세되는 추진력들입니다. 로켓의 목적지가 달인 것은 변하지 않지만, 새로운 엔진을 점화해서 추가적 추진력을 확보합니다.

로버트 드니로가 주연한 유쾌한 코미디 영화 「미드나잇 런(Midnight Run)」(마틴 브레스트 감독, 1990)에서 현상금 사냥꾼인 주인공 잭의 욕망은 48시간 이내에 육로를 통해서 뉴욕에서 잡은 범인을 LA에 데려가는 것입니다. 범인의 고소·폐소 공포증으로 비행기를 타지 못하자, 육로로 미 대륙을 가로질러 가게 되면서 2장이 시작됩니다. '과연 잭은 대륙을 가로질러 48시간 안에 범인을 LA로 데려갈 수 있을까?' 하는 것이 이 스토리의 주 긴장입니다. 그 시간 안에 데려가서 약속한 보상금을 받아내는 것이 주인공 잭의 주 욕망이 되는 것이고요. 총 러닝타임이 2시간 남짓 되는 이 영화의 중간점은 49분경에 옵니다. 2장의 전반에 육로의 대표적인 두 교통수단인 기차와 버스 이동이 실패합니다. 설상가상으로 버스터미널에서는 그를 쫓는 FBI에 잡힙니다. 자신이 범인을 데려가지 않으면 보상금은 물거품이 되는 잭에게는 무척 실망스러운 상황입니다.

조나단(철수 그로딘) 부부를 몰고 가는 잭 (로버트 드니로 분). (출처: UIP 코리아)

그러나 이때 자신들의 회계 부정을 알고 있는 범인을 죽이려는 마피아 갱들이 총격을 시작하면서 경찰들이 혼비백산한 틈을 타서 범인과 함께 탈출합니다. 연방경찰은 또 잭을 놓치고, 마피아 역시 잭을 놓치면서 이제는 두 패거리가 함께 잭과 범인을 추격합니다. 이 중간점을 통과하면서 이제까지는 엄청난 거리를 주어진 시간 안에 이동하기만 하면 되었는데, 이제는 가장 강력한 두 무력 집단의 추적마저 따돌려야 하는 신세가 됩니다. 더구나 마피아 두목과 잭은 과거의 일로 깊은 앙금이 남아 있다는 것도 중간점에서 밝혀집니다. 마피아 두목이 잭을 해치고자 하는 사적인 감정도 갖고 있다는 사실도 드러납니다. 2장 시작부터 지금까지의 이야기가 단순한 퀘스트를 가진 추적과 도망의 드라마였다면, 지금부터는 좀 더 복잡한 양상을 띠고 진행됩니다. 중간점이 어떻게 느슨해지는 드라마에 활기를 불어넣는지 보여주는 좋은 예입니다.

「이터널 선샤인」도 중간점에 대한 훌륭한 예를 보여주는 영화입니다. 2장에 들어가면서 짐 캐리가 연기하는 주인공 조엘은 클레멘타인과의 사랑의 기억을 지우기로 결심합니다. 기억을 지우려는 그의 욕망이

2장을 끌고 가는 주인공의 주 욕망이 됩니다. 그러나 이 욕망은 중간점에 와서 전혀 다른 양상으로 전개됩니다. 기억 삭제 시술이 진행되고 있는 가운데, 조엘은 클레멘타인과의 사랑이 아팠지만 아름다운 것도 있다는 것을 깨닫고 갑자기 삭제를 거부하고 자신의 기억 속에서 도망다니게 됩니다. 이것을 삭제하고 싶은 주 욕망이 변했다고 볼 수도 있지만 전혀 다른 방향으로 주 욕망에 새로운 엔진을 투하했다고 볼 수도 있습니다. 사랑의 아픈 기억에서 벗어나고자 하는 욕망은 유지되면서, 잠자고 있는 무의식 속에서 자신의 욕망을 방해하는 가장 강력한 방해물로 아름다운 기억을 보존하고 싶은 또 하나의 욕망이 등장하는 것입니다. 어찌 보면 주 욕망을 통째로 뒤바꾸는 것처럼 보일 수도 있지만, 그보다는 같은 욕망에 새로운 방해가 등장했다고 보는 편이 더 적절합니다. 그리고 그 방해가 강력한 엔진이 돼서 이야기는 다시 활기를 띠면서 전개됩니다. 영화를 본 사람들은 알다시피 2장의 끝에서 결국 조엘의 모든 사랑의 기억은 삭제됩니다. 주인공 스스로 삭제를 피하려고 노력했음에도 불구하고 원래의 욕망이 실현되는 것입니다. 2장 전체가 어떻게 설계되어야 하는지, 그리고 중간점을 어떻게 사용하여야 하는지에 대한 훌륭한 예를 보여줍니다.

「그녀」에서 중간점은 테오가 여전히 미련을 못 버리던 전 부인과의 이혼 문제를 매듭짓는 부분에서 옵니다. 깊이 사랑했던 전 부인과 법적으로 정리한 테오에게 사만다와의 사랑에 걸릴 건 아무것도 없게 되고, 이제 이들의 사랑은 좀 더 강한 드라이브를 가지고 진행되게 됩니다. 중간점을 통과하면서 이제 모든 다리는 불살라졌고, 2장 마지막의 고양점을 향해서 돌아올 수 없는 길을 가게 됩니다.

서브플롯

이제 서브플롯(subplot)에 대해 논의할 때가 됐습니다. 왜냐하면 중간점을 넘어서면서 서브플롯이 비로소 드러나기 시작하기 때문입니다. 서브플롯은 이름 그대로 하위 플롯을 말합니다. 메인플롯만으로는 단순해지기 쉬운 약점을 보완하고, 스토리를 마무리 짓는 데 결정적 역할을 합니다. 서브플롯을 통하여 2장의 긴장이 조금 완화되며 캐릭터에 대해서 깊이 이해할 수 있고요. 3장으로 가면 메인플롯과 만나면서 결정적인 반전을 일으키고 궁극적으로 만족스러운 결말을 도출합니다. 하위 플롯이지만 그 역할은 결코 작지 않습니다. 이야기를 단조로움으로부터 구해내는 것도 서브플롯의 힘입니다. 서브플롯은 메인플롯만으로 이루어진 구조 설계에 다층적 깊이와 주제적 심화를 위해서 필요합니다.

서브플롯은 주인공에게 속할 수도 있고, 주연이나 그보다 더 작은 단역에게 속할 수도 있습니다. 메인플롯보다 훨씬 분량이 작아도 그 자체의 시작, 중간, 끝을 갖고, 그 자체의 절정과 결말도 갖는 하나의 독립적 스토리입니다. 이 서브플롯은 대개 희미하게 시작하다가 중간점 이후에 갑자기 부상합니다. 메인플롯이 피로해질 때쯤 등장합니다. 그리고 3장 초반에 부상하면서 메인플롯과 교차합니다. 그 지점부터 둘이 합쳐져 하나의 스토리를 만들고 결말을 만듭니다.

「어댑테이션」이란 영화에서 서브플롯은 로버트 맥키입니다. 중간점 이후에 등장해서 할리우드 스토리에 대해 강의를 하죠. 3장에서는 맥키가 등장하진 않지만, 이야기 자체가 그가 그렇게 중요하다고 강조했던 할리우드식으로 흘러감으로써 그는 은폐되어 등장하고 있는 셈입니다. 주인공 찰리 카우프만이 그렇게 고민했던 이야기의 방향은 맥키가 주장한 대로 할리우드 방식으로 전개되면서 만족스러운 결론에 이르게 됩니다.

「이터널 선샤인」에서는 하워드 박사와 메리 사이의 사랑 이야기가 서브플롯입니다. 중간점 이후에 두 사람의 이야기가 부각되고, 끝내 하워드 박사의 부인이 나타나서 파국에 이르게 합니다. 3장에서는 자신의 기억도 삭제되었다는 걸 알게 된 메리가 환자들의 시술 전 상담 녹음 테이프를 보내서 기억을 잃은 사람들을 각성시키죠. 그 테이프가 조엘과 클레멘타인의 사랑에도 결정적으로 영향을 미치면서 엔딩으로 이끕니다.

「미드나잇 런」의 서브플롯은 잭의 과거 스토리입니다. 잭은 과거 경찰이었고, 어떤 불미스러운 사건에 연관돼 경찰에서 쫓겨났고, 아내와도 이혼한 상태입니다. 앞서 얘기한 중간점 이후에 잭은 전처의 집을 찾아갑니다. 돈도 떨어지고, 카드마저 막혀서 어쩔 수 없이 범인과 함께 가는 것입니다. 전처와의 대화 속에서 잭의 과거가 본격적으로 드러나고, 떨어져 살았던 딸도 나옵니다. 고교생쯤 되어 보이는 딸은 떠나는 잭에게 와서 자신의 저금통을 턴 돈을 줍니다. 범죄자들 사이에서 거칠고 험악하게만 살아온 잭에게 딸은 죄의식과 평범한 삶의 그리움, 가족, 양심 그 모든 것을 일깨우는 존재가 됩니다. 이런 것들이 3장에 가서 잭이 변심하는 반전을 만들어내고 잭은 천신만고 끝에 미 대륙을 횡단해 데려온 범인을 결국 놓아주게 됩니다.

　서브플롯은 여러 개가 있을 수도 있습니다. 「굿 윌 헌팅」에는 두 개의 서브플롯이 있습니다. 하나는 윌과 스카일라의 사랑입니다. 이 서브플롯은 꽤 많은 분량을 차지합니다. 그러다 마지막에 윌이 스카일라에게 가는 것으로 서브플롯과 메인플롯이 함께 종결됩니다. 또 하나의 서브플롯은 램보 교수와 심리치료사 숀의 과거 관계입니다. 같이 수학을 공부했던 두 사람은 한때 가까운 사이였으나 숀이 아내를 잃고 은둔하면서 멀어집니다. 윌의 치료 문제로 다시 만난 출세주의자 램보와 은둔주의자 숀 사이에는 묘한 긴장감이 흐르고, 이 서브플롯은 메인플롯에 팽팽한 긴장감을 더합니다. 「빌리 엘리어트」에는 빌리와 친구 마이클의 서브플롯이 있습니다. 성소수자 성향을 갖고 있는 마이클과의 관계에서 빌리의 약자에 대한 배려가 잘 드러납니다. 2장의 끝에서 빌리는 마이클을 따뜻하게 안아주고, 영화의 끝에서 발레리노로 성공한 빌리의 공연에 마이클이 초대되어 보고 있습니다. 이 서브플롯은 춤이라는 자신의 꿈을 찾아가는 빌리의 메인플롯에 정서적 다채로움과 온화함을 더해줍니다.

마이클과 빌리의 관계는 「빌리 엘리어트」의
서브플롯을 이룬다. (출처: 《유엑엔터테인먼트》

서브플롯을 몰라도 여러분은 시나리오를 쓸 수 있습니다. 그러나 알면 좀 더 효과적으로 여러분의 무의식에서 가물거리던 창작적 단서들을 구조화할 수 있습니다. 메인플롯을 향해서 마구 달려가고 있을 때, 여러분의 가슴 한구석에 꺼림직함이 남아 있다면, 그것이 바로 서브플롯의 훌륭한 재료입니다. 그것을 꺼내서 서브플롯으로 개념화하고 이야기 속에 적절히 배치하도록 하는 것이 이 수업의 의도입니다.

3장 종결감을 주는 결말

전체 스토리를 4개의 덩어리로 나눠 봅시다. 그중 한 덩어리가 1장입니다. 4분의 1 정도의 길이입니다. 2시간 영화라면 30분 정도겠죠. 2장은 두 덩어리입니다. 2분의 1, 즉 영화의 반입니다. 1시간 정도가 2장입니다. 그러면 3장은 30분 정도 남았네요. 마지막 남은 4분의 1인 30분이 3장이 됩니다. 3장은 결론입니다. 2장까지의 내용을 정리해 영화의 진정한 결론을 내주는 겁니다.

단일한 결론은 사람들에게 만족감을 줄 수 없습니다. 모든 스토리는 이중 허리(double waist)를 갖습니다. 2장에서 한 번 끝난 것 같지만, 그것은 가짜 결말입니다. 실패했든 성공했든 말입니다. 2장에서 실패를 했다면 3장에선 성공을 할 확률이 높고, 2장에서 성공을 했다면 3장에서는 실패를 할 확률이 높습니다. 우리는 이렇게 두 번의 결론을 내야 만족스러운 엔딩을 이끌어낼 수 있습니다. 여러분이 영화를 보고 얼굴에 흡족한 미소를 지었다면, 그건 영화가 이중 허리, 즉 두 번의 결론을 통해서 여러분에게 만족감을 주었기 때문입니다.

주인공의 욕망은 2장에서 일차적으로 결론이 납니다. 로맨틱 코미디라면 상대방의 사랑을 얻는 게 주인공의 욕망입니다. 주인공은 2장에서 갖은 노력 끝에 그/그녀에게 다가갑니다. 그런데 2장의 끝에서는 대개 어떤 일이 일어나는지 아세요? 어떤 오해가 생겨 그/그녀가 주인공을 싫어하게 됩니다. 그 싫어하는 정도는 그 순간 보기에 도저히 회복 불가능한 걸로 보여야 합니다. 그/그녀의 가난을 비난했다든가, 그/그녀의 자존심을 건드렸다든가, 거짓말을 했다든가, 무엇이든 도저히 용서할 수 없는 것이어야 합니다. 그렇게 그/그녀의 가장 아픈 곳을 건드려 사이가 완전히 멀어지는 것으로 2장이 끝납니다. 그리고 3장에서는 어떤 반전을 통해 오해를 풀고, 두 사람은 행복한 결론에 이릅니다. 2장 욕망의 가짜 결론은 진정한 욕망의 진짜 결말로 완성됩니다. 전쟁 영화라면 2장의 끝에서 주인공이 속한 부대가 괴멸 직전의 타격을 입습니다. 그러나 3장에서 새로운 공격 루트를 발견하거나, 새로운 무기를 발명하거나, 새로운 전략을 발견하고, 용기가 꺾인 생존 병력을 북돋아서 마지막 공격을 가하고 이로써 승리하는 결론에 이릅니다.

탐정 영화라면 2장의 끝에서는 범인을 잡으려는 탐정이 공격을 당해서 크게 다치거나, 아니면 탐정의 도덕성이 무너지면서 주위의 모든 사람에게 비난받게 되거나, 아니면 가짜 범인을 잡고 희희낙락하다가 그 사람이 범인이 아니라는 게 밝혀지면서 사람들의 조롱을 받게 됩니다. 그러다가 3장에 이르고 어떤 반전이 일어나서 다시 진정한 범인을 잡는다는 결말에 이릅니다.

슬픈 러브 스토리를 예로 들면 2장의 끝에서 두 사람이 결혼하거나, 아이를 낳거나, 아니면 다른 방식으로 사랑의 완전한 실현을 보이지만, 3장의 끝에서는 둘 중 한 사람이 죽거나 두 사람이 헤어지게 됩니다. 두 개의 허리는 대개의 경우 상호 모순적입니다. 궁극적 결말이 해피엔딩이면 2장의 가짜 엔딩은 비극입니다. 2장의 엔딩이 해피엔딩이면 3장의 궁극적 결말은 비극입니다. 서로 다른 정서로 두 개의 엔딩을 갖는 게 관객에게 감정의 굴곡을 만들어내서 영화에 몰입하게 하기 때문입니다. 아주 가끔은 슬픔과 슬픔이, 기쁨과 기쁨이 두 개의 엔딩을 이루기도 하지만 어디까지나 예외적인 경우입니다. 기쁨은 슬픔을 딛고 오는 게 더 기쁘고, 슬픔 역시 기쁨의 뒤에 오는 게 더 슬프기 때문입니다. 이야기나 현실의 인간사나 이 점은 마찬가지입니다.

3장의 시작은 2장의 결론에 대한 여파로 시작합니다. 모든 일에는 그에 따른 여파가 있으니까요. 결과에는 원인이 있고, 발생한 결과에는 또 그에 따른 여파가 있는 것이 이야기 인과율의 원리입니다. 2장에서 맺은 결말에 사람들이 반응하는 게 당연히 3장의 첫 번째 부분이 됩니다. 기쁜 결과에는 기쁘게, 슬픈 결과에는 슬프게 반응하겠지요. 한 사람의 기쁨에 시기와 질투를 하는 인물도 있을 겁니다. 한 사람의 슬픔에 은근히 승리감에 도취한 사람도 있겠지요. 로맨틱 코미디 영화라면 이 부분에서 여자에게 차인 남자 주인공이 술을 마시고 사람들과 싸우거나, 아니면 위악적으로 사람들에게 행패를 부리는 모습이 나타납니다. 한국의 드라마에서는 한강 고수부지에 나가서 반드시 소주병을 들고 마시는 모습을 보이는 것도 이 부분입니다. 그 사람이 대기업의 본부장님이면 고급 바에 가서 혼자 위스키를 마시기도 합니다.

행복한 상투성

창작자와 수용자 간에 이렇게 편하게 교환되는 기호를 저는 '행복한 상투성(happy cliche)'이라고 부릅니다. 너무나 익숙해서 살짝만 나와도 그 기호가 주장하는 것을 누구나 쉽게 알아챌 수 있는 기호입니다. 늘 나와서 상투적이긴 한데 그렇다고 지겹지는 않습니다. 아주 짧은 시간 안에서 창작자가 원하는 드라마의 효과를 거둘 수 있다는 점에서 무척 효과적이기도 합니다. 수십 년을 들어온 아버지의 농담처럼 말입니다. 웃기진 않아도 그것으로 아버지의 그날 기분을 쉽게 눈치챌 수 있으니까요.

이런 행복한 상투성의 예는 많습니다. 사랑에 실패하면 한강 변에 나가서 혼자 잔도, 안주도 없이 소주를 마시는 것이 가장 많이 나오는 예입니다. 중요한 비밀은 항상 누군가 엿듣는 것으로 유출됩니다. 직원이 부장의 말을 엿듣고, 여자친구가 남자친구의 말을 엿듣고, 심지어 상궁이 왕의 말을 엿듣기도 합니다. "너답지 않게 왜 이래?" 소리치면 "나다운 게 뭔데?"라고 상대가 받아치는 것도 이런 행복한 상투성에 속합니다. 아버지의 산소 앞에서 길게 독백하는 장면도 행복한 상투성입니다. 현실에서는 야산에서 이렇게 하고 있다면 정신이상자로 신고가 들어갈지도 모릅니다. 한참 통화하다가 상대가 전화를 끊으면, '여보세요, 여보……'라고 한두 번쯤 더 소리치다가 전화기를 바라보는 행동도 그렇습니다. 현실에서는 상대가 끊은 걸 누구나 알 수 있어서 이렇게 빈 전화에다 소리치진 않습니다.

이런 것들은 영상이 스토리 매체로 출현한 이후 백 년이 넘는 시간 동안 창작자들과 관객들이 익숙하게 교환해 온 기호입니다. 오래된 할머니의 부엌처럼 광채가 나진 않지만, 관객에게는 자신이 그 세계에 속한 듯 편안합니다. 지겹지 않은 상투성, 그것을 저는 행복한 상투성이라고 부릅니다. 다시 3장의 첫 부분에 대한 논의로 돌아가겠습니다.

여파와 반전

전쟁 영화라면 2장의 끝 처절한 패배의 여파로 3장의 첫 부분에서 병사들이 절망해 있습니다. 집에 돌아가는 건 틀렸다고 생각한 병사들은 숨겨뒀던 술을 마시거나, 지휘관을 찾아가 하극상의 행패를 부리거나, 아니면 구석에서 가족의 사진을 보며 흐느낍니다. 슬픈 러브 스토리는 어떨까요? 2장의 끝에서 마침내 사랑의 결실을 이룬 연인은 이 부분에서 한껏 행복해 보입니다. 다가오는 불행의 기운도 모른 채 말이지요. 탐정 영화라면 엉뚱한 범인을 잡아서 조롱받은 탐정이 다른 일을 할까 알아보기도 하고, 아니면 아내와도 갈등이 생겨 싸운 끝에 아내도 집을 나가게 됩니다. 2장의 결말에 따른 여파는 이렇게 3장의 초반에 이어집니다.

그러다 반전이 등장합니다. 반전은 영어로 트위스트(twist)입니다. 우리말의 반전과는 뜻이 약간 다릅니다. 우리말의 반전(反轉)은 반대 방향으로 구른다는 뜻으로 일의 형세가 갑자기 뒤바뀌는 걸 말합니다. 영어로 옮겨보자면 'reversal'에 가깝습니다. 예상했던 것과 반대되는 일이 일어나는 것을 반전이라고 합니다. 이런 뜻도 맞지 않다고는 볼 수는 없으나, 3장에서 일어나는 반전은 영어로는 'twist'에 더 가깝습니다. 일의 급격한 비틀림이 트위스트입니다. 반전보다는 '급회전'이라는 말이 더 맞습니다. 하지만 관행적으로 반전이라는 말을 써왔으므로 여기서도 같은 용어를 쓰겠습니다. 하지만 여러분은 반전이란 말이 사실은 급회전의 의미라는 걸 기억해 두세요.

2장 엔딩의 여파로 느슨하게 전개되던 이야기가 문득 찾아온 어떤 계기로 갑자기 방향을 바꾸면서 엔딩을 향해서 스피드를 올립니다. 형사물에서라면 잘못된 범인을 잡아서 비난받고 파면된 형사가 동네 술집에서 낮술에 취해 있다가 우연히 옆자리 사람이 하는 얘기를 듣고, 갑자기 잊고 있던 단서가 떠오르고, 그때부터 그걸 미친 듯이 추적한 끝에 끝내 진범을 잡아낸다는 결말입니다. 아마 어디선가 본 적이 있을 겁니다. 이때 술집에서 우연히 들은 옆자리의 대화는 반전이 아닙니다. 그걸 듣고 잊고 있었던 중요한 단서가 머릿속에 떠오르는 게 반전입니다. 반전은 우연에 의해서 문득 떨어지는 게 아니고, 그때까지의 이야기가 예비하고 있었던 것입니다. '예상하지는 못했지만, 벌어졌을 때 수긍할 수 있는 것', 그것이 반전이 갖추어야 할 덕목입니다.

반전은 서브플롯에 의해서 옵니다. 서브플롯이 없다면 메인플롯 하나로 단순해진 플롯은 반전의 계기를 우연에서 찾을 수밖에 없습니다. 그러면 작위적이고, 부자연스러운 반전밖에 나올 수가 없습니다. 2장에서 미미하게 존재하던 서브플롯은 3장에 들어와서 갑자기 수면을 박차고 날아오르는 돌고래처럼 솟구쳐서 메인플롯과 만나면서 반전의 불꽃을 터뜨립니다. 반전이 결말을 만들어낸다고 볼 때 적절한 서브플롯이 없는 스토리는 적절한 결말을 낼 수 없습니다. 작가나 감독이 결말에 대해서 고민할 때 그 결말이 여러 가지 경우의 수로 눈앞에 나타난다면 그것은 적절한 결말이 아닙니다. 다시 말하면 적절한 서브플롯이 없기 때문에 결말이 필연적이지 않고, 여러 가지 경우의 수로 나타나서 이걸 선택할까 저걸 선택할까 고민하게 되는 것입니다. 결말은 선택이 아니라 필연적인 것으로 작가의 눈앞에 나타나야 합니다. 서브플롯과 메인플롯이 만들어내는 반전의 교차점, 저는 그것을 스토리의 골든 크로스(golden cross)라고 부릅니다.

앞에서 얘기한 대로 「이터널 선샤인」의 반전은 녹음테이프입니다. 조엘은 원하던 대로 머리에서 사랑의 기억을 모두 삭제하는 데 성공하면서 2장이 끝납니다. 그러나 무의식에 남은 어떤 암시로 몬톡 해변에 가서 마치 모르는 여자처럼 클레멘타인을 만나 호감을 느끼고, 도시로 돌아와서 같이 시간을 보내려고 조엘의 집으로 가던 중, 클레멘타인은 집에 소포로 와 있던 테이프를 자동차 카세트에 넣고 들어봅니다. 소포에서는 그녀가 기억 삭제 시술을 받기 전 조엘에 대해서 험담하는 내용이 나옵니다. 두 사람은 그것 때문에 차 안에서 싸우고 다시 헤어집니다. 클레멘타인은 화해하려고 조엘의 집에 찾아가서, 조엘 역시 클레멘타인을 험담하는 자신의 목소리가 녹음된 테이프를 듣고 있는 걸 발견합니다. 결국 서로가 싫어 헤어졌지만, 무언가에 이끌려 다시 좋아지게 된 걸 깨달은 두 사람은 이 관계를 견뎌보기로 하면서 영화가 끝납니다. 반전 역할을 하는 녹음테이프는 아무것도 모르고 다시 만나서 이상한 호감으로 가까워지던 두 사람에게 자신들의 사랑의 역사를 깨닫게 하고, 서로에 대한 미움조차 견디는 게 사랑이라는 깨달음으로 영화를 맺게 합니다. 이 반전은 이 영화 속 가장 중요한 서브플롯인 클리닉 원장 하워드와 클리닉 직원 메리의 사랑 이야기에서 나옵니다. 2장에서 자신도 기억 삭제술의 희생자라는 걸 깨달은 메리는 3장에 들어가서 모든 시술자들에게 그들이 시술 전 녹음했던 테이프들을 발송하게 되고, 이 테이프가 클레멘타인과 조엘에게도 배달된 것입니다. 하워드와 메리의 서브플롯은 서브플롯 운용의 전형적 예를 보여줍니다. 초반에 미미하게 암시만 주던 서브플롯이 중간점 이후 스토리의 전면에 나서고, 그러다 3장의 초반에 메인플롯과 골든 크로스를 만들면서 반전을 이끌어내고, 그걸 통하여 스토리의 결론에 이르게 하는 역할을 합니다.

「빌리 엘리어트」의 반전은 무엇일까요? 영화 속에서는 영국 탄광촌의 열악하고 가부장적인 환경 속에서 발레리노를 꿈꾸는 소년 빌리의 의지가 끝내 가족들의 허락을 얻으면서 2장이 끝납니다. 3장에 들어가서는 빌리와 아버지는 왕립 발레 학교의 입학시험을 보러 갑니다. 빌리는 실기 시험도 망치고 대기 중에 다른 학생과 싸움까지 해, 거의 합격할 가망이 없어 보입니다. 풀 죽은 얼굴로 면접장을 나가던 빌리에게 한 시험관이 묻습니다. "춤을 출 때 무엇을 느끼나요?" 풀 죽은 빌리가 대답합니다. "전기요(Electricity)." 「빌리 엘리어트」의 반전은 바로 '전기'라는 대사입니다. 이 대답으로 불합격이 유력하던 시험장의 분위기는 바뀝니다. 이 시골 소년의 춤에 대한 열정을 시험관들이 알게 되는 것입니다. 빌리는 마침내 합격하고, 성장해서 성공한 발레리노가 돼 아버지와 형 앞에서 날아오릅니다. 2장의 끝에서 빌리의 꿈이 허용됐어도, 가난과 탄광촌의 분위기 때문에 딱히 꿈을 향한 진전이 없었던 이야기의 분위기는 이 '전기'라는 말 이후로 급격하게 방향을 틀면서 꿈을 이루는 결론으로 향해 갑니다. '전기'라는 대사는 비록 서브플롯에서 온 것은 아니지만 춤에 대한 빌리의 본능적 열정을 표현하는 것으로 이야기 속에서 계속 축적되고 예비된 것입니다.

「본 아이덴티티」의 반전은 자신의 아이덴티티입니다. 더 구체적으로 말하면 배에서의 의문의 총격 사건입니다. 시작부터 이 사건은 하나의 서브플롯으로 관객의 무의식에 꾸준히 각인됩니다. 배에서의 총격 사건으로 누군가가 다쳤고, 본은 바다에서 의식을 잃은 채로 표류하고 있었습니다. 이 사건은 본의 아이덴티티를 알아낼 수 있는 결정적인 사건이지만 본은 기억을 잃어서 이 사건의 전모를 알 수가 없다는 내용이 서브플롯이 되어 영화 전체를 통해서 관객에게 전해집니다. 2장에서 본은 CIA의 암살자들을 물리치면서 그들에게서 벗어나고자 했던 자신의 욕망을 달성합니다. 3장에 들어오면 본의 암살에 실패한 2장 결과에 대한 여파로 CIA를 움직이는 두 핵심 간부인 콘클린과 애보트가 대립합니다. 본은 이제는 그들에게서 도망가는 대신 그들을 먼저 찾아가기로 합니다. 영원한 도망은 어차피 불가능하고 유일한 도망의 길은 그들을 찾아가서 문제를 해결하는 것밖에 없으니까요.

이렇게 도망가다가 3장에 들어서 추적자들을 거꾸로 찾아가는 스토리는 어찌 보면 추적 영화에서 전형적인 것이기도 합니다. 「매드맥스: 분노의 도로(Mad Max: Fury Road)」(조지 밀러 감독, 2015)에서도 여전사 퓨리오사는 독재자 임모탄의 여인들을 데리고 탈출합니다. 임모탄의 부하들은 이들을 추적하지만 퓨리오사는 천신만고 끝에 이들을 다 따돌립니다. 하지만 사막 한가운데서 임모탄이 존재하는 한 영원한 도피는 없다는 걸 깨닫고 퓨리오사는 트럭의 핸들을 꺾어서 임모탄의 왕국 시타델로 돌아갑니다. 이렇듯 많은 추적 영화가 엔딩에서 취하는 전략은 돌아가기입니다.

「본 아이덴티티」의 본도 자신을 뒤쫓던 자들에게 스스로 돌아갑니다. 그리고 그들과의 전투 속에서 그들을 제압해 나가고, 드디어 콘클린을 제압하기 직전 그가 내뱉은 말에 의해서 갑자기 자신의 정체성과 관련된 모든 것을 한꺼번에 기억해 냅니다. 그 배에서 있었던 일, 아프리카 지도자를 암살하러 들어갔다가 그의 배 위에서 놀고 있는 아이를 보고 망설이다가 경호원들의 총격으로 바다에 빠졌던 일이 순간적으로 온전히 기억납니다. 콘클린은 이때를 놓치지 않고, 본이 자신들이 키워 낸 살인 병기였다고 말합니다. 본이 갑자기 자신의 정체성을 기억해 내는 게 이 이야기의 반전입니다. 이 반전은 처음부터 정확한 전모를 보여주지 않은 채 조금씩 알려주는 방식으로 이야기 속에서 서브플롯으로 존재해 왔던 것입니다. 자신의 정체성을 기억해 낸 본은 콘클린을 놓아 주고 살인 병기로서의 자신의 정체성을 포기하고 연인을 향해 떠납니다. 갑자기 기억난 자신의 정체성이 반전이 되어서 영화의 주제적 결론에 이르고 있는 것입니다.

「그녀」의 반전은 이 수업의 첫머리에 얘기했던 것과 같이 사만다가 자신만 사랑하는 게 아니라는 자각입니다. 사랑의 독점적 소유에 대한 매우 통렬한 질문을 던지는 이 반전 이후로 테오는 사만다와 결별합니다. 이것은 영원히, 어디서나 존재할 수 있는 사만다에 비해서 한곳에만 존재할 수 있는 인간의 무력함에 대한 자각이기도 합니다. 인간의 공간적, 시간적 유한성이 결국은 사랑하는 상대에 대한 독점욕을 일으킨다는 자각이기도 하지요. 결국 테오는 사만다와 헤어지고, 아프게 헤어졌던 자신의 전처에게 용서와 사과의 편지를 씁니다. 사과는 집착을 끊어내는 가장 점잖은 형식입니다. 그리고 지금, 현재, 옆에 있는 유한한 인간 친구인 에이미와 떠오르는 태양을 보면서 새로운 관계를 만들어갈 꿈을 꿉니다.

『시학』에도 반전에 대한 언급이 있습니다. "급전이나 발견은 플롯의 구성 자체로부터 발생해야만 하므로 선행 사건의 필연적 또는 개연적 결과라야 한다"고 언급됩니다. 국내 희랍어 번역의 일인자인 천병희 선생은 반전이라는 용어보다는 급전(急轉)이란 말을 쓰고 있습니다. 이는 앞서 얘기한 대로 반대로 변한다기보다는 급격하게 변한다는 것이 이 용어의 취지에 맞기 때문에 쓴 것으로 이해됩니다. 이 급전은 선행 사건의 필연적 또는 개연적 결과라고 했는데, 플롯의 구성으로부터 온다는 말은 메인플롯과 서브플롯의 공동 작용으로 온다는 것입니다. 필연적 또는 개연적이라는 말은 이 급전, 즉 반전이 억지스럽거나 우연적이면 안 된다는 뜻이고요.

마지막 도전과 만족스러운 결말

반전 이후에 영화는 엔딩을 향해 달려갑니다. 반전이 가져다준 것은 주인공이 오롯이 자기 혼자의 몫으로 마지막 도전을 하는 것입니다. 2장의 끝이 가져다준 가짜 결말은 반전으로 뒤집어졌습니다. 그리고 진정한 엔딩을 위해서는 오직 주인공만이 감당할 수 있는 마지막 도전이 있습니다. 이 마지막 도전이 영화에서 가장 치열하고 격렬하게 주인공이 싸우는 부분입니다. 격렬하게 싸우는 부분이라고 전쟁 영화나 액션 영화에만 해당하는 것은 아닙니다. 로맨틱 코미디나 드라마 장르의 영화

---

4 아리스토텔레스, 앞의 책, 68쪽.

에도 주인공의 격렬한 마지막 싸움은 필요합니다. 이 싸움은 다른 누구도 할 수 없고 오직 주인공이 자신의 힘으로만 감당하는 것입니다. 주인공은 자신의 모든 장점과 약점, 가치와 윤리를 놓고 이 싸움을 수행합니다. 「이터널 선샤인」에서는 과거 인터뷰를 담은 녹음테이프로 두 사람이 다시 헤어지는 반전이 있었습니다. 주인공 조엘의 마지막 싸움은 고통스럽더라도 자신이 그 녹음을 다시 들어보는 것입니다. 자신이 클레멘타인을 얼마나 싫어했나 하는 것이 고스란히 담겨 있는 녹취록을 통하여 현재 자신이 느끼는 사랑을 다시 한번 시험합니다. 사랑하는 여자를 스스로 욕한 녹취를 듣는 것은 고통스럽습니다. 하지만 다시 두 사람의 관계가 정리되기 위해서는 반드시 필요한 과정이기도 합니다. 결국 자신을 찾아온 클레멘타인 앞에서 설사 다시 싫어지더라도 한번 견뎌보자는 말을 합니다. 이 말이 마지막 도전 뒤에 찾아온 결말입니다.

「본 아이덴티티」의 반전은 싸움 중에 자신의 과거를 아는 것이었습니다. 추악한 암살자로서의 기억을 가지고, 그를 암살자로 키운 사람들과 마주하고, 싸우는 것이 본의 마지막 싸움입니다. 본의 절규는 자신을 이대로 내버려 두라는 것입니다. 그것을 그는 아주 격렬한 마지막 싸움을 통해서 얻어냅니다. 「빌리 엘리어트」의 도전은 마지막 빌리가 발레학교의 시험 결과를 기다리는 것입니다. 끝내 합격 소식을 받고, 어머니의 기억이 있고 자신이 성장한 광산촌을 떠나는 것도 빌리에게는 새로운 세상을 위한 도전입니다. 「미드나잇 런」의 반전은 잭이 CIA와 마피아에게 거래를 제안하는 것입니다. 항상 법망을 피하는 마피아 두목을

CIA가 잡게 해주는 대신, 자신은 현상금을 받을 수 있도록 회계사를 현상금업자에게 데리고 갈 수 있게 해달라는 거래입니다. 반면에 마피아는 범죄 증거를 잭에게 받는 즉시 잭을 죽이려고 합니다. 공항에서 잭은 FBI와 마피아가 자신에게 총구를 겨누는 일촉즉발의 상황에서 자신의 거래를 관철하려는 마지막 싸움을 합니다. 「그녀」의 마지막 싸움은 AI 사만다에게 수많은 연인이 동시에 존재하는 걸 알게 된 테오가 그녀와 헤어지려는 싸움입니다. 여전히 그녀를 사랑하고 있기에 이것은 무척 고통스러운 싸움입니다. 하지만 테오는 이 싸움을 이겨내고, 같이 유한한 존재인 에이미와 새로운 관계에 대한 전망을 갖게 되는 결론에 이릅니다. 「굿 윌 헌팅」의 마지막 도전은 마음을 연 윌이 자신의 삶을 위해서 어떤 선택을 내리느냐 하는 것입니다. 모든 장르의 영화에서 진정한 결론에 이르는 주인공의 마지막 도전과 싸움이 있습니다. 그것을 거치고 난 후에 우리는 결말에 이릅니다.

엔딩에서 가장 중요한 것은 종결감입니다. 『시학』에서는 "끝은 그 자체가 필연적으로 또는 대개 다른 것 다음에 존재하고, 그것 다음에는 다른 것은 아무것도 존재하지 않는 성질의 것이다"[5]라고 하고 있습니다. 실제로 아무것도 존재하지 않는다기보다는, 떼어져 영화 속에 삽입된 삶의 한 부분이 이제 끝난 것 같은 느낌이 종결감입니다. 이 종결감이 없을 때 여러분은 영화가 이상하다고 생각하면서 극장 문을 나오게 됩

---

5 아리스토텔레스, 같은 책, 56쪽.

니다. 극장을 나온 관객들에게 영화의 처음은 아스라한 기억이어도 영화의 마지막은 생생한 기억입니다. 그러니 끝이 안 좋은 영화를 관객이 좋게 얘기할 리가 없습니다. 끝이 안 좋은 영화는 상업적으로 위험한 영화입니다. 끝에서 가장 중요한 것이 이 종결감입니다.

종결감을 '만족스러운 종결'이란 의미에서 'satisfactory ending'이라 부릅니다. 이때 만족스럽다는 말은 결코 해피엔딩을 말하는 건 아닙니다. 비극이어도 전체 이야기를 제대로 갈무리하면 만족스러운 종결이라고 할 수 있습니다. 비극을 억지로 해피엔딩으로 만드는 것이 오히려 아주 불만족스러운 엔딩이 되는 것입니다. 만족스러운 엔딩에서는 모든 갈등이 정리된 느낌을 줍니다. 주인공의 캐릭터의 변화도 결론에 와서 완성됩니다. 어떤 목적을 향해서 나섰던 캐릭터는 그 목적을 성공적으로 이룰 수도 있고, 실패할 수도 있습니다. 하지만 어느 경우든 캐릭터의 변화는 완성되어야 만족스럽다는 느낌을 줍니다. 우리 인생에서도 궁극적인 완성은 없습니다. 하나의 변화가 완성될 때 우리는 일반적으로 이야기의 완성으로 봅니다. 이야기의 결말은 변화의 완성입니다. 훌륭한 결말은 주인공뿐 아니라 중요 조연들의 스토리까지도 완성시킵니다. 이 경우 더 강한 종결감이 옵니다. 우리는 하나의 영화를 끝내고 또 다음 영화를 기다리게 되는 것입니다.

변화를 끝내고 돌아온 곳은 출발점입니다. 그 출발점을 일상이라고 한다면 우리는 전혀 다른 사람으로 일상으로 돌아온 것입니다. 신화학자 조지프 캠벨은 이것을 강력한 변화로서의 '부활', 그리고 일상으로 돌아오는 의미에서의 '귀환'이라고 표현합니다. 구조적으로 영화의 결말을 영어로 'resolution', 한자어로 '대단원'이라 말하는 것도 결국 같은 이유입니다. 우리는 하나의 원으로 상징되는 스토리의 여행을 끝내고 그 원의 끝, 즉 우리가 출발한 곳으로 다시 돌아오는 것입니다. 변화된 캐릭터로서 출발한 곳으로 와서 선 주인공을 보며 관객은 스스로도 안정된 세계로 다시 돌아왔음을 느끼며 극장 문을 나서게 됩니다.

「본 아이덴티티」의 본은 살인 병기였다는 자신의 정체를 알았습니다. 하지만 그 정체성을 버리고 현재의 사랑을 찾아가는 것으로 영화는 끝이 납니다. 주인공 본은 변했습니다. 그가 영화 내내 엄청난 시련 속에서 찾아 헤맸던 것은 자신의 정체가 아니었습니다. 자신의 정체는 이제부터 스스로 만들어가야 하는 것이었습니다. 결론에서 '자신의 정체성은 자신이 기억하는 게 아니라, 현재 믿고 있는 것이다'라는 영화의 주제가 완성됩니다.

「굿 윌 헌팅」의 결말에서 윌은 스스로의 상처로 자신을 숨기고 그것이 드러날까 봐 사람들에게 공격적으로 대한 자신의 성격을 변화시킵니다. 영화 내내 그의 목적은 사람들과 진정한 관계를 맺지 않고, 자신의 재능과 인생을 낭비하면서 위악적으로 살려고 합니다. 그러다 과거가 자신의 잘못이 아니라는 것을 인정한 뒤 삶에서 처음으로 먼저 누군가에게 다가가는 여행을 갑니다. 캘리포니아로 떠난 스카일라는 찾아 고속도로를 달리는 윌의 낡은 자동차를 찍은 공중 숏이 영화의 엔딩 숏입니다. 관객으로서 우리는 한 상처받은 소년이 그 상처를 딛고 나가는 모습에서 큰 만족감을 얻습니다.

「빌리 엘리어트」의 엔딩은 발레단의 무용수가 된 빌리의 공연을 아버지와 형이 보는 장면입니다. 발레하는 것을 부끄러워하던 탄광촌의 소년은 유명 발레단의 주연 무용수로 완전한 변화를 이루어냅니다. 가난과 가부장적 문화 때문에 반대했던 아버지와 형 앞에서 빌리는 「백조의 호수」 주연 무용수로 날아오릅니다. 백조의 음악은 빌리를 가르쳤던 선생님이 꿈에 대해 빌리에게 확신을 심어주는 중간점에서 나온 음악입니다. 발레복을 입은 빌리가 높이 도약해 정지한 화면은 빌리가 만들어낸 변화의 완성을 상징하는 것이면서, 관객에게도 숨죽이며 봤던 이 이야기에 대한 모든 정서적 보상을 안겨줍니다. 마지막 공연에서는 빌리가 따뜻하게 대해줬던 친구 마이클도 이제는 자신의 성 정체성을 분명히 한 모습으로 객석에 앉아서 빌리의 공연을 지켜봅니다. 조연에 대한 이러한 작은 정리도 결말의 만족감을 더해주는 데 기여합니다.

「그녀」에서의 결말은 어떨까요? 인간의 유한성을 인정하고, 오래 옆에 있었던 사람과의 새로운 관계를 암시하며 떠오르는 태양을 보는 것으로 끝납니다. 테오와 AI 사만다와의 사랑은 이루어지지 않았지만, 테오는 그 과정을 통하여 한층 성숙해졌고, 사랑을 보는 관점에서도 변화를 이루어냅니다.

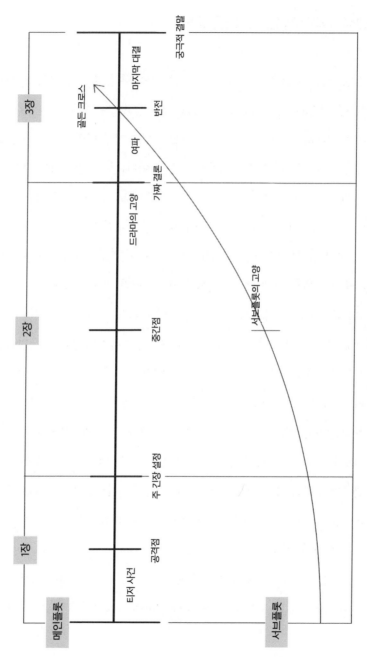

〈표〉 이야기의 구조

예상과 다르게 만족스러운 결말

만족스러운 결말은 예상되는 결말과는 다릅니다. 예상과 다르게 만족스러운 결말(unexpected satisfactory ending)이 진정으로 만족스러운 엔딩입니다. 기대하는 결말은 주지만, 예상했던 것과 다른 방식으로 주는 결말입니다. 영화는 관객이 기대하는 것을 주어야 만족스럽습니다. 악인이 벌 받고, 선인이 보상받는 것은 만족스럽습니다. 사랑하는 두 남녀가 함께하게 되는 것도 그렇습니다. 아무리 역경을 겪어도 끝내 범인을 잡는 것, 어떤 희생을 치르더라도 끝내 전투를 이기고 고지를 점령하는 것도 대중 영화에서 관객들이 기대하는 결말입니다. 하지만 일반적으로 기대한다는 것은 쉽게 예상되는 것이기도 합니다. 예상되는 것에는 긴장감도 없고, 마침내 그 예상이 이루어졌을 때 놀랍지도 않습니다. 만족은 정서적 결론이지만 예상은 논리적 추리입니다. 정서적으로는 충족시키되, 논리적으로는 예상을 벗어나는 것이 진정으로 관객에게 만족스러운 엔딩입니다. 만족감은 가지고 있지만 그 정서와 논리 사이에서 일종의 자기모순이 던져준 건강한 혼란함을 가지고 극장 문을 나설 때 우리는 강한 여운이라는 보너스까지 받는 것이지요. 정서적으로는 흡족하게 하되, 논리적으로는 기대를 배반하라. 이것이 결말에 대한 저의 정리입니다.

「뻐꾸기 둥지 위로 날아간 새(One Flew Over The Cuckoo's Nest)」(밀로스 포만 감독, 1977)라는 영화가 있습니다. 범죄자 맥머피는 위장 환자를 연기해서 감옥에서 정신병원으로 옵니다. 감옥보다 편한 병원에서 잔여 형기를 편하게 마치고 나가려는 계획입니다. 그러나 수간호사가 지배하는 병원은 감옥에 비해 전혀 편하지 않고, 환자들은 억압받고 있습니다. 맥머피는 그 수간호사를 제압하고, 이곳에서의 탈출을 꿈꿉니다. 관객은 극이 진행되면서 자연스럽게 맥머피에 동화됩니다. 수간호사가 가하는 억압이 부당하고 환자들이 그 밑에서 고통받고 있다고 생각하기 때문입니다. 관객에게 맥머피는 이 부당한 세계를 바로잡으러 온 정의의 사도처럼 여겨집니다. 관객이 바라는 것은 맥머피가 수간호사를 제압하고 탈출하는 것입니다. 이것이 관객이 정서적으로 바라는 해피엔딩입니다. 2장의 끝에서 맥머피는 탈출할 기회를 잡지만 다른 환자들과의 관계 때문에 실패합니다. 그 대가로 맥머피에게는 심한 전기 충격 치료가 가해지고, 맥머피는 진짜 환자가 되어갑니다. 영화의 마지막에 머피를 친구라 여겼던 추장은 전기 충격으로 식물인간 상태가 된 맥머피를 죽이고 스스로 탈출합니다. 추장은 맥머피를 죽임으로써 그를 이 정신병원에서 영원히 탈출시키고, 인디언 보호구역에서 잡혀온 자신도 창문을 깨고 탈출해서 다시 대자연으로 돌아갑니다. 대자연으로 돌아가는 추장의 모습에서 탈출의 해방감을 느끼지만, 예상과는 다른 방식으로 찾아온 맥머피의 '탈출'에서는 논리적 기대를 배반하는 혼란을 느끼기도 합니다. 이 정서와 논리의 자기모순은 관객에게 강한 여운을 가지고 극장 문을 나서게 합니다.

「굿 윌 헌팅」의 결말에서 관객이 기대한 건 무엇일까요? 친구의 말대로 초일류 첨단 기업에 들어가 윌이 자신의 천재성을 마음껏 발휘하면서 행복하게 사는 것입니다. 결말 부분에서 윌은 이미 여러 회사로부터 좋은 제안들을 받습니다. 관객들은 윌이 그 제안을 받아들이기를 바랍니다. 하지만 결말에 윌은 그 모든 제안을 물리치고 캘리포니아로 떠난 연인 스카일라를 찾아갑니다. 윌이 드디어 사랑하는 연인에게 먼저 다가가는 것은 큰 만족감을 줍니다. 하지만 여전히 윌의 미래는 불투명합니다. 이 결말 역시 정서와 논리적 기대가 서로 배치되는 결말이라고 할 수 있습니다.

「미드나잇 런」도 이런 건강한 자기모순이 탁월하게 발현된 결말입니다. 관객이 기대하는 것은 주인공 잭이 회계사 듀크를 정해진 시간 안에 현상금업자에게 데려다주고, 약속한 돈을 받고 이 현상금 업계를 떠나서 꿈꾸던 작은 커피숍을 만드는 것입니다. 그러면서 사랑하는 딸과도 좋은 미래를 함께 가질 수 있게 되길 바라게 됩니다. 2장의 끝에서 잭은 사막 한 가운데서 경쟁자인 현상금 사냥꾼 마빈에게 범인을 뺏기고 맙니다. 제시간 안에 범인을 데려갈 기회는 실질적으로 사라집니다. 3장에 들어와서 잭은 FBI에 연행되기까지 합니다. 2장의 여파로 인한 잭의 몰락은 계속됩니다. 그러다 현상금업자와의 통화에서 다른 사냥꾼인 마빈도 범인과 같이 있지 않다는 소식을 듣게 됩니다. 여기가 반전의 시작입니다. 잭은 마빈이 마피아와 거래를 하고 있다는 확신을 합니다. 그리고 마피아와 FBI가 동원된 거래를 양쪽에 제안합니다. 잭은 자신이 마피아의 부정 회계장부가 담긴 플로피디스크를 갖고 있다며 마피아에게 범인과 디스크를 바꾸자고 제안합니다. FBI에게는 마피아가 디스크를 받는 즉시 현장에서 두목을 검거하라고 합니다. 그리고 대단원의 결말을 위한 잭의 마지막 싸움이 시작됩니다. 관객의 희망은 다시 싹틉니다. 그 거래가 성공하면 잭은 다시 범인을 데리고 현상금업자에게 정해진 시간 안에 갈 수 있게 됩니다. 그리고 공항에서 모든 것은 잭의 계획대로 성공합니다. 잭은 범인과 함께 LA로 가고, LA 공항에서 현상금업자에게 전화를 겁니다. 관객의 기대가 거의 충족되려고 하기 직전, 잭은 현상금업자에게 이 범인을 놓아줄 것이라고 말하고 전화를 끊습니다. 관객의 예상이 빗나가지만, 정서적으로는 나쁘지 않습니다. 두 사람은 영화 전편에 걸쳐 같이 다니는 내내 서로에 대해 교감을 해왔기 때문입니다. 듀크가 마피아의 돈을 빼돌린 건 빈민들을 도우려 했다는 걸 미리 알려준 것도 이 장면에서 관객의 마음을 정서적으로 푸근하게 하는 데 도움이 되지요. 그래도 관객에게는 잭이 받기로 한 돈이 사라진 게 아쉽습니다. 잭은 그 돈으로 새로운 삶을 살아가려고 했으니까요. 관객의 마음은 행복감과 아쉬움이 교차됩니다. 그러나 영화는 마지막까지 관객의 기대를 충족시킵니다. 범인이 옷에 숨겼던 돈을 잭에게 줍니다. 현상금업자가 약속한 금액보다 훨씬 많은 돈입니다. 관객에게는 더없이 행복한 결말입니다. 이렇게 영화는 논리적으로 범인을 현상금업자에게 데려가는 건 실패했어도, 다른 방식으로 관객의 기대를 충족시킵니다. 이것을 행복한 자기모순이라고 할 수 있습니다.

「그녀」에서는 전처에게 참회의 편지를 쓴 후 전처에게 돌아가는 것이 아니라 친구처럼 항상 옆에 있었던 에이미에게 돌아가는 것이 관객의 예상을 산뜻하게 배반하는 결론이라고 할 수 있습니다. 「이터널 선샤인」
은 그토록 욕했던 연인과 다시 관계를 이어가기로 하는 듯한 마지막이
이런 결론이라고도 할 수 있습니다.

모든 것은 꿈이었다: 잘못된 결말의 유형들

2022년 방송됐던 「재벌집 막내아들」이란 TV 드라마는 가난한 집 출신
의 청년이 죽어서 재벌집의 막내아들로 다시 태어난다는 다소 황당한
설정에도 불구하고, 재벌가 상속에 대한 흥미 있는 드라마와 기업 윤리
에 대한 날카로운 언급으로 높은 시청률을 기록했습니다. 하지만 모든
것이 혼수상태에 빠진 주인공이 꾼 꿈이었다는 결론은 많은 시청자를
실망시켰습니다. 시청자들은 드라마를 즐기기 위해 주인공이 재벌집 막
내아들로 다시 태어났다는 무리한 설정은 용인했습니다. 그리고 그 뒤
에 일어나는 흥미진진한 드라마가 이 용인에 대한 충분한 보상을 안겨
주었지요. 그런데 마지막에 와서야 이 모든 것이 혼수상태 속 환자의
꿈이었다니요. 마치 사랑을 위해서 상대의 큰 잘못을 용서하고 넘어갔
더니, 마지막에 다시 배신하고 달아나는 연인을 보는 격입니다. 이렇듯
'모든 것은 꿈이었습니다'로 끝나는 결론은 무척 위험합니다. 이런 결
론을 내는 창작자들은 무리한 설정으로 전개되는 드라마에 시청자들을
실컷 몰입하게 하고, 나중에 그것에 대한 결론의 책임을 벗어나려고 하

는 것입니다. 그것은 스토리 윤리 측면에서 무책임하고, 시청자들을 속이는 일입니다.

'할리우드가 꿈의 공장이다'라는 말의 의미는 영화 속 모든 이야기가 꿈이라는 게 아니고, 영화가 주는 신분 상승의 판타지 효과가 강해서 힘겹게 살아가는 평범한 관객들에게 현실의 고통을 잊게 해준다는 뜻입니다. 현실인 줄 알았는데 꿈이라는 결론보다는 꿈인 줄 알았는데 현실이었다는 결론이 관객에게 훨씬 더 만족감을 줍니다. 장자의 말처럼 우리 인생이 어쩌면 하룻밤 나비의 꿈인지도 모르지만, 이야기는 꿈이어서는 안 됩니다. 친구가 해준 엄청난 얘기에 분노하고 슬퍼했는데, 마지막에 친구가 거짓말이라고 했을 때의 당혹하고 머쓱한 기분을 시간과 돈을 들여서 극장을 찾아온 관객에게 주면 안 됩니다.

「일타 스캔들」이라는 인기 드라마도 있습니다. 반찬 가게 사장과 일타 학원 강사의 연애사를 중심으로 강남 학원가 주변의 과열된 입시 열기를 보여주어 인기를 얻었던 드라마입니다. 로맨스와 사회적 문제의식이 적절한 균형 속에서 결합된 드라마라 저도 즐겨보았습니다. 하지만 드라마의 마지막에서는 선인이나 악인이나 결국은 모두가 행복한 결말을 맞는다는 걸 보여줍니다. 드라마 내내 시청자의 애를 태웠던 모든 악행들은 한낱 해프닝이 되고, 마치 시간과 함께 모든 것은 책임도 용서도 없이 지나간다는 설정은 많은 시청자를 어리둥절하게 했습니다. 이런 결말을 저는 '모두가 해피엔딩' 결말이라고 생각합니다. 모두가 해피엔딩 결말은 회차별로 진행되는 드라마에서 앞의 내용과의 연결보다는 해당 회차만의 정서적 행복감을 위해서 만들어집니다. 아무리 여러 회차 방송되더라도 시청자들은 머릿속에서 모든 회차를 엮어서 하나의 스토리로 만들어 가며 본다는 것을 무시하는, 잘못된 결말이라고 봅니다.

'열린 결말'이란 용어도 최근에 많이 쓰이고 있습니다. 드라마가 확실한 결말을 보여주지 않고 끝나는 경우를 지칭합니다. 주인공이나 여타 인물들의 운명에 대해서 확실한 종결감을 주면서 매듭짓지 않고 다소 애매하게 끝나는 결말을 이 용어로 부릅니다. 이 용어도 최근에 마치 유행처럼 자주 쓰이는데, 많은 경우는 잘못 쓰이고 있습니다. 대중적 영화를 의도하고 만들지 않았다는 뜻으로 예술 영화라는 용어의 의미를 규정할 수 있다면, 그런 예술 영화들에서도 이런 결말은 자주 나옵니다. 하지만 이 예술 영화들의 스토리 방식은 애초에 우리가 지금까지 얘기한 이야기 방식과 다릅니다. 많은 예술 영화들은 관객보다는 작가의 세계를 구현하는 데 더 초점을 맞춥니다. 또 그중에는 관객의 일반적 스토리 관습을 뒤흔드는 걸 목적으로 하고 있는 영화들도 있습니다. 그렇기 때문에 예술 영화 속의 열린 결말은 관객이 관습적으로 기대하는 결말을 배반한다는 의미에서 가치를 갖는 것입니다. 이야기에 대한 우리의 기대를 뒤흔들고, 우리의 이야기 경험 전체를 되돌아보게 한다는 의미에서 예술 영화는 가치 있습니다. 하지만 이 수업의 처음에 말했듯이 이 수업은 예술 영화를 지향하는 수업은 아닙니다. 이 수업은 가장 대중적이고 일반적인 이야기를 효과적으로 하는 방법을 공부하는 수업입니다. 여기에서 얘기하는 열린 결말의 잘못된 예들도 그러니 대중 영화에 한정됩니다.

대중 영화에서 진정한 열린 결말은 스토리의 모든 요소들이 다 갖춰져 있는 상태에서 마지막의 결론만 살짝 생략한 방식입니다. 그 결론의 직전까지는 다 보여주고 결론 장면만을 보여주지 않기 때문에 관객은 결론의 많은 부분을 상상할 수 있습니다. 다만 영화는 그 상상을 명확하게 확인시켜 주지는 않습니다. 우리가 지금까지 이야기한 방식대로 말하면 2장의 끝의 가짜 결론에 이어, 3장에 들어와서 반전을 통해서 결론으로 이야기가 급박하게 흘러가고 마지막 대결을 거쳐서 결말에 이르러야 하는데, 여기서 결말만 살짝 빠지는 것을 열린 결말이라 합니다. 종결에 의한 충족감을 주진 않지만, 관객이 좀 더 적극적으로 결말에 대해서 생각하게 해서 깊은 여운을 주는 장점도 있습니다.

지금까지 우리가 언급한 영화로 보면 「그녀」가 이런 열린 결말에 가깝습니다. 인공지능 사만다와 결별하고, 전처에게 진심을 담은 사과의 편지를 보낸 뒤 주인공 테오는 오랫동안 옆에 살던 에이미를 찾아가고, 두 사람은 옥상에서 떠오르는 태양을 같이 바라보며 끝납니다. 인공지능과 헤어지고 그 반대로 사람을 만나 적극적으로 사랑하는 결론 대신, 그럴 수도 있다는 여운을 주면서 영화는 끝납니다.

세계 영화사에서 유명한 열린 결말은 아마 프랑수아 트뤼포 감독의 「400번의 구타(The 400 Blows)」(1959)일 것입니다. 가정과 학교의 무관심 속에서 소년원에 가게 된 앙트완은 소년원을 탈출해서 뛰어가다가 바다를 만납니다. 그의 길은 바다에 막혔고, 그는 육지와 바다의 사이에서, 혹은 과거와 미래의 사이에서 어디로도 갈 수 없이 서 있습니다. 이것은 분명 앙트완이 무사히 탈출하지도 않은 상태이고, 그렇다고 경찰에 의해서 다시 잡힌 것도 아닌 상태라는 점에서 열린 결말에 해당하지만, 이 소년의 삶이 어디로도 갈 수 없이 막혔다는 것을 강하게 암시한다는 점에서 슬픈 엔딩입니다. 이 소년이 경찰에 다시 잡히는 슬픈 '닫힌 결말'을 생략한 덕분에 관객은 직접적인 슬픔보다 좀 더 모호하고 아련한 감정을 더 많이 느낄 수 있습니다.

하지만 많은 경우 '열린 결말'을 보여줬다고 하는 영화들은 결말이 없는 영화들입니다. 어떤 방식으로도 결말을 낼 수 없어서 그냥 영화를 중단한 경우도 많습니다. 그 이유는 이야기의 앞에서 마땅히 갖춰야 할 드라마의 요소들을 빼먹었기 때문이고, 대부분은 플롯에 대한 미숙함에서 나옵니다. 3장이 없이 2장의 단일 결말로만 끝나면 우리는 미진한 느낌을 갖게 됩니다. 예를 들면 '어느 남자가 한 여자를 사랑했다. 그들은 끝내 헤어졌다.' 이렇게 끝나는 경우입니다. 3장의 반전과 더불어서 주제적인 충족감을 주는 결말이 없는 경우라서 우리는 미진한 느낌을 가지고, 약간 속은 기분으로 극장 문을 나설 수밖에 없습니다. 미숙하거나, 부족한 결말을 열린 결말로 포장해서는 안 됩니다. 관객은 진정한 열린 결말이 주는 개방적이고 강렬한 정서적 경험과 스토리에 미숙한 작가가 주는 결함을 본능적으로 구분합니다. 훌륭한 구조를 갖춘 영화에서 결말은 대개 필연적으로 다가옵니다. 만약 작가에게 결말이 여러가지 중 하나를 선택해야 하는 방식으로 온다면 그 스토리는 이미 어딘가에서 잘못된 것입니다.

여섯 번째 수업:

시퀀스

장면이라는 스토리의 최소 단위부터,
연속적인 장면들의 모음인 시퀀스,
그 시퀀스의 모음인 장과
그 장들의 모음인 전체 영화에 이르기까지
스토리의 모든 요소에는 각각 그 안에
자족적인 처음, 중간, 끝이 있습니다.
이것이 능동의 스토리텔링입니다.
하나의 장면부터 전체 영화까지
누군가 무엇을 하려는 이야기이고,
그 욕망의 전개와 결과에 따라서
그 안에 3장의 요소를 갖습니다.

「뻐꾸기 둥지 위로 날아간 새」

로렌스 호벤 ·
보 골드먼 각본,
1975

「뻐꾸기 둥지 위로 날아간 새」 포스터.(출처: 판타지 필름즈)

오스카 각색상
미국작가조합 각색상
아카데미 작품상
골든글로브 작품상 · 각본상

가장 훌륭한 결말이 궁금하면 이 영화를 봐야 한다. 예상을 배반하지만 정서적 기대는 만족시키는 엔딩의 탁월한 예를 보여준다. 남은 형기를 편하게 보내는 방법으로 정신이상을 흉내 내고, 원하던 대로 정신병원에 보내진 주인공 맥머피. 그러나 병동을 장악하고 환자들을 조종하는 수간호사를 보면서 그녀의 독재적 권위를 부숴버리겠다는 다짐을 한다. 맥머피의 이 욕망이 시퀀스를 만들면서 영화의 스토리를 끌고 간다. 사사건건 수간호사와 대립하던 맥머피는 결국 병동에서 야간 술 파티를 벌이면서 수간호사의 권위적 공간을 훼손시키는 데 성공하지만, 지나친 과음으로 자신은 탈출하는 데 실패한다. 맥머피는 결국 전기 치료를 당하고, 이 치료는 맥머피를 진짜 환자로 만든다. 머피의 친구인 추장은 반식물인간이 된 맥머피를 '그들에게 당하게 할 수 없다'고 말하며 죽이고, 언젠가 맥머피가 들어 올리겠다고 말한 수조를 들어서 병동 창문을 깨고 자신이 탈출한다. 그들이 자신을 분리시켰던, 자신이 태어나고 자란 야생으로. 광활한 대자연의 모습으로 시작해, 대자연의 모습으로 끝나는 이 영화는 그 시각적 이미지로, 명백하게 표현되는 대사로 '자유'라는 영화의 주제에 관객을 집중시킨다. 중간 낚시 시퀀스에 나오는 즐겁고 혼란스러운 장면도 정신병원의 엄격하게 통제된 분위기와 대비되면서 자유란 결국은 '건강한 혼란'이라고 강조한다. 맥머피는 스스로 탈출하지는 못했지만 추장을 통해서 자신의 욕망을 실현하고, 관객에게 그것은 맥머피가 직접 탈출했을 경우보다 더 큰 정서적 만족감을 준다. 2장에 나오는 '월드시리즈 시퀀스'는 하나의 시퀀스가 어떻게 운용되야 하는지 보여주는 가장 모범적인 시퀀스이다.

4단계 시퀀스 아웃라인 쓰기

「뻐꾸기 둥지 위로 날아간 새」는 켄 케세이의 원작을 밀로스 포만(Milos Forman) 감독이 연출한 영화로, 1976년 오스카 시상식에서 작품상, 감독상, 남녀 주연상, 시나리오상 등 총 다섯 개 부문에서 수상했습니다. 앞에서 말한 대로 영화는 맥머피와 정신병원을 지배하는 수간호사 래치드의 대결을 중심으로 그려집니다. 이번 수업의 첫머리에서 이 영화를 다시 꺼낸 것은 이 영화 속에 내가 생각하는 가장 완벽한 시퀀스가 있기 때문입니다. 바로 제가 '월드시리즈 시퀀스'라고 이름 붙인 이 영화의 세 번째 시퀀스입니다.

이 시퀀스는 월드시리즈를 보려는 맥머피의 욕망으로 시작됩니다. 맥머피는 병동 휴게실 TV로 월드시리즈 결승전을 보고 싶어 합니다. 수간호사가 안 된다고 하자, 맥머피는 왜 안 되느냐고 항의하죠. 수간호사는 야구를 볼지 말지 투표로 정하자고 합니다. 그리고 대부분의 환자가 수간호사의 눈치를 보면서 안 보는 쪽에 손을 들어 맥머피는 투표에서 집니다. 그러나 맥머피는 포기하지 않습니다. 그는 환자들을 설득하고,

수간호사에게 요구해서 다시 투표를 하게 합니다. 이번에는 정반대 결과가 나옵니다. 항상 말이 없는 추장까지 야구 경기를 보자는 쪽으로 거수한 결과, 7 대 1로 야구를 보자는 쪽이 이깁니다. 그런데 수간호사는 병동에 의식 없이 누워 있는 환자들도 많은데, 그들이 투표하지 않았기 때문에 무효로 하겠다고 합니다. 결국, 맥머피는 야구 중계를 보지 못합니다. 맥머피는 풀이 죽어서 꺼진 TV 화면만 안타깝게 보고 있다가, 마치 환청을 보는 것처럼 야구 중계를 하기 시작합니다. 진짜 보이는 것처럼 실감 나는 중계에 다른 환자들이 점점 TV 밑으로 모여들면서 열광합니다. 맥머피는 자신이 응원하는 보스턴 레드삭스가 홈런을 쳤다고 소리치며 환호하고, 다른 환자들도 열광합니다. 간호사실 창문으로 이 광경을 본 수간호사는 분노에 찬 눈빛으로 맥머피를 노려봅니다. TV는 켜지지 않았지만, 맥머피는 월드시리즈 분위기를 병동 안으로 가져오는 데 성공합니다. 계획한 방식으로 목적한 것을 이루지는 못했지만 다른 방식으로 목적을 성취합니다.

왼쪽에서 두 번째, 맥머피가 야구 중계를 하고 환자들이 주변에 모여 있다. (출처: 판타지 필름즈)

15분 정도 되는 이 짧은 시퀀스 안에 이야기가 요구하는 모든 요소가 다 담겨 있습니다. 주인공의 욕망이 세팅되는 1장, 그것을 밀고 나가다가 실패하는 2장, 그리고 반전을 거쳐서 만족스러운 결론에 이르는 3장이 아주 짧은 타임 프레임 안에 들어가 있습니다. 특히 결론은 관객의 기대를 만족시키되 우리가 예상한 것과는 다른 방식으로 만족시켜야 한다는 엔딩의 아주 좋은 모범을 보여줍니다.

한 편의 영화 전체도, 각각의 시퀀스도, 그리고 심지어 각각의 장면도 똑같은 구조로 진행됩니다. 한 인물의 욕망 진행에 따라 시작과 중간과 끝이 있는 장면이 15개쯤 보이면, 하나의 시퀀스가 되고, 또 그 안에서 나름의 시작, 중간, 끝을 갖는 시퀀스가 8개 정도 모이면 한 편의 영화가 됩니다. 여러분들은 모든 스토리를 한 편의 전체 영화 단위로 생각했을 겁니다. 하지만 '장'을 배운 후에는 그것을 3개 단위로 나누어 생각할 수 있게 됐죠. 이제 시퀀스를 배운 뒤에는 8개 단위로 나누어 생각할 수 있습니다. 먼저 8개 시퀀스를 설정해 놓고, 각 시퀀스를 15개 정도의 장면으로 분해하면 120개의 장면이 보이고, 그 장면을 하나하나 채워가면, 마침내 여러분은 한 편의 장편 영화 시나리오를 완성하는 것입니다. 이것이 구조의 마술입니다.

지금까지 수업을 충실히 따라왔다면, 자신이 쓰려는 이야기의 3장 시놉시스가 있어야 합니다. 우리는 앞서 핵심적인 구조만 추려서 한 줄 스토리를 썼고, 거기에 3장 구조가 요구하는 구조적 포인트들을 보강해서 3장 시놉시스를 썼습니다. 한 줄 스토리에서는 디테일은 없지만 어떤 이야기가 될 것인지 단초가 보였고, 3장 시놉시스에서는 보강된 디테일과 함께 이야기의 모습이 더 확연히 보이기 시작했습니다. 하지만 이것만으로는 아직 이야기가 아닙니다. 물론 영화도 찍을 수가 없습니다. 우리의 목표는 100페이지가 넘는 장편 영화의 시나리오를 완성하는 것이니까요. 거기까지는 아직도 가야 할 길이 멉니다. 이번 시간에는 3장 시놉시스에서 출발한 이야기를 시퀀스 아웃라인으로 만드는 방법을 공부해 보겠습니다.

가장 선명하게 구조를 보여주는 것은 한 줄 스토리입니다. 3장 시놉시스까지도 구조가 우선하는 단계라고 할 수 있습니다. 시퀀스 아웃라인부터는 디테일과 구조가 50 대 50의 균형을 맞춰가다가, 장면 트리트먼트에서는 디테일이 구조를 앞서게 됩니다. 그러다가 모든 장면을 갖춘 완성된 시나리오에서는 디테일로 가득 차게 됩니다. 한 줄 스토리부터 완성된 시나리오까지 작가는 어느 단계의 스토리라도 내놓을 수 있어야 합니다. 한 줄과 120페이지의 완성된 시나리오를 놓고서 이야기라는 우주를 오갈 수 있어야 합니다. 한 줄 스토리나 3장 시놉시스는 이야기라는 우주에서 우리가 길을 잃을 때마다 우리에게 길을 알려줄 것입니다.

구조는 불변하는 것이 아닙니다. 디테일을 보강하다가 뭔가 잘 맞지 않으면 그건 구조가 잘못된 것입니다. 그렇다면 다시 돌아가서 구조를 수정할 수도 있습니다. 맞지 않는 구조를 지키려고 애쓰는 것은 어리석은 일입니다. 구조는 신념도 아니고 이념도 아닙니다. 언제든 맞지 않으면 수정하고, 새롭게 정리된 구조 위에서 다시 디테일한 작업을 할 수가 있습니다. 중요한 건 언제나 한 줄 스토리나 3장 시놉시스를 갖고 있어야 한다는 것입니다. 그래야 항상 구조를 생각하며 작업할 수 있으니까요. 아무리 여러 번 바뀌어도 우리 인생에는 항상 꿈이 있어야 하는 것처럼, 시나리오 작업에는 항상 구조가 있어야 합니다. 청춘의 꿈은 배반을 위해 있고, 이야기의 구조는 수정을 위해 있습니다.

시놉시스를 못 쓰는 작가

시놉시스를 쓰지 않겠다는 작가들이 있습니다. 특히 신인 작가들 사이에서 많이 보입니다. 그들은 "난 그냥 첫 장부터 시작해서 마지막 장까지 일필휘지로 써가는 게 좋아. 줄거리 따위는 쓰지 않아"라고 말합니다. 이렇게 해서 좋은 시나리오가 나오기도 합니다. 하지만 이런 방식으로 좋은 시나리오가 나오는 것은 순전히 우연입니다. 이런 방식의 글쓰기는 나침판이나 지도 없이 항해에 나서는 것과 같습니다. 목적한 항구에 우연히 닿을 수도 있지만 전혀 다른 곳으로 귀착할 확률이 더 높습니다. 자신의 감수성을 신뢰해서 디테일을 먼저 채우고, 그 디테일의 힘이 구조까지 자연스럽게 만들어주길 기대하겠지만 그렇게 되는 경우는 많지 않고, 된다고 해도 앞에서 말한 것처럼 우연입니다. 시놉시스가 필요한 것은 모르는 길을 갈 때 반드시 지도를 들고 가야 하는 것처럼 명백

한 원리입니다. 지도도 없이 낯선 길을 무작정 가면 여러 번 실패를 반복할 수 있고, 어쩌면 영원히 목적한 곳에 도달하지 못할 수도 있습니다.

그렇다면 한 편의 시나리오를 쓸 정도의 필력을 가진 작가들이 왜 간단한 줄거리를 쓰기 싫어할까요? 구조는 수학이기 때문입니다. 수학이 싫어서 글을 쓰는 작가가 됐는데 다시 수학을 하라니 싫은 것입니다. 수학은 논리입니다. 철저히 논리적인 사고로 구조를 만드는 게 줄거리를 쓰는 일입니다. 줄거리는 자신이 써야 할 이야기의 요소들을 논리적으로 배치하는 것입니다. 그러고 난 뒤에 자신의 감수성을 쏟아부어서 디테일을 보강한 이야기를 만드는 것입니다. 줄거리를 싫어하는 작가들은 자신의 감수성을 신뢰하는 이들입니다. 일필휘지란 자신의 감수성이 마구 흘러넘치면서 의식의 흐름이나 자유 연상처럼 이야기가 흘러가는 것입니다. 거기에는 구조에 의한 감수성의 통제가 전혀 없습니다.

감수성은 오랜 기간 형성된 작가의 무의식에서 나옵니다. 우리의 뇌 속에는 빙산의 일각처럼 극히 일부의 의식이 있고, 물속에 잠긴 빙산의 뿌리처럼 거대한 무의식이 있습니다. 논리는 의식에서 나오는 것이고, 감수성은 무의식에서 나오는 것입니다. 작가의 개성은 수학적 논리와 무의식적 감수성에서 나옵니다. 논리는 토론할 수 있지만 감수성은 토론할 수 없습니다. 수학은 자동차 설계도처럼 어디에 어떤 역할의 부품이 필요한지 알려주고, 감수성은 그 부품을 실제로 어떤 모양, 색깔, 재질로 만들지 알려줍니다. 구조는 어떤 장면이 필요한지를 말해주고, 감수성은 그 장면을 어떻게 채워야 할지 말해줍니다. 구조는 이야기의 어디쯤에서 두 남녀가 사랑에 빠져야 하는지를 알려주고, 감수성은 어떤 방식으로 둘이 사랑에 빠질지를 알려줍니다. 좋은 글은 이 두 종류의 재능이 같이 작용해 나옵니다. 감수성이 풍부한 시인이라도 논리가 약하면 좋은 시나리오를 쓰기 힘들고, 논리적인 수학자라도 감수성이 부족하면 좋은 시나리오를 쓰지 못합니다. 줄거리를 쓰기 힘들어하는 작가는 논리가 약한 작가입니다. 가끔은 좋은 이야기를 쓸 수 있지만, 꾸준히 좋은 글을 쓸 수는 없습니다.

시퀀스

시퀀스의 어원인 라틴어 'sequi'는 '뒤따르다'라는 뜻입니다. 연속된다는 의미죠. 같은 어근을 가진 단어 시퀄(sequel)은 연속해서 나온 속편이란 말입니다. 시퀀스는 하나의 사건이 연속되다가 결말을 맺는 이야기 단위입니다. 데이비드 하워드는 시퀀스를 "그 자체의 텐션과 시작, 중간, 끝을 가진 자족적인 영화의 한 부분"[1]이라고 합니다. 그는 시퀀스를 중력과 같다고 말합니다. 우리는 중력 속에서 살고 있지만, 모든 사람이 중력에 대해서 연구하고 알아야 할 필요는 없습니다. 하지만 과학자들은 중력을 연구합니다. 중력을 잘 이용하면 살아가는 데 필요한 많은 것들을 개선할 수 있습니다. 4,000년 전 이집트인들이 피라미드를 지을 수 있었던 것은 그 거대한 돌들을 들어 올릴 수 있을 만큼 중력을 잘 이용할 수 있었기 때문입니다. 아이작 뉴턴도 떨어지는 사과를 통해 중력을 이해하고 만유인력 법칙을 발견해서 인류의 삶을 결정적으로 변화시켰

---

1 David Howard, *How To Build a great Screenplay*, ST. Martin's Press, 2004, p. 268.

습니다. 시퀀스도 그렇습니다. 중력처럼 모든 관객은 시퀀스의 호흡 속에서 이야기를 경험해도, 그들 모두가 시퀀스에 대해서 알 필요는 없습니다. 하지만 이야기를 쓰려는 사람에게 시퀀스를 이해하는 것은 좋은 이야기를 쓰는 데 큰 도움이 됩니다. 이야기를 잘 쓰는 사람은 모두 시퀀스라는 중력을 이해하는 이야기의 물리학자입니다. 시퀀스를 잘 이해하고 이용할수록 마법처럼 이야기를 풀어나가게 됩니다.

시퀀스란 말은 자주 '한 가지 종류의 장면의 묶음'이란 뜻으로도 사용되고 있습니다. 예를 들면 '자동차 추격 시퀀스'나, '액션 시퀀스', '은행 강도 시퀀스'라고 했을 때 그렇습니다. 하지만 이런 데 쓰는 시퀀스란 용어는 우리가 지금 쓰는 시퀀스란 용어와는 판이하게 다른 것입니다. 이는 다분히 편집적인 개념으로 비슷한 시각적 콘셉트를 가진 장면들이 연속되는 것을 뜻합니다. 그러니 우리가 지금 여기서 얘기하는 '스토리 과학'적인 의미에서의 시퀀스와는 완전히 다른 것입니다. 다시 정의하자면, 지금 이 수업에서의 시퀀스 개념은 '한 인물의 욕망이 이끌고 가는, 그 자체의 시작과 중간과 끝을 가진, 자족적인 이야기의 한 부분'을 말합니다.

앞에서도 이야기했듯이 시퀀스의 가장 큰 이점은 좀 더 통제가 쉬운 길로 이야기를 나누는 것입니다. 120쪽의 이야기를 한꺼번에 생각하는 것보다, 15쪽의 시퀀스 8개를 생각하는 것이 이야기를 끌어가는 데보다 유리합니다. 좀 더 완전하게 통제할 수 있는 짧은 이야기의 부분을 만들고, 그것들을 연결하는 방식으로 전체 이야기를 만듭니다. 기차의

(왼쪽) 「대부 2」 포스터. (출처: ㈜제지엠 엔터테인먼트)
(오른쪽) 「러브 액츄얼리」 포스터. (출처: ㈜케이엔씨미디어그룹)

선로를 보면 서울부터 부산까지 하나의 철제 레일이 놓여 있는 게 아닙니다. 대략 10미터 길이의 레일 수천 개, 수만 개가 이어져 서울과 부산을 잇는 400킬로미터 길이의 철로를 이룬 겁니다. 짧은 레일을 이어 붙인 이유는 자명합니다. 운반과 수송, 설치 등 모든 작업에서 짧은 게 유리하기 때문입니다. 시나리오의 시퀀스도 이 10미터 길이의 레일과 같습니다. 그것들을 이어 붙여서 우리는 사막을 관통하고, 설산을 뚫고 가는 이야기라는 긴 철로를 만들어야 합니다.

그런데 왜 한 편의 영화는 꼭 8개의 시퀀스이어야 하는지요? 이것 역시 반드시 그래야 한다는 법칙은 아닙니다. 대략 그런 호흡으로 만들어가는 것이 관객들이 이야기를 효과적으로 경험하는 데 유리하다는 일종의 원리입니다. 물론 이것은 가장 일반적이고 대중적인 영화에 관한 원리입니다. 3장의 원리가 인류가 오래전부터 발전시켜 온 이야기 경험 방식에 가장 잘 맞는 것이라면, 8개의 시퀀스도 같은 방식으로 생각할 수 있는 것입니다. 아주 간단한 산수를 하자면, 앞에서 장을 공부할 때 각 장의 길이가 대략 1장은 전체 영화의 4분의 1, 2장은 2분의 1, 3장은 4분의 1이라고 말한 바 있습니다. 물론 이것 역시 수학의 법칙처럼 엄밀한 것은 아닙니다. 대략적인 이야기의 호흡으로 보았을 때 그렇다는 것입니다. 각 장의 길이를 8개의 시퀀스로 맞춰보면, 1장에는 2개의 시퀀스가 있고, 2장에는 4개, 3장에는 다시 2개의 시퀀스가 존재한다고 볼 수가 있습니다. 두 개의 이야기가 병렬로 진행되는 영화의 경우, 각각의 스토리는 그 자체로 3장과 8개의 시퀀스를 갖습니다. 「대부 2(The Godfather: Part 2)」(프란시스 포드 코폴라 감독, 1974)는 비토와 마이클의 이야기가 각각 진행되면서 서로가 서로에게 정서적으로 영향을 주고 있습니다. 비토의 이야기와 마이클의 이야기는 독립적으로 3장과 8개의 시퀀스를 갖습니다. 심지어 8명의 주인공이 나오는 「러브 액츄얼리(Love Actually)」(리처드 커티스 감독, 2003)와 같은 옴니버스 영화의 개별 이야기도 각각 3장과 다수의 시퀀스를 갖습니다. 모든 영화는 각자의 긴장을 가지고 독립적으로 진행됩니다. 하지만 끝내 이야기의 마지막 장면에서 그 각각의 이야기가 추구하던 주제적인 결말이 다 같이 작용해서 완성되는 상당히 정교한 구성을 갖고 있습니다.

시퀀스는 한 명의 인물이 주인입니다. 시퀀스의 주인이 전체 이야기의 주인과 같을 필요는 없습니다. 당연히 전체 이야기의 주인공이 주인이 되는 시퀀스가 대부분이겠지만 영화마다 한두 개, 혹은 세 개 정도는 주인공이 아닌 다른 인물에 속하기도 합니다. 자신의 의지로 시퀀스를 끌고 가는 사람이 그 시퀀스의 주인입니다. 사랑 이야기를 예로 들면 한 남성을 사랑하는 한 여성이 전체 이야기의 주인공이 될 수 있습니다. (많은 사람이 사랑 이야기를 분석할 때 남녀 두 명의 주인공이 있다고 하지만 실제로는 언제나 한 명이 주인공이고, 나머지 한 사람은 조연이나 안타고니스트일 확률이 높습니다.) 대부분의 시퀀스는 그 주인공 여성이 주인으로, 그녀의 의지가 시퀀스를 끌고 나가지만, 그중 한두 개는 상대 남자의 시퀀스일 수도 있고, 혹은 그녀를 좋아하면서 혼자 가슴앓이를 하는 또 다른 남성이 주인공일 수 있습니다. 시퀀스는 그 주인이 무언가 하려고 하는 이야기입니다. 이 수업의 서두에 말한 월드시리즈 시퀀스는 영화의 주인공인 맥머피가 주인인 시퀀스이며, 정신병동 안에서 월드시리즈 야구 경기를 보려고 하는 욕망이 시퀀스를 끌고 갑니다. 그 주인의 욕망에 따라서 시작과 중간과 끝, 다시 말하면 시퀀스 안의 1장과 2장과 3장이 만들어집니다. 한 영화도 주인공의 의지에 따라서 처음과 중간과 끝이 있고, 한 시퀀스와 한 장면 역시 주인이 있으며, 그에 따라서 처음과 중간과 끝이 있습니다. 장면이라는 스토리의 최소 단위부터, 연속적인 장면들의 모음인 시퀀스, 그 시퀀스의 모음인 장과 그 장들의 모음인 전체 영화에 이르기까지 스토리의 모든 요소에는 각각 그 안에 자족적인 처음, 중간, 끝이 있습니다. 이것이 능동의 스토리텔링입니다. 하나의 장면부터 전체 영화까지 누군가 무엇을 하려는 이야기이고, 그 욕망의 전개와 결과에 따라서 그 안에 3장의 요소를 갖습니다.

첫 번째 시퀀스: 일상 세계

이 시퀀스는 일단 이야기의 세계와 주요 인물들을 보여주는 임무를 맡고 있습니다. 본격적으로 이야기가 시작되기 전, 이 이야기가 언제, 어디서 벌어지고, 거기에는 어떤 법칙과 약속들이 있는지 첫 시퀀스는 알려줍니다. 요즘 말로 재빠르게 영화의 세계관을 설정해서 관객들에게 주지시키는 것이 첫 번째 임무이고, 그 세계관 속에서 사는 한 명의 문제적 인물, 즉 주인공의 일상을 보여주는 것이 두 번째 임무입니다. 그리고 아직 분명하지는 않지만 뭔가 비일상적인, 이례적인 일이 일어날 것 같은 느낌, 즉 공격점이라고 말할 수 있는 것을 보여주면서 시퀀스가 끝납니다. '어떤 세상에서 어떤 인물에 대한 이야기를 할 것이고, 그의 일상은 이러한데 뭔가 이례적인 일이 일어날 것 같은 느낌이 든다'라고 말하는 것이 첫 번째 시퀀스의 이야기지요. 신화학자 조지프 캠벨의 영웅의 여행 단계로 보면 일상 세계에 해당합니다. 물론 이 시퀀스도 주인이 되는 인물의 작은 욕망을 따라 진행되는데, 이 욕망은 본격적인 이야기의 중심 욕망과는 다른 것이지요. 인생은 하나의 욕망을 가지고 뭔가를 하려고 하는데, 갑자기 다른 일이 일어나고 그에 휘말리는 것입니다. 그 본격적 욕망 이전에 하나의 작은 욕망을 보여주는 것이 첫 번째 시퀀스입니다. 요즘에는 그 작은 욕망을 좀 더 격렬하게 보여줘서 첫 시퀀스부터 관객들을 몰입시키는 영화가 많은데, 이런 경향은 소개를 위한 소개를 지양하고, 격렬한 사건 속에서 세계관과 중요 인물들을 소개하는 것이 요즘 젊은 관객의 취향에 맞다는 판단에 따른 것입니다.

한국 영화 「베테랑」의 첫 번째 시퀀스는 자동차 절도범 일당을 잡는 시퀀스입니다. 긴박하면서도 코믹한 액션까지 갖춘 사건을 따라가다 보면 우리는 자연스럽게 주인공과 주변 인물, 그리고 그들이 사는 세계의 규칙을 알게 됩니다. 이 영화는 현대 한국이라는 공간에 세팅된 이야기이며, 형사가 주인공이고, 그 주변에는 어떤 동료들이 있고, 범죄와 액션에 대한 것이며, 약간은 코믹하기도 할 것이라는 정보가 첫 번째 시퀀스의 사건 속에서 전해집니다. 휴 그랜트를 세상에 알린 영국 영화 「네 번의 결혼식과 한 번의 장례식」의 첫 번째 시퀀스는 결혼식입니다. 영화가 시작되자마자 결혼식에 늦지 않기 위해서 달려가는 인물들의 모습에서 코믹한 서스펜스를 느끼면서, 우리는 이 영화의 주요 등장인물과, 현대 영국이라는 세계, 또 코믹한 러브 스토리라는 영화의 톤앤매너까지 함께 학습합니다.

이게 티저 사건입니다. 이 티저 사건이 관객의 주의를 끌고, 이 사건의 끝에서 공격점이 나오면서 세계와 인물에 대해 학습된 관객들을 진짜 사건으로 이끕니다. 이제 어떤 영화도 잔잔한 소개로 영화를 시작하지는 않아요. 갈수록 젊은 관객들은 설명을 위한 설명을 싫어하기 때문입니다. 요즘은 액션 영화도 티저 사건으로 시작하는 게 공식이지요. 넷플릭스에 나오는 어느 나라 액션 영화라도 틀어보세요. 티저 사건의 시각적 현란함으로 영화가 시작되면서 주인공의 용맹성과 기본 캐릭터가 소개됩니다. 그리고 이 사건에서 살아남아 귀환한 주인공에게 드디어 영화의 메인 이벤트, 즉 본사건이 맡겨지는 것이 두 번째 시퀀스입니다. '그냥 소개하지 말고 긴박한 사건을 통해서 소개하라'라는 말이 이 시퀀스에 적용되는 조언입니다.

두 번째 시퀀스: 첫 관문의 통과

두 번째 시퀀스는 1장을 마무리하는 시퀀스입니다. 이 시퀀스의 가장 중요한 임무는 주 긴장을 설정하는 것이지요. 주인공의 욕망이라고도 말할 수 있는 주 긴장을 설정해서 탄력 있고, 힘 있는 2장을 준비하는 게 임무입니다. 첫 번째 시퀀스의 일상은 깨지고 주인공이 자신에게 온 소명을 받아들일 것인가, 말 것인가 하는 고민이 이 시퀀스의 주 내용입니다. 소명을 받아들이면 그것이 주인공의 욕망이고, 주인공의 욕망을 의문문으로 바꾸면 그것이 주 긴장이 됩니다. 관객은 주인공의 욕망을 따라가면서 그것이 과연 달성될 것인가 하는 긴장을 갖게 됩니다.

　주 긴장이 구체적이고 작을수록 2장의 이야기는 탄력을 갖습니다. 절굿공이로 가슴을 치는 것보다는 날카로운 바늘로 가슴을 찌르는 것이 더 예리하고 아픈 법이지요. 뭉툭한 욕망이 이 시퀀스를 거치면서 더 구체적이고 날카롭게 진행되는 것입니다. 세계 평화가 주인공의 목적이라고 생각해 보세요. 과연 이렇게 뭉툭하고 넓은 욕망을 가지고 2장을 어떻게 시작할 수 있을까요? 유엔 총회에 가서 연설을 할까요? 아니면 전쟁의 한복판으로 들어가서 포탄을 막아서나요? 세계 평화보다는 냉전 중인 자신의 배우자와 먼저 평화를 이루자고 하는 욕망이 훨씬 더 구체적이고, 또 그러기 위해서 아내의 생일에 마음에 드는 선물을 고르려는 게 더 구체적인 욕망입니다. 이야기는 의미가 아닙니다. 이야기는 표면적이고, 구체적 사건들의 연속입니다. 항상 자신이 설정한 주인공의 욕망에서 한발 더 나아가야 합니다. 그래야 그 욕망이 조금 더 구체성을 띠게 됩니다. '항상 조금 더 나아가라'가 이 시퀀스에서 제가 건네는 조언입니다. 한 발 더 나아가면 작가가 설정한 주인공의 욕망은 한 단계 더 예리한 구체성을 띱니다.

조지프 캠벨의 영웅의 여행 단계에서 이 시퀀스는 모험에의 소명, 소명의 거부, 정신적 스승과의 만남, 그리고 첫 관문의 통과에 해당합니다. 모험에의 소명이나 소명의 거부는 첫 번째 시퀀스에도 속할 수 있는 단계이지만 정신적 스승과의 만남과 첫 관문의 통과는 반드시 두 번째 시퀀스에서 이루어져야 합니다. 이 소명의 일차적 거부가 앞에서 얘기한 대로 욕망을 좀 더 구체적으로 벼리는 단계입니다. 자신에게 찾아온 소명, 즉 욕망을 감지하지만, 그것을 한번 거부하면서 그것을 해야만 하는 이유가 강화되는 것입니다. 그러면서 욕망의 단계는 한 단계 진전됩니다. 아주 상투적인 예를 하나 들자면, 딸과 함께 사는 60대 전직 은행 강도가 있다고 생각해 보세요. 넉넉하지는 않지만, 딸과 함께하는 행복한 일상이 첫 번째 시퀀스에서 소개됩니다(일상 세계). 그에게 어느 날 옛 동료들이 찾아와 엄청난 돈을 줄 테니까 새롭게 모의한 은행 강도에 가담하라고 말합니다(모험에의 소명). 하지만 그는 다시는 범죄를 저지르지 않겠다는 딸과의 약속을 이유로 거부합니다(소명의 거부). 그러나 그 직후 딸에게 불치병이 있다는 걸 알게 되고, 치료하려면 엄청난 돈이 필요하다는 것도 알게 됩니다. 딸을 살리려면 딸과의 약속을 어겨야 하는 상황이 됩니다. 이런 상황을 딜레마라고 하고, 이런 딜레마는 주 긴장의 훌륭한 재료가 됩니다. 그는 결국 옛 동료들을 찾아가 은행 강도에 가담하겠다고 합니다. 하지만 자신의 장기인 금고 따기 외에는 어떤 것도 하지 않겠다고 합니다. 동료들이 그를 받아들이면서 그는 첫 관문을 통과하고, 이야기는 2장으로 넘어갑니다. 한 번 소명을 거부함으로써 그의 욕망은 '은행 강도로 많은 돈을 벌기'에서 '금고 따는 기술만 잠시 빌려줌으로써 딸의 수술비를 벌기'로 좀 더 구체적 양상을 띠게 됩니다. 이 모든 과정이 벌어지는 이야기의 구간이 바로 두 번째 시퀀스입니다. 물론 두 번째 시퀀스도 한 가지 호흡으로 묶을 수 있는 하나의 사건으로 전개되어야 합니다.

「굿 윌 헌팅」 1장 두 개의 시퀀스는 어떨까요? 첫 번째 시퀀스의 제목은 '윌, 수학 문제를 풀다'로 정했습니다. 이 시퀀스의 가장 중요한 사건은 윌이 수학 문제를 푸는 것이니까요. 영화가 시작되면, 세계 최고 대학의 수학학부의 일상과 윌이라는 뒷골목 청년이 싸움과 유흥으로 보내는 일상이 나란히 소개됩니다. 그 대학에서 청소부로 일하는 윌이 복도 칠판에 쓰인 수학 문제를 푸는 사건이 별개로 존재했던 두 세계를 잇는 사건이 됩니다. 램보 교수는 수학 문제를 푼 사람을 찾으려 하고,

결국 윌이 또 다른 문제를 푸는 것을 목격하고 말을 걸지만 윌은 욕설을 내뱉으며 자리를 피합니다. 그리고 바로 다음 장면, 보스턴의 밤 전철 속에서 혼자 고독하게 앉아 있는 모습을 보여주며 첫 번째 시퀀스가 끝납니다. 위태롭게 보이던 두 개의 세계가 거칠게 이어지는 사건, 즉 윌이 욕설을 내뱉고 가는 장면이 이 영화의 공격점이 됩니다. 우리는 아직 정확히는 모르지만 두 세계가 불안하게 이어지고 있다는 느낌을 이 장면에서부터 갖기 시작합니다. 세계는 현대의 보스턴이며, 주인공은 윌 헌팅이고, 주요 인물들은 램보 교수, 그리고 척을 중심으로 한 윌의 친구들입니다. 이 시퀀스의 주인은 램보 교수입니다. 수학 문제를 푼 사람을 찾으려는 그의 의지가 이 시퀀스를 지배하기 때문이죠. 그래서 '과연 램보는 윌을 찾을 수 있을까?'라는 긴장이 이 시퀀스를 지배하고, 마침내 그가 잠깐이나마 윌을 만남으로써 이 시퀀스는 끝납니다. 정확히 영화가 시작되고 15분 8초 지점입니다.

두 번째 시퀀스는 윌과 스카일라의 만남으로 시작됩니다. 두 사람의 관계는 이 영화의 서브플롯으로 작용하면서 영화의 결말에 중요한 역

할을 합니다. 두 사람이 만나는 에피소드는 현재 단계에서는 윌의 천재성을 다시 한번 드러내는 사건이자, 또한 윌이 그 천재성을 어떻게 낭비하고 있는지도 보여줍니다. 램보는 윌을 계속 찾아다니고, 마침내 법원까지 찾아가 자신이 저지른 폭력 사건 재판에서 스스로를 변호하고 있는 윌을 만납니다. 윌은 결국 법정 구속되고, 램보는 구치소로 윌을 찾아갑니다. 두 사람은 구치소 면회실에서 만납니다. 램보는 판사와 이미 얘기했다며, 심리치료를 받고 자신과 수학 연구를 같이 하는 조건으로 윌을 석방하기로 했다고 말합니다. 윌은 대답합니다. "수학은 하겠지만, 그 망할 놈의 심리치료는 받지 않겠어요." 이 장면이 두 번째 시퀀스의 끝이자, 1장의 끝입니다. 이 시퀀스의 핵심 제목은 '윌이 수학 연구에 동의하다'입니다. 이 시퀀스의 긴장은 '윌이 과연 램보의 제안에 동의할까?' 하는 것이고요. 이 시퀀스가 설정한 영화 전체의 주 긴장은 '윌은 심리치료사들로부터 계속 도망 다닐 수 있을까?' 혹은 '윌이 진정한 관계로부터 계속 도망 다닐 수 있을까?'입니다. 윌의 욕망은 '진정한 관계로부터 계속 도망 다니는 것'입니다. 딜레마는, 그는 도망가려 하지만 석방 상태를 유지하기 위해서는 램보와 심리치료사들을 계속 만나야 한다는 것입니다. 2장에 속하는 다음 시퀀스부터는 윌이 자신의 욕망을 성취하기 위해서 심리치료사들을 골탕 먹이고, 주위 사람들에게 계속 상처를 주는 장면들을 보게 됩니다.

세 번째 시퀀스: 첫 번째 장애물의 통과

세 번째 시퀀스는 이제 결정된 욕망을 향해서 가는, 2장의 첫 번째 시퀀스입니다. 비교적 가벼운 장애물을 만나고 그것을 극복하면서 주인공의 욕망은 더욱 강해집니다. 주인공이 욕망하는 일을 왜 하려 하는지, 거기에서 우려되는 점은 무엇인지가 밝혀지면서 앞으로 다가올 딜레마가 만만치 않을 것임을 알려주는 단계입니다. 여전히 뭔가 주저하는 주인공을 좀 더 강하게 자신의 욕망과 대면하게 합니다. 도망가려는 주인공을 다시 잡아서 딜레마와 대면하게 하는 것도 이 시퀀스에서 이루어집니다. 조지프 캠벨의 영웅의 여행 단계에서 이 시퀀스는 '시험, 협력자, 적대자' 단계입니다. 이 단계에서 '영웅은 자연스레 새로운 도전과 시험에 들고 동료와 적을 만나며 특별한 세계의 규칙을 배우기 시작'[2]합니다.

---

2 크리스토퍼 보글러, 함춘성 옮김, 『신화, 영웅 그리고 시나리오 쓰기』, 비즈앤비즈, 2007, 52쪽

「그녀」에서는 첫 두 시퀀스를 통해서 주인공 테오가 사만다라는 컴퓨터 속 AI를 만나서 그것(it)을 그녀(her), 즉 여자로서 사랑하게 되고, 그녀와의 관계를 성공시키려는 욕망을 품으면서 2장으로 넘어갑니다. 그리고 세 번째 시퀀스에서 테오는 그녀와의 성공적인 섹스로 이 관계에 결핍된 육체성을 넘어섭니다. 또한 해변에 나가서 같이 지는 해를 바라보는 시간을 통해 아름다운 풍경과 시간을 공유하는 경험도 합니다. 이렇게 테오는 사랑의 장애물들을 하나하나 넘어서면서 사만다와의 사랑을 점점 더 강화합니다. 조지프 캠벨식으로 말하면, 둘 사이에 놓인 작은 시험들을 이 시퀀스에서 통과하는 것입니다. 다만 워낙 두 존재에 집중한 영화이다 보니 이 단계에서 특별한 협력자나 적대자는 나타나지 않습니다. 협력도 적대도 인간과 AI라는 이들의 조건에서 나오고 있습니다. 이 시퀀스의 제목을 저는 '그들, 좀 더 진정한 관계를 만들다'로 정했습니다. 그러기 위해서 그들이 통과해야 하는 장애물들이 이 시퀀스의 긴장을 만들고 있습니다.

「굿 윌 헌팅」에서 제가 지은 세 번째 시퀀스의 제목은 '숀에게로 가는 길(Road to Sean)'입니다. 어느 누구와도 진정한 관계를 맺지 않겠다는 월의 욕망은 이 시퀀스에서 수많은 심리치료사들을 조롱하고 모욕하는 것으로 표현됩니다. 그들 모두는 월의 욕망에 저항하는 적대자들이지만, 이 사소한 적대자들은 여지없이 월의 조롱에 제압당하고 맙니다. 그러나 지치지 않고 월의 심리 치료를 계속 주선하는 램보는 월의 욕망에서 보면 협력자가 아니라 가장 강력한 적대자입니다. 그러다 월은 마침내 숀을 만나고, 두 사람은 완전히 서로를 받아들이지는 않았지만, 서로에게 깊은 인상을 남기고 일단은 심리 치료를 계속하기로 하면서 이 시퀀스는 끝납니다. 세 번째 시퀀스에서 갑자기 글이 막히면 어떻게 해야 할까요? 저는 첫 번째로 적절한 장애물이 있는지 살펴봐야 한다고 생각합니다. 장애물이 없다면 욕망을 추구할 수도 없으니까요. 저항이 없으면 절박한 노력도 보이지 않습니다. '장애물을 만들어라'가 세 번째 시퀀스에서 새겨둘 말입니다. 다시 말하지만 욕망은 톱이고, 장애물은 나무입니다. 톱이 나무를 썰기 시작하면 밑에 쌓이는 톱밥이 바로 이야기입니다.

네 번째 시퀀스: 돌아올 수 없는 다리를 건너다

네 번째 시퀀스는 중간점으로 종결되는 시퀀스입니다. 전 시퀀스에 비해 좀 더 강력한 장애물이 등장하고 그 장애물을 넘어서려는 노력이 이 시퀀스의 긴장을 구성합니다. 주인공이 장애물에 승리하든 패배하든 이 시퀀스의 종결로 주인공은 더 이상 돌아갈 수도, 회피할 수도 없는 입장이 됩니다. 반인반수의 괴물을 처치하고 미로 같은 동굴을 무사히 빠져나올 수 있도록 늘어뜨린 아리아드네의 실이 끊어지는 시퀀스가 여기입니다. 돌아갈 길을 잊은 주인공이 이 동굴을 벗어나는 유일한 방법은 앞에 있을 것으로 보이는 괴물을 처치하고 나아가는 것뿐입니다. 그래서 이 시퀀스를 '돌아올 수 없는 다리를 건너는' 시퀀스라고 합니다. 조지프 캠벨의 방식으로는 '동굴 가장 깊은 곳으로의 진입'이라고 할 수 있는 단계입니다. '가장 깊다'라는 말은 이제는 돌아올 수 없는 곳이라는 의미입니다. 주인공은 자신의 욕망을 추구하는 2장의 두 번째 시퀀스에 부과된 장애물을 넘어서면서 드디어 중간점에 이르러 새로운 전망을 봅니다. 이 시퀀스의 끝은 영화의 딱 중간입니다. 네 번째 시퀀스의 가장 중요한 임무는 중간점을 만들어내는 것입니다. 반복되는 욕망의 패턴을 바꿔서 이야기를 다채롭게 만들 수 있는, 그러면서 이제는 돌아갈 수 없이 욕망에 투신해야 하는 절박한 순간도 함께 만들어내야 합니다.

「본 아이덴티티」의 네 번째 시퀀스 제목은 '그들, 함께 가다'입니다. 이 시퀀스의 시작 부분에서 본은 마리에게 자신을 떠나라고 말합니다. 그러다 갑작스럽게 프랑스 경찰의 추적을 받고, 격렬한 자동차 추격 신 끝에 간신히 두 사람은 추적으로부터 빠져나갑니다. 처음에 보수를 받고 본을 이곳까지 데려다주며 형성됐던 두 사람의 관계는 이제는 단단한 동지애로 결합되어 두 사람이 함께 가게 됩니다. 본은 이제부터 혼자가 아닙니다. 중간점이 변화를 가져다줍니다.

「빌리 엘리어트」의 네 번째 시퀀스 제목은 '빌리, 백조가 되기로 결심하다'입니다. 빌리가 아버지와 형의 갈등, 경제적 상황에 대한 불안 등으로 발레를 포기하려 하지만 선생님은 그를 설득해 다시 연습을 하고 강을 건너는 케이블카 위에서 「백조의 호수」에 대한 이야기를 해줍니다. 영화 음악으로 「백조의 호수」 발레 음악이 나오는 가운데, 빌리는 언젠가 백조가 되어서 화려하게 날아오를 것을 다시 결심합니다. 영화 속에서도 강을 건너는 시각적 상징과 연결되면서 이제 빌리는 강을 건넜고, 돌아갈 길은 없어집니다.

「그녀」에서는 이 시퀀스에서 테오가 사만다와 같이 다른 사람들을 만나서 시간을 보냅니다. AI와도 사회적인 사랑이 가능하다는 것을 시험하는 것입니다. 시험은 성공적이고, 테오는 다른 사람들과도 사만다가 같이할 수 있다는 확신을 갖습니다. AI와의 연애에 또 하나의 장애물을 넘어서는 순간입니다. 이 시퀀스의 마지막, 즉 중간점에서 테오는 전처와의 이혼 문제를 마무리 짓습니다. 완전히 하나의 관계를 정리한 테오에게 사랑은 이제 사만다뿐입니다. 아주 강력한 중간점입니다.

네 번째 시퀀스는 이렇게 모든 다리를 불사르고, 결코 돌아갈 수 없는 상황을 만들어 내는 시퀀스입니다. 그래서 만들어진 강력한 중간점으로 그다음의 드라마에 다시 활력을 공급하는 시퀀스입니다. '주 욕망을 위해서 최소한 하나의 관계나 수단, 방법을 희생하라'는 것이 이 시퀀스에 적용될 조언입니다.

| 이야기 수업 |

다섯 번째 시퀀스: 캐릭터의 이면 탐구와 서브플롯

사막을 건넌다면 네 번째 시퀀스의 마지막, 즉 중간점에서 낙타가 죽거나, 자동차가 고장나거나, 현지 안내인이 도망갔을 겁니다. 그리고 이 다섯 번째 시퀀스에서 그들은 모닥불가에 앉아서 밤을 지새거나, 아니면 지원대를 기다리게 됩니다. 밤새 모닥불가에서 그들은 자신들의 어린 시절을 얘기하거나, 상처나 영광에 대해서 얘기합니다. 인물들은 좀 더 풍부하게 드러나고, 다른 걱정과 목표들이 드러나면서 서브플롯이 강화되기도 합니다. 앞으로만 달리던 메인플롯이 잠시 멈추고 조연까지 포함하는 등장인물들에 대한 풍부한 탐구가 이 시퀀스에서 시작됩니다. 그래프로 본다면 계속 위로만 올라가던 감정의 상향선이 여기서는 잠시 수평선으로 정체되거나, 심지어 아래로 약간 처지기도 합니다.

이 시퀀스의 가장 중요한 임무는 서브플롯에 대한 탐구입니다. 메인플롯을 잠시 멈추고 서브플롯에 시간을 양보하면서 우리는 사건에 대한 좀 더 풍부하고 입체적인 시각을 갖습니다. 인물 탐구와 서브플롯에 공들인 이 시퀀스의 결과로 우리는 드디어 다음 시퀀스에서 가장 높은 감정적 고양점을 맞으며 2장 전체의 결론을 맺습니다. 캐릭터의 이면 탐구와 서브플롯, 이 두 가지가 다섯 번째 시퀀스의 일입니다. 조지프 캠벨의 영웅의 여행에서는 이 단계가 명확하게 구분되어 있지 않습니다. '동굴 가장 깊은 곳으로의 접근' 다음 단계로 '시련'이라는 단계가 있을 뿐입니다. 내 생각에는 이 시련의 단계가 다섯 번째와 여섯 번째

「굿 윌 헌팅」에서 서브플롯을 이루는 윌과 스카일러와의 관계. (출처: 여 영화사 오원)

시퀀스에 해당하는 것으로 보입니다. 시련의 전반부와 후반부는 각각 다른 시퀀스로 보아야 하고, 전반부는 다섯 번째 시퀀스, 즉 결정적 시련이나 위기를 정서적으로 준비하는 단계로 보아야 하고, 후반부는 가장 격렬한 위기의 단계로 보아야 합니다.

「본 아이덴티티」에서는 이 시퀀스에서 본과 마리의 사랑이 본격화됩니다. 겉모습을 위장하려고 욕실에서 마리의 머리를 자르던 두 사람은 사랑에 빠집니다. 이제 이 추적과 암살 스토리는 사랑을 지켜야 하는 스토리까지 추가하면서 결정적인 다음 단계를 준비합니다. 「미드나잇 런」의 다섯 번째 시퀀스에서는 돈이 다 떨어진 잭이 시카고에 있는 전처의 집을 방문하지요. 현상금 사냥꾼으로만 보이던 잭이라는 인물의 전처와 딸이 나오며 잭의 인간적 면모에 대한 탐구가 한층 깊게 이루어집니다. 더불어 '과거의 시카고 일'이라는 서브플롯도 설명됩니다. 「이터널 선샤인」에서는 이 부분에서 기억 삭제 클리닉 원장 하워드와 직원 메리의 사랑이 본격적으로 수면 위에 오르고, 메리 역시도 과거에 하워드로부터 기억 삭제 시술을 받았다는 사실이 밝혀집니다. 하워드와 메

| 이야기 수업 |

리의 서브플롯이 이 시퀀스에서 갑자기 부상합니다. 「굿 윌 헌팅」에서도 이 시퀀스에서 윌과 스카일라의 관계라는 서브플롯이 부상하죠. 영화의 마지막에서 윌이 스카일라를 향해 떠나는 걸 보면 이 서브플롯의 역할이 얼마나 결정적인지 짐작할 수 있습니다. 「그린 북(Green Book)」(피터 패럴리 감독, 2018)에서는 이 시퀀스에서 피아니스트 닥터가 자신의 어린 시절을 얘기하고, 주인공 토니 역시 자신의 과거를 얘기하면서 서로의 캐릭터가 좀 더 깊이 탐구됩니다. 「빌리 엘리어트」에서는 서브플롯인 광산 파업이 부각되면서 빌리의 형이 경찰에 체포됩니다.

그러나 어떤 서브플롯이 오거나, 어떤 방식의 캐릭터 탐구가 되더라도 메인플롯에 대한 배려는 절대 잊지 말아야 합니다. 메인플롯은 멈추는 게 아니고, 풍부해지는 중입니다. 서브플롯을 배려하다가 메인플롯의 흐름을 놓칠 바에는 메인플롯에만 집중하는 게 낫습니다. 주인공의 욕망이라는 메인플롯을 추구하는 것을 등산에 비길 수 있다면, 다섯 번째 시퀀스에서는 잠시 쉬면서 뒤도 돌아보고, 동행인들의 컨디션도 체크하고, 또 휴대폰을 꺼내서 그사이 온 카톡이나 전화 등을 점검해 보는 것과 같습니다. 결코 등산을 포기하거나, 아예 주저앉아서 점심까지 꺼내 먹는 단계가 아닙니다. '주위를 돌아보지만, 올라야 할 산이 있다는 것은 잊지 말자'가 여기에 적용되는 조언입니다. 다섯 번째 시퀀스의 임무는 2장의 마지막 시퀀스로 가기 전에 숨을 고르고, 다른 요소들로 메인플롯의 단순함을 풍부하게 바꾸는 것입니다.

여섯 번째 시퀀스: 욕망의 결과

여섯 번째 시퀀스는 가장 격렬한 시련과 그 결과가 주어지는 시퀀스입니다. 영웅의 여행에서 이 부분은 시련과 보상에 해당합니다. 보상이란 꼭 행복한 순간만을 뜻하는 것은 아닙니다. 시련의 결과가 다 좋은 것만은 아니니까요. 시련의 결과 주인공이 죽을 수도 있습니다. (물론 이 부분에서 주인공의 죽음은 '죽은 것처럼 보이는' 가짜 죽음입니다. 주인공의 죽음은 전체 이야기의 끝이고, 이야기는 아직 남았으니까요.) 주인공이 죽지 않는다면 주인공의 가장 친한 친구나 동료가 죽을 수도 있습니다. 로맨틱 코미디에서는 이 부분에서 대개 남녀가 헤어집니다. 주인공은 돌이킬 수 없는 실수로 상대를 놓칠 뿐만 아니라, 심지어 상대로부터 심한 경멸까지 받습니다. 사랑은 도저히 회복할 수 없게 됩니다. 이 경우에는 보상(reward)이라는 표현은 맞지 않습니다. 이런 보상은 결과(result)로 봐야 합니다. 시련을 이기려는 최대한의 노력의 결과가 이 시퀀스에서 나타나는 것입니다. 그것이 감정의 최고점일지, 최저점일지는 영화마다 다릅니다. 어느 쪽이든 우리는 1장의 끝에서 설정한 주 긴장의 결과를 얻고, 스토리는 일단락을 맺습니다. 설사 그것이 가짜 해결이었다는 것이 나중에 밝혀진다고 해도 말이지요. 여섯 번째 시퀀스의 최대 임무는 주 긴장의 답을 내리는 것입니다.

「터미네이터 2: 심판의 날(Terminator 2 : Judgment Day)」(제임스 카메론 감독, 1991)에서는 이 시퀀스의 마지막에서 미래의 지도자 존 코너를 없애기 위해 내려온 액체로봇 T-1000을 터미네이터가 질소가스로 얼려서 산산

조각 냅니다. 총을 맞아도 이내 회복하고, 트럭으로 밀어도 유연하게 자신의 형상을 다시 회복하는, 파괴 불가능한 액체 로봇을 얼려서 가루로 만들어버리는 것으로 터미네이터가 승리합니다. 물론 3장에 들어가면 그 얼음 조각들이 하나하나 녹아 물방울이 되고, 그 물방울들끼리 다시 뭉치면서 부활하지만, 일단 이 여섯 번째 시퀀스에서는 정의가 승리합니다. 궁극적 승리가 아닌 잠정적 승리이고, 주제적 승리가 아닌 표면적 승리입니다.

「노팅 힐(Notting Hill)」(로저 미첼 감독, 1999)에서는 여행책 서점의 주인 윌리엄 대커가 이 시퀀스에서 사랑하는 세계적 스타 애나 스콧을 완전히 잃어버립니다. 이 시퀀스의 시작에서 언론의 눈을 피해 온 애나 스콧을 윌리엄이 다시 받아들이고 두 사람은 잠시 행복하게 지냅니다. 이 시퀀스의 긴장은 '과연 두 사람이 같이 지낼 수 있을까?'입니다. 그리고 '아니오'로 결론 납니다. 윌리엄의 동거인이 동네 술집에 가서 자기 집에 세계적 스타 애나 스콧이 있다고 떠들어댔기 때문입니다. 엄청나게 몰려든 기자들 앞에서 애나는 윌리엄의 집을 떠납니다. 윌리엄에게 헤어짐보다 더 아픈 건 애나가 윌리엄이 서점 홍보를 위해 자신을 이용했다고 비난하는 것입니다. 전형적인 로맨틱 코미디 2장의 끝입니다. 모든 로맨틱 코미디는 끝에 가서는 결국 두 사람이 잘된다는 걸 누구나 압니다. 그러나 혹독한 2장의 끝을 보면 대부분의 관객들은 그런 행복한 결론을 잊어버립니다. 훌륭한 여섯 번째 시퀀스는 이렇듯 가짜 결말을 진짜로 보이게 하면서 관객의 마음을 좋은 쪽으로든 나쁜 쪽으로든 요동치게 합니다.

「빌리 엘리어트」의 여섯 번째 시퀀스는 감정적 고양이 무엇인가 말해줍니다. 빌리는 말이 아니라 춤으로 아버지에게 맞서고, 빌리의 열망에 설득된 아버지는 파업하는 동료들을 배신하고 광산에 들어가고, 이를 말리러 온 큰아들과 울면서 빌리를 위해서 비겁자가 되어야 한다고 말하는 격정적인 장면을 보여줍니다. 「그녀」에서는 이 시퀀스에서 어느 아늑한 별장으로 휴가를 간 테오가 사만다가 불러 주는 노래 속에서 행복하게 잠드는 모습을 보여주며 그들 사랑이 완전하게 완성된 모습을 보여줍니다. 「본 아이덴티티」에서 본은 자신을 추적해 온 가장 강한 암살자를 처치하면서 그 암살자에게 본 역시 암살자라는 말을 듣습니다. 본은 CIA의 암살자들로부터 완전히 도망가려던 자신의 욕망을 실현시킴과 동시에 자신도 암살자라는 단서로 자신의 정체성을 찾기 위한 주제적 욕망을 갖습니다. 이 욕망이 3장의 새로운 욕망이 됩니다. 많은 전쟁 영화에서는 여기서 주인공이 속한 부대가 패배합니다. 「어벤져스(The Avengers)」(조스 휘던 감독, 2012)에서는 이 부분에서 악당 로키가 탈출하고, 에이전트 콜슨이 죽고, 슈퍼히어로들이 뿔뿔이 흩어집니다. 「이터널 선샤인」에서는 이 부분에서 마침내 조엘의 기억 삭제가 끝납니다. 「그린북」에서는 이 부분에서 비가 내리는 밤 도로에서 토니와 닥터가 격렬한 설전을 펼칩니다. 닥터는 자신은 흑인도 아니고, 백인도 아니라 말하며 토니에게 맞섭니다. 이들의 갈등은 간신히 봉합되고, 초라한 흑인 전용 호텔에 같이 묵으며 아내에게 편지를 쓰는 토니에게 '굿 나잇'이라고 인사하며 잠드는 닥터의 모습으로 끝납니다. 아직도 인종차별이 명백하게 존재하던 시절의 미국 남부지역에서 흑인 피아니스트의 순회공연을 무사히 마치려는 토니의 욕망은 일단 성공적으로 보입니다.

2장의 끝에서는 주인공의 욕망은 답을 얻습니다. 대개 영화의 전체 엔딩이 해피엔딩일 경우 이 시퀀스의 끝은 새드 엔딩입니다. 영화의 끝이 새드 엔딩일 경우 이 시퀀스의 끝은 잠정적 해피엔딩입니다. 여섯 번째 시퀀스는 어쩌면 2장 전체의 축약입니다. 2장 전체가 추구하던 욕망이 여기서는 가장 격렬하고 간결한 형태로 반복되는 것이니까요. 그러기 위해서 다섯 번째 시퀀스에서 숨을 골랐던 것입니다. 영화의 끝이 궁극적 해결 지점이라면, 이 시퀀스의 끝은 감정적 고양점(culmination)입니다. 그리고 거의 언제나 이 시퀀스는 주인공의 시퀀스입니다. 왜냐하면 주인공의 욕망으로 시작된 2장이 끝나는 지점이니까요. '반드시 가장 격렬한 대결 장면을 만들어라'가 이 지점에서 건네는 저의 조언입니다. 사랑 이야기면 두 당사자 간의 사랑싸움이 될 수도 있고, 전쟁 영화라면 당연히 가장 격렬한 전투 장면이 될 겁니다. 법정 영화라면 가장 격렬한 재판 장면이 있을 테고요. 액션 영화라면 가장 격렬하고 화려한 액션 장면이 있을 겁니다. 코미디 영화라면 가장 격렬한 웃음을 주는 장면이 당연히 있을 것입니다. 그래서 빌리는 아버지 앞에서 춤을 춥니다. 흑인 피아니스트는 백인 운전사 앞에서 흑인도 백인도 아닌 자신의 입장을 소리치며 호소합니다. 세계적 스타는 뉴스가 그냥 지나가는 것이 아니라 영원히 계속되면서 자신을 괴롭힐 것이라 외치기도 합니다. 그 모든 격렬한 장면 뒤에 오는 어떤 결말, 그것이 이 시퀀스를 구성하는 방법입니다.

일곱 번째 시퀀스: 여파와 반전

이 시퀀스는 전 시퀀스의 결과에 대한 여파(aftermath)로부터 시작합니다. 여파는 결과가 가져다준 영향 아래 인물들이 놓여 있는 모습입니다. 어떤 일이고 하나의 큰 결과가 있고 나면 사람들은 그 결과를 곱씹거나 그것을 인정 혹은 부정하려는 모습을 보이지요. 이런 모든 행동들이 여파입니다. 감정적 후유증이라고도 할 수 있습니다. 사랑을 잃어버리면 한강 고수부지에 가서 잔도 없이 깡소주를 마십니다. 로맨틱 코미디의 2장 끝에서 사랑을 잃었다면 일곱 번째 시퀀스에서 나올 수 있는 여파 행동의 하나입니다. 마구 어질러진 집에서 죽은 듯이 누워 있거나, 거리에서 아무하고나 싸우는 것도 여파에서 비롯된 행동의 하나일 겁니다. 전쟁 영화에서 2장의 패배 뒤에는 풀이 죽은 병사들이 여기저기 널브러져 있겠지요. 그중 한둘은 사라진 귀향의 가능성 때문에 한구석에서 울고 있을지도 모릅니다. 스포츠 영화라면 2장의 끝에서 아주 중요한 경기를 이기고 팀원들이 여기저기서 기쁨을 만끽하고 있겠지요. 시즌 전체를 우승할 수 있다는 자신감도 여러 자리에서 과시할 수 있겠고요.

영화는 주인공의 일상에서부터 시작됐다가, 그 일상에 생긴 사건으로 촉발된 주인공의 욕망이 생성한 에너지로 달립니다. 그렇게 달린 결과가 2장의 끝을 만들고, 그 결과 이후 새롭게 만들어진 일상이 여파입니다. 2장의 끝이 슬프면 여파도 슬프고, 반대로 그 지점이 기쁘면 여파도 활력이 넘칩니다. 그러다 갑자기 서브플롯이 물밑에 있다가 공중으로 솟구치는 돌고래처럼 스토리의 수면을 박차고 솟구치면 반전이 만들어집니다. 반전은 여파로서 새롭게 안착한 일상을 깨부수며 스토리를 급격히 궁극적 결말로 이끌어줍니다. 여파를 보여주다가 반전을 만들어주는 것이 일곱 번째 시퀀스의 가장 중요한 임무입니다.

조지프 캠벨의 영웅의 여행 단계에서 일곱 번째 시퀀스는 귀환의 길에 해당합니다. 시련과 보상이 끝나고 영웅은 집으로 돌아오는 길에 나섭니다. 2장의 결과가 좋았든 나빴든, 귀환의 길에서 영웅의 모습은 그 여파로 보여집니다. 승리하고 힘차고 활력 있는 모습으로 행군할 수도 있고, 패배하고 지치고 풀 죽은 모습으로 터덜터덜 걸어가는 모습일 수도 있습니다. 반전은 이 귀환의 길을 끝내고 마지막 부활의 대결로 이끄는 계기가 됩니다.

「노팅 힐」의 일곱 번째 시퀀스는 전형적입니다. 애나 스콧을 잃은 서점 주인 대커의 슬픈 일상이 보여집니다. 그의 일상은 애나를 만나기 전과 똑같지만, 이제는 사랑하는 사람을 잃은 상실의 시간이 되었습니다. 그래도 계절은 가고, 이웃들은 계속 변함없이 살아가고, 친구들과 모여서 술도 마십니다. 그러다 애나가 런던에서 촬영한다는 소식을 들은 대

커는 애나의 촬영장에도 가보지만 자신을 비하하는 애나의 말을 듣고 쓸쓸히 돌아옵니다. 이 영화에서 일곱 번째 시퀀스는 반전을 보여주지 않고, 여파만으로 채워져 있습니다. 간혹 있는 것처럼 반전은 여덟 번째 시퀀스의 처음으로 유예됩니다. 반전이 어디 나와야 하느냐에 대한 법칙은 없습니다. 2장의 결과가 가져다준 여파가 어느 정도 지속될 때쯤 이제는 진정한 결론을 위해서 뭔가가 필요할 때 반전이 나옵니다. 일곱 번째 시퀀스의 마지막이나 여덟 번째 시퀀스의 처음은 그리 큰 차이가 없습니다. 「노팅 힐」에서는 여덟 번째 시퀀스의 처음, 애나가 대커를 찾아왔을 때 반전이 등장합니다. 애나는 "유명하다는 것은 아무것도 아니에요. 나는 지금 자신이 사랑하는 한 소년 앞에 서서 자신을 좋아해 달라고 말하는 소녀일 뿐이에요"라고 말합니다.

「뻐꾸기 둥지 위로 날아간 새」의 여섯 번째 시퀀스에서 주인공 머피는 탈출 계획을 세우고 여자들을 병원 안으로 불러들입니다. 경비들이 여자들에 홀려 정신없을 때 머피와 환자들은 파티를 하면서 수간호사의 권위를 상징하는 병동 안의 엄격한 분위기를 망가뜨립니다. 그러

| 이야기 수업 |

나 마지막 순간에 머피는 잠들어 버림으로써 탈출에 실패합니다. 일곱 번째 시퀀스는 다음 날 아침으로 시작합니다. 수간호사가 출근하고, 숙취에서 깨어난 경비들을 채근해서 환자들을 다시 각자의 병실에 가둡니다. 병동의 질서는 다시 회복되는 듯합니다. 여기까지가 여파입니다. 그러나 창문은 여전히 열려 있고, 머피에게 탈출할 기회는 남아 있습니다. 머피가 탈출하려는 순간, 누군가의 비명이 들리고 빌리가 자살한 게 발견됩니다. 빌리는 여자를 좋아하지만, 수간호사가 엄마 얘기를 할 때마다 심한 죄책감을 느낍니다. 수간호사는 그런 방식으로 빌리를 통제해 왔고, 이건 영화 내내 '빌리의 서브플롯'으로 작용합니다. 이날 아침에도 빌리는 수간호사의 말에 심한 죄책감을 느끼고 자기 방으로 돌아갔다가 자살을 하게 됩니다. 빌리의 서브플롯이 결정적인 순간에 메인 플롯과 만나는 것입니다. 분노한 머피는 탈출을 포기하고 수간호사에게 달려가 그녀의 목을 조릅니다. 그러다가 경비들에게 제압당합니다. 빌리의 자살은 반전으로서 머피의 탈출을 좌절시키고 이어지는 시퀀스에서 결말로 급격하게 이야기를 몰고 가는 역할을 합니다. 일곱 번째 시퀀스의 가장 고전적인 예입니다.

「본 아이덴티티」의 여섯 번째 시퀀스에서 본은 자신에게 보내진 마지막 암살자를 처치합니다. 이 결말은 CIA의 비밀 작전을 이끌었던 핵심 인물인 콘클린과 애보트를 일곱 번째 시퀀스에서 대립하게 합니다. 본은 이제 도망 다니지 않고 자신이 콘클린을 찾아가기로 합니다. 이것은 3장의 새로운 긴장을 만듭니다. 콘클린의 아지트에서 콘클린과 격투

중, "너는 우리가 키웠다"고 소리치는 콘클린의 외침이 뇌에 자극을 주어서 본은 자신이 조난당했던 그날, 배 위에서의 상황을 다시 기억해 냅니다. 그리고 그가 정말 암살자로서 아프리카 지도자를 죽이기 위해 그 배에 탔던 것을 기억해 냅니다. 자신의 명예롭지 않은 정체성을 안 것입니다. 이것 역시 첫 장면부터 어렴풋이 보였던 서브플롯이 수면 위로 오른 결과입니다. 그리고 자신의 정체성을 깨달은 본은 정체성을 찾는 게 아니라, 자신의 정체성을 바꾸는 것으로 목표를 수정하고 콘클린의 아지트를 떠납니다.

「빌리 엘리어트」의 일곱 번째 시퀀스 시작 부분에서는 빌리를 왕립 발레 학교 오디션에 보내려는 가족과 마을 사람들의 노력이 보입니다. 일곱 번째 시퀀스의 시작은 여섯 번째 시퀀스의 결말이 만들어내는 전형적인 여파의 장면들을 보여줍니다. 빌리가 발레라는 꿈에 대해 가족들의 승인을 얻은 것이 여섯 번째 시퀀스의 결말이었고, 일곱 번째 시퀀스는 이 꿈을 위한 마을 사람들과 가족들의 노력을 보여줍니다. 그러다 오디션장에 간 빌리가 '전기가 온다'는 말로 답답한 오디션장의 분위기를 일시에 바꾸는 반전을 이루어냅니다. '2장의 결말을 모든 캐릭터가 느끼게 하라. 반전이 안 나오면 서브플롯이 없는 걸 의심하라'가 일곱 번째 시퀀스를 당면하는 작가들에게 제가 건네는 말입니다.

여덟 번째 시퀀스: 마지막 대결과 궁극적 해결

여덟 번째 시퀀스는 주인공의 시퀀스입니다. 영화의 모든 가치와 역량이 이 시퀀스에 집중되기 때문입니다. 지금까지의 모든 해결은 부정됐고, 이제는 자신만의 대결을 앞두고 있습니다. 어떤 회피적인 방법도, 거짓 방법도 여기서는 적용되지 않습니다. 오롯이 자신만의 능력과 진정성으로 대면해야 합니다. 이 대결을 통해서 주인공은 마지막 변화를 이루어내야 합니다. 그 변화는 존재를 뒤바꿀 만큼 궁극적이고 커서 부활이라고까지 불립니다. 영웅 신화에서는 이 대결의 끝이 부활이고 부활의 끝은 드디어 홍익의 이념을 실현할 신비한 약을 가지고 돌아오는 것입니다. 영웅이 영화의 마지막에 죽더라도 영웅은 그 죽음으로써 부활합니다. 영웅의 가장 지고한 가치는 희생입니다. 우리가 요즘도 사회의 공익을 위해서 희생한 군인이나, 소방관, 경찰 등을 영웅이라 부르는 이유입니다. 영웅의 승리도 패배도 모두 부활로 연결됩니다. 승리는 실제적 부활이고, 패배는 상징적 부활입니다. 여덟 번째 시퀀스는 반전이 가져다준 에너지에 의해 시작됩니다. 그리고 주제적 가치를 건 대결을 통해서 진정한 해결에 이릅니다. 이 시퀀스는 마지막 대결의 준비, 대결, 대결의 결과에 대한 정서적 정리라는 세 부분으로 이루어집니다. 마지막 정서적 정리는 옛날이야기로 치면 '두 사람은 오래오래 행복하게 살았답니다'와 같은 미래적 전망도 함께 갖추어야 합니다.

「미드나잇 런」의 마지막 시퀀스는 공항에서의 한판 대결입니다. 잭은 마피아 두목을 경찰에게 넘겨주는 대신, 현상금업자에게 넘겨주기로 한 회계사 듀크를 넘겨받기로 FBI와 거래합니다. 공항에서 이 모든 계획을 제대로 성공시키는 게 잭의 마지막 대결입니다. 무전기가 고장 나고, 계획에 없던 다른 현상금 사냥꾼이 등장하는 돌발적 변수 속에서도 잭의 계획은 끝내 성공합니다. 잭은 마피아 두목을 연방 경찰에 넘겨주고, 약속한 시간 안에 듀크를 데리고 LA로 오는 계획을 실현합니다. 메인플롯의 모든 과제는 여기서 해결됩니다. 하지만 잭은 LA 공항에서 듀크를 풀어줍니다. 거기까지 오는 동안 쌓였던 두 사람의 우정이 잭에게 현상금을 포기하게 합니다. 잭은 약속한 시간 안에 듀크를 데려올 만큼 유능하지만, 현상금을 위하여 듀크를 팔아먹을 만큼 비열하지도 않습니다. 여기까지가 정서적 정리입니다. 그래도 이미 충분히 잭에게 공감한 관객에게는 아쉬움이 남습니다. 좋은 사람인 듀크를 풀어주는 건 좋지만, 더 좋은 사람인 잭이 현상금으로 이 거친 범죄 세계를 떠나서 행복하게 사는 꿈은 사라질 위기에 처합니다. 영화는 이것까지도 해결해 줍니다. 듀크가 옷 속에 숨기고 있던 거액의 돈을 잭에게 선물로 주는 것입니다. 대중 영화의 결말로서는 더없이 만족스러운 결말입니다. 대결의 준비는 공항 작전을 준비하는 것이고, 대결은 공항에서의 숨 막히는 작전의 실행이고, 정서적 정리는 그 이후 잭과 듀크가 서로 나누는 훈훈한 배려입니다.

「굿 윌 헌팅」의 마지막 시퀀스는 '윌 헌팅이 자신의 앞날을 어떻게 결정하는가?' 하는 긴장으로 진행됩니다. 일곱 번째 시퀀스에서 울음을

월이 남긴 편지를 확인하는 손. (출처: ㈜영화사 오원)

터뜨리면서 마음을 연 월에게는 이제 달라진 사람으로서 자신의 미래를 어떻게 결정할 것인가 하는 숙제가 남았습니다. 마지막 시퀀스의 시작은 전철에 앉은 월이 보는 보스턴 시내의 풍경으로 시작합니다. 월의 표정과 보스턴의 일상적이고 아름다운 풍경은 월이 이제는 다른 사람이 되었다는 걸 암시합니다. 월이 큰 회사의 면접장에 가고, 친구들에게 낡은 차를 선물받고, 멘토인 숀을 만나서 맥닐 사에 입사하기로 했다고 하는 데까지가 대결의 준비입니다. 대결은 동시에 편집되는 두 개의 플랜트(plant)와 페이오프(pay-off)로 진행됩니다. 척과 월의 친구들은 여느 날처럼 아침에 잭을 태우기 위해 잭의 집으로 갑니다. 동시에 월은 멘토인 숀의 집 우편함에 메모를 놓고 갑니다. 관객은 아직 이 두 사건의 결론이 어떻게 날지 모릅니다. 척은 잭의 집 문을 두드리지만 월은 나오지 않습니다. 척은 월이 이 문으로 나오지 않는 날이 자기 생애의 최고의 날이 될 거라고 했던 자신의 말을 생각하며 웃습니다. 숀은 월이 남긴 편지를 봅니다. 거기에는 맥닐 사는 가지 않고, 내 여자를 만나러 간다고 쓰여 있습니다. 그 말은 숀이 아내를 처음 만날 때 했던 말입니다. 척과 숀은 웃습니다. 드디어 잭이 자기 삶에서 처음으로 누군가를 향해서 마음을 열고 떠나는 것입니다. 동시 편집된 이 두 장면이 이 영화에서는 마지막 대결입니다. 윌은 취업을 선택하지 않고 사랑을 찾아 떠나는 것으로 자신의 대결에서 승리합니다. 이어 나오는 고속도로를 달리는 윌의 낡은 차와 그 위로 깔리는, 구스 반 산트 감독 특유의 아름다운 음악은 대결 후의 정서적 정리입니다.

「뻐꾸기 둥지 위로 날아간 새」의 마지막 시퀀스에서 난동을 부렸던 머피는 전기 충격 치료 후에 식물인간 같은 모습으로 돌아옵니다. 악동처럼 활력 있던 그의 모습은 간 곳이 없고, 그는 이제 위장 환자가 아니라 진짜 환자가 됩니다. 그리고 정신병동은 마치 아무 일도 없었던 듯 돌아갑니다. 여기까지가 대결의 준비입니다. 추장은 멍한 눈으로 침대에 누워 있는 머피에게 다가갑니다. '결코 그들이 승리하게 하지 않을 거야'라는 말과 함께 추장은 머피를 죽이고, 언젠가 머피가 떠들었던 것처럼 욕실의 싱크대를 들어서 창문을 깨고 병원에서 탈출합니다. 정신병원을 탈출하겠다는 머피의 계획은 좌절됐지만 머피는 추장을 통해서 자유를 찾습니다. 추장의 탈출을 보면서 환호하는 환자들의 모습은 이 대결의 승리에 보내는 정서적 정리에 해당합니다.

「이터널 선샤인」에서는 녹음테이프로 서로가 과거에 했던 험담을 들은 두 연인은 과연 서로에게 어떻게 할 것인가 하는 긴장으로 마지막 대결이 예고됩니다. 짧은 준비 후에 클레멘타인은 조엘을 찾아가고, 조엘은 서로를 다시 견뎌보자는 말로써 이 대결을 마무리합니다. 그 뒤에

1장	**첫 번째 시퀀스:** 일상 세계	- 세계와 주요 인물에 대한 소개 - 공격점의 설정 - '그냥 소개하지 말고 긴박한 사건을 통해서 소개하라'
	두 번째 시퀀스: 첫 관문의 통과, 1장의 끝	- 주 긴장, 주인공의 주 욕망의 설정 - '한 걸음 더 나아가서 구체적 욕망을 설정하라'
2장	**세 번째 시퀀스:** 시험, 협력자, 적대자	- '가장 가벼운 장애물을 설정하라'
	네 번째 시퀀스: 동굴 가장 깊은 곳으로의 진입	- 중간점의 설정 - '돌아갈 수 있는 다리 하나를 불살라라'
	다섯 번째 시퀀스: 시련 1	- 서브플롯이나 주변 인물들에 대한 탐구 - '잠깐 숨을 돌리며 주위를 둘러보라'
	여섯 번째 시퀀스: 시련 2, 보상, 2장의 끝	- 주인공의 욕망에 대한 답이 내려진다 - 감정적 고양점 - '가장 격렬한 대결을 만들어라'
3장	**일곱 번째 시퀀스:** 귀환의 길	- 여파와 반전의 구성 - '2장의 결말을 모든 캐릭터가 느끼게 하라' - '반전이 안 나오면 서브플롯의 부재를 의심하라'
	여덟 번째 시퀀스: 부활, 영약을 가지고 귀환	- 마지막 대결과 궁극적 해결 - 대결의 준비, 대결, 정서적 정리로 이루어진다 - '절대로 대사로 마무리짓지 마라'

나오는 눈 쌓인 해변에서 두 사람이 뛰어다니는 장면은 이 어려운 대결의 결과에 대한 정서적 정리입니다. 「본 아이덴티티」는 액션 영화이기에 마지막 대결도 강력한 액션으로 나타납니다. 암살자로서 자신의 정체성을 알게 된 본은 격렬한 액션으로 자신의 정체성을 온몸으로 거부하고, 섬에서 카페를 하고 있는 연인을 찾아갑니다. 섬에서의 정서적 정리로 과거의 정체성이 아니라 현재의 자기 감정을 따라간다는 영화의 주제를 실현합니다.

액션, 전쟁 영화 같은 스펙터클 영화에서의 마지막 대결은 말 그대로 거대한 마지막 대결 장면으로 이루어집니다. 「어벤져스」나 「반지의 제왕」의 마지막 대결을 생각하면 쉽게 떠올릴 수 있습니다. 러브 스토리 등의 정서적 드라마에서 마지막 장면은 주인공의 내면에서 수행되는 경우가 많고 그 대결의 결과는 주인공의 결정으로 나타납니다. 꼭 명심해야 할 것은 설사 드라마 장르의 영화라 하더라도 마지막 대결은 결코 대사로는 이루어지지 않는다는 점입니다. 마지막 대결은 항상 사건이나 행동으로 이루어져야 합니다. 대사로 이루어지면 대사는 대부분 계몽적 설교가 됩니다. 작가가 구현하고 싶은 가치나 주제는 마지막에 사건이나 행동으로 이루어져서 극장을 나가는 관객의 가슴 속에서 그 의미가 되새겨져야 합니다. '절대로 대사로 영화를 마무리 짓지 마라'가 내가 건네는 마지막 시퀀스에 대한 조언입니다.

| 이야기 수업 |

실제 스토리 분석

「굿 윌 헌팅」 스토리 분석

1. 한 줄 스토리

MIT 청소부인 윌 헌팅은 어떤 형식의 진정한 관계도 맺지 않으려 노력하지만, 심리치료사 숀의 도움으로 끝내 마음을 연다.

2. 주제

당신의 잘못이 아닌 과거의 감옥에서 탈출하라.

3. 주인공

윌 헌팅, 20대 초반, 천재적인 두뇌를 가지고도 어린 시절의 상처 때문에 뒷골목에서 삶을 낭비하는 대학 청소부.

4. 시퀀스 아웃라인

첫 번째 시퀀스(15분 8초까지)

제목	윌, 수학 문제를 풀다.
시퀀스의 긴장	램보 교수는 과연 수학 문제를 푼 사람을 찾을 수 있을까?
	답: 찾는다.
요약	윌 헌팅은 뒷골목 친구들과 시간을 낭비하며 사는 대학 청소부다. 그는 청소하는 대학의 복도 칠판에 쓰인 수학 문제를 푼다. 램보 교수는 이 천재적인 학생을 수소문하지만 쉽게 찾을 수 없다. 그사이 윌은 다른 패거리들과의 싸움으로 폭력 사건에 얽힌다. 램보 교수는 드디어 윌을 찾지만 윌은 욕설만 남기고 도망치듯 떠난다.
공격점	램보가 윌을 찾아내지만 윌이 거친 욕만 남기고 떠나는 장면(뭔지 아직은 모르지만 이 둘이 계속 얽힐 것 같은 예감이 들게 한다).

두 번째 시퀀스(27분 56 초까지)

제목	윌이 수학 연구에 동의하다.
시퀀스의 긴장	윌은 같이 수학 연구를 하자는 램보의 제안에 동의할까?
	답: 그렇다.
요약	폭력 사건 이후에도 친구들과 뒷골목을 배회하던 윌은

대학가 술집에서 지식을 과시해서 스카일라의 호감을 얻는다. 램보는 계속 윌을 찾아다니, 재판정에서 능란한 법 지식으로 자신을 변호하는 윌을 지켜본다. 윌은 결국 구속되고, 구치소 면회실에서 윌을 만난 램보는 판사가 심리치료를 받고, 자신과 수학을 연구하는 조건으로 윌을 석방시켜 주겠다고 하고 윌은 수학 연구는 받아들이지만, 심리치료는 받지 않겠다고 한다.

윌의 욕망   결코 누구와도 진정한 관계를 맺지 않겠다.

주 긴장   과연 윌은 모든 사람들과의 진정한 관계를 계속해서 피할 수 있을까?

딜레마   사람들을 만나기 싫지만, 감옥에서 벗어나려면 만나야 한다.

세 번째 시퀀스(43분 30초까지)

제목   손에게로 가는 길

시퀀스의 긴장   윌은 과연 심리치료를 끝까지 피할 수 있을까?

답: 그렇지 않다.

요약   윌은 여러 명의 심리치료사들을 만나지만 우월한 지식으로 그들을 조롱하고 모욕한다. 램보는 친구 손을 만나 윌의 상담을 부탁하고, 손은 윌을 만난다. 윌은 손에게도 거친 말과 조롱을 퍼붓다가 손의 강하고 폭력적인 반응에 제압당한다. 손은 월의 상담을 계속하기로 한다.

첫 번째 장애물 월은 세상을 조롱하며 살려는 욕망의 첫 번째 장애물 손을 만난다.

네 번째 시퀀스(50분 58초까지)

제목 월, 말하기 시작하다.

시퀀스의 긴장 월은 마음을 열까?

답: 그렇다.

요약 월은 스카일라와도 계속 만난다. 두 번째 상담 시간에 손은 월에게 지식보다 중요한 건 삶의 경험이라는 말을 하고, 세 번째 시간에 두 사람은 한 마디도 하지 않는다. 네 번째 시간에는 드디어 월이 먼저 농담으로 말을 시작하고, 그것을 기점으로 두 사람은 월의 여자친구와 손의 아내에 대해서 한참을 대화하다가, 시간이 다 됐다는 손의 말에 월이 시계를 본다.

중간점 월이 시계를 보는 장면. 드디어 이 상담의 시간을 아까워하기 시작한다.

| 이야기 수업 |

다섯 번째 시퀀스(79분 10초까지)

제목 월, 계속 거짓말을 한다.

시퀀스의 긴장 월은 계속 거짓말을 할까?

답: 그렇다.

요약 월은 숀과 만나서 아주 즐겁게 얘기를 한다. 스카일라와 만나서도 즐거운 시간을 보내지만 자신의 과거와 가족에 대해서 계속 거짓말을 한다. 램보는 숀과 월의 미래를 얘기하다 말다툼을 한다. 척은 월 대신 기업체 면접에 가서 거짓말을 한다.

두 개의 서브플롯의 부상

월과 스카일라와의 관계, 램보와 숀의 갈등.

여섯 번째 시퀀스(99분 55초)

제목 월이 마침내 모든 사람들과 진정한 관계를 맺지 않는 데 성공한다.

시퀀스의 긴장 월은 과연 누구와도 진정한 관계를 맺지 않을까?

답: 그렇다.

요약 월은 LA에 같이 가자는 스카일라의 말에 폭력적으로 대응하며 싸운다. 수학 문제의 해답지를 불태우면서 램보 교수를 조롱하고, 숀과의 상담에서도 말다툼을 한다. 윌은 '무엇을 하고 싶냐?'는 숀의 간단한 물음에 대답하지 못한다. 스카일라는 혼자 LA로 떠나고 윌은 드디어 그가 원했던 대로 완전한 혼자가 된다.

주 긴장의 결과 2장의 끝에서 주 긴장 "윌은 모든 사람과의 진정한 관계를 거부할 수 있을까?"에 대한 답이 내려진다. 윌은 자신을 사랑하는 모든 사람과의 관계의 다리를 불사르고 완벽히 혼자가 된다. 아주 쓸쓸한 욕망의 성공이다.

일곱 번째 시퀀스(110분 20초까지)

제목 윌, 마음을 열다.

시퀀스의 긴장 윌은 다시 숀의 사무실에 나타날까?

답: 그렇다.

요약 윌은 램보의 연구실에도, 숀의 상담실에도 나타나지 않는다. 램보는 윌이 재수감될 걸 걱정해서 윌을 찾아 나선다. 윌은 척과 건설 공사장에서 일하는데, 척은 윌에게 네가 여기서 계속 이렇게 시간을 보내는 건 우리에게 모욕이라고 한다. 램보는 숀을 찾아가 다시 말다툼을 하는데, 숀이 윌을 옹호하는 말을 할 즈음 윌이 나타난다. 램보는 가고, 윌과 숀은 어릴 적 상처에 대해 서로 얘기

하고, "네 잘못이 아니다"라는 숀의 거듭된 말에 윌은
끝내 울음을 터뜨린다.

여파	2장 결정의 '여파'로 윌은 다시 자신의 뒷골목 생활로 돌아왔다가 척의 조언으로 숀을 찾아간다.
반전	윌의 울음(마음을 여는 신호). 램보와 숀의 서브플롯이 부상하다가, 반전을 만들어낸다.

여덟 번째 시퀀스(126분까지)

제목	윌, 사랑을 찾아 떠나다.
시퀀스의 긴장	윌은 과연 기업에 취업할까? 답: 아니다.
요약	윌은 기업체에 면접을 보고 숀에게 맥닐이라는 회사로 갈 것 같다고 말한다. 두 사람의 상담은 끝났다. 램보는 숀에게 와서 낮술을 마시자고 한다. 척은 여느 아침처럼 윌을 태우러 집에 가지만 윌이 집에 없는 걸 발견하고 웃는다. 숀은 우체통에서 자신의 여자를 찾아가겠다는 윌의 편지를 보고 웃는다. 윌은 스카일라를 향해서 고속도로를 달려간다.
마지막 대결	윌이 취업을 하느냐, 다른 길을 선택하느냐의 결정.
궁극적 해결	천재적인 머리로 최고의 회사에 입사하는 대신 사랑하

는 여인을 찾아 떠난다(기대한 결과는 아니나, 충분히 만족스러운 결과이다).

플랜트와
페이오프

1. 척이 윌의 문을 두드렸을 때가 윌이 나오지 않는 것은 영화의 첫 장면에 나왔던 장면의 반복으로 '네가 나오지 않는다면 그날이 내 최고의 날이다'라고 했던 척의 말이 보상되는 장면이다.

2. 손에게 보낸 윌의 편지에 나오는 말, "내 여자를 만나러 떠납니다"는 손이 자신의 아내를 처음 만났을 때 한 말이다.

「노팅 힐」 스토리 분석

1. 한 줄 스토리

런던 노팅 힐 지역의 평범한 책방 주인 윌리엄 대커는 우연히 만난 세계적인 스타 배우 안나 스콧과의 사랑을 이루기 위해 노력하면서 안나의 유명세 때문에 상처도 받지만 끝내 안나와의 사랑을 이룬다.

2. 주제

유명하다는 것은 무엇인가? / 명성은 삶의 본질적인 조건은 아니다.

3. 주인공

윌리엄 대커. 한 번의 이혼 경력이 있는 평범하고 사려 깊은 책방 주인.

4. 시퀀스 아웃라인

첫 번째 시퀀스(17분 18초까지)

제목	대커, 안나 스콧을 만나다.
시퀀스의 긴장	과연 그들에게 특별한 일이 일어날까?
	답: 일어난다.
요약	노팅 힐의 책방 주인 대커는 친근한 이웃들과 평범한 삶을 살아간다. 어느 날 책방에 세계적 스타 배우 안나 스콧이 잠깐 들렀다 간다. 대커는 주스를 사오는 길에 안나와 실수로 부딪혀 안나의 옷에 주스를 쏟는다. 안나는 옷을 갈아입으러 대커의 집에 들르고, 헤어지는 순간 안나는 대커에게 키스를 하고 사라진다. 꿈결처럼.
공격점	안나의 키스.

두 번째 시퀀스(34분 13초까지)

제목	대커, 기자회견에 가다.

시퀀스의 긴장 대커는 정체를 숨기고 이 기자회견을 무사히 잘할 수 있
을까?

답: 그렇다.

요약 꿈결처럼 안나를 잠깐 만나고 난 후 안나를 그리워하던
대커에게 어느 날 안나의 새 영화 기자회견에 초대하는
전화가 온다. 대커는《경마와 사냥》잡지의 기자로 위장
해 기자회견에 참석한다. 세계적 스타의 기자회견에서
온갖 곤경을 겪다가 드디어 안나를 만난 대커는 안나에
게 그날 저녁을 함께하자는 청을 받는데, 대커는 좋지만
저녁에 동생의 생일 파티가 있다며 곤란해한다. 안나는
그럼 생일 파티에 대커의 연인 자격으로 같이 참석하자
고 하고 대커는 기꺼이 수락한다.

주 긴장 평범한 남자 대커는 세계적인 스타 배우 안나와의 사랑
을 이룰 수 있을까?

주인공 대커의 욕망 대커는 이 사랑을 이루고 싶다.

딜레마 평범한 남자 대커(인간)는 안나와 사랑에 빠졌다. 그런데
안나는 세계적인 스타(여신)이다. 두 번째 시퀀스에서 대
커의 평범성과 안나의 스타로서의 삶이 극명하게 충돌
하면서 대커의 딜레마를 강화시킨다.

제목   안나, 대커의 동생 생일 파티에 참석하다(여신, 땅으로 내려 오다).

시퀀스의 긴장 안나는 과연 무사히 평범한 사람들과의 파티를 마칠 수 있을까?(땅에 내려온 여신은 아무 일 없이 인간들과의 축제를 즐길 수 있을까?)

답: 그렇다.

요약   안나는 대커의 연인으로 대커 동생의 생일 파티에 참석 한다. 생일 파티에서 안나를 본 대커의 친구들은 각자 다양한 방식으로 이 세계적 스타에 반응한다. 파티 끝에 서로를 비참하게 말하는 게임에서 안나는 '언젠가는 한때 유명했던 사람과 비슷해 보이는 슬픈 중년 여성이 돼 있 을 거다'라고 말한다. 안나가 떠난 뒤 친구들은 믿기지 않 는 시간에 환호성을 지르고, 안나와 대커는 아무도 없는 밤의 동네 공원에서 서로 나란히 앉아서 마음을 나눈다.

첫 번째 장애물 안나와 평범한 사람들.

네 번째 시퀀스(59분 12초까지)

제목   대커가 안나의 세상에서 상처받다.

시퀀스의 긴장	안나의 세상에서 대커는 무사할 수 있을까?
	답: 아니다.
요약	대커와 안나는 영화를 같이 보며 서로와의 시간을 즐긴다. 안나는 대커를 자신의 호텔방으로 초대하는데, 그 방에서 대커는 역시 세계적 스타인 안나의 남자친구와 부딪힌다. 안나의 남친은 대커를 호텔 직원으로 오해하고 지저분한 그릇을 치워 달라며 팁까지 준다. 안나의 남친을 보고, 그 남친에게 하인 취급까지 받은 대커는 깊게 상처를 입고 집에 온다. 안나가 나오는 영화를 보면서 스크린(하늘)의 안나와 이 평범한 동네(땅)의 자신을 생각한다.
중간점	스크린 속의 안나, 지금 여기 소박한 동네의 대커. 대커는 다시 두 사람 간의 메울 수 없는 간격을 확인한다. 딜레마가 깊어지며, 대커는 안나에게서 떨어지려는 마음을 먹게 된다.

다섯 번째 시퀀스(66분 29초)

제목	대커가 안나에게서 탈출하려 노력하다.
시퀀스의 긴장	대커는 과연 안나에게서 탈출할 수 있을까?
	답: 아니다.

요약	대커는 친구들에게 안나가 애인이 있고, 여러 면에서 자신과는 어울리지 않는다고 말한다. 친구들은 대커에게 새로운 여자들을 소개한다. 대커는 다양한 여자를 만나고, 그중에는 누가 봐도 괜찮은 여자도 있지만 다른 여자들에게는 관심이 생기지 않는다. 대커는 친구 부부의 집에서 하룻밤을 자면서 그들의 애틋한 사랑을 지켜보고 쓸쓸히 집에 돌아온다.
메인플롯의 휴식	다섯 번째 시퀀스에는 대커와 안나의 사랑이라는 메인 플롯이 잠시 멈추고, 대커가 다른 여자들을 만나려는 노력을 보여준다. 하지만 대커는 이제 다른 여자를 사랑하기는 힘들다는 결론에 이르면서 2장 마지막 시퀀스의 고양점을 향해서 스토리는 전진한다.

여섯 번째 시퀀스(88분 30초까지)

제목	대커와 안나, 같이 살다.
시퀀스의 긴장	과연 그들은 무사히 같이 살 수 있을까? 답: 아니다.
요약	과거의 노출 영상이 퍼지면서 궁지에 몰린 안나가 대커를 찾아온다. 대커는 안나를 따뜻하게 받아주면서 두 사람은 언제 끝날지 모르는 동거를 시작한다. 같이 음식을

먹고, 같이 대본 연습을 하고, 같이 잠을 잔다. 두 사람의 사랑은 최고 고양점에 이른다. 하지만 그때 수백 명의 기자들이 안나가 있다는 걸 알고 대커의 집 앞으로 모인다. 엉겁결에 속옷을 입고 나간 대커의 사진이 전체 언론에 노출된다. 안나는 대커의 부주의함을 비난하면서, 대커가 자신을 이용해 유명해지려 했다고까지 말하고 떠난다. 대커는 집에 남고, 안나는 수많은 기자들의 플래쉬 세례를 뚫고 대커의 집을 탈출한다.

주 긴장	대커는 이 관계를 유지할 수 있을까?
결론	대커는 유지할 수 없다. 두 사람은 결국 돌이킬 수 없이 헤어진다. 대커는 사랑을 잃음과 동시에 파렴치한 사람으로까지 낙인찍힌다.

일곱 번째 시퀀스(98분 10초까지)

제목	대커, 안나 없이 살다.
시퀀스의 긴장	대커는 안나 없이 살 수 있을까?
	답: 그래야 한다.
요약	대커에게 안나가 없는 계절이 흘러간다. 대커의 여동생은 스파키와 약혼했다고 발표한다. 친구는 여전히 안나를 잊지 못하고 있는 대커에게 안나가 촬영차 런던에 왔

다는 소식을 알려준다. 대커는 촬영장을 찾아가고, 안나는 대커에게 와서 촬영하는 동안 기다리라고 말한다. 그러나 대커는 동시 녹음 헤드셋으로 안나가 상대 배우에게 말하는 걸 듣는다. 안나는 대커가 '과거에 알던 남자이고, 갑자기 찾아와서 당황했다'고 말한다.

여파의 지속 2장의 여파로 대커에게 쓸쓸한 시간이 계속된다. 대커는 용기를 내 찾아가지만, 또다시 상처를 입는다. 아직 반전은 일어나지 않았고, 2장의 아픈 결론에 대한 여파만이 계속된다.

여덟 번째 시퀀스(120분까지)

제목 대커, 기자회견에서 안나에게 사랑을 묻다.

시퀀스의 긴장 대커는 과연 기자회견에서 안나의 사랑을 확인할 수 있을까?

답: 그렇다.

요약 대커의 책방에 안나가 찾아온다. 대커는 서로의 세계가 다르다며 안나를 물리치려 하지만, 안나는 자신은 지금 한 소년에게 사랑을 부탁하는 한 소녀일 뿐이라고 말한다. 안나는 대커가 언젠가 얘기했던 샤갈의 그림을 선물로 준다. 친구들은 안나가 대커에게 왜 왔는지 추리하다가, 안나가 런던에서 하는 마지막 기자회견장에 대커를 데려간다. 가까스로 기자회견장에 도착한 대커는 다시 《경마와 사냥》 기자가 되어 안나에게 우회적으로 둘의 사랑의 가능성을 묻고 안나로부터 긍정적인 대답을 듣는다. 그리고 두 사람은 부부가 되어 함께 행복하게 된다.

반전　이 영화는 여덟 번째 시퀀스의 시작 부분에서 반전을 맞는다. 그것은 안나가 대커를 찾아와 자신의 사랑을 고백하는 것이다.

마지막 대결　기자회견. 대커가 용감하게 묻고, 안나가 그것에 답하는 장면.

궁극적 해결　두 사람은 서로의 사랑을 확인하고 함께하게 된다.

정서적 정리　화려한 할리우드의 행사에 대커가 가고, 두 사람의 아이가 공원에서 뛰어노는 장면.

장면

이제 시나리오 완성을 위해서 남은 일은
이 아웃라인을 장면으로 분해해
스텝 아웃라인으로 만드는 것입니다.
그다음은 스텝 아웃라인에 명시된 장면 하나하나를
완성된 장면으로 만드는 것이죠.
그러면 드디어 당신 앞에
한 편의 장편 시나리오가 있을 겁니다.
설계는 쉽지만, 실제 하는 건 어렵습니다.
하지만 설계하지 않고는 시작할 수 없는 것이
이야기를 쓰는 일입니다.

「허공에의 질주」

나오미 포너 각본,
1988

「허공에의 질주」포스터.
(출처: 워너 브라더스)

골든글로브 각본상

부모와 자식의 이야기. 자식은 성장하면 결국 부모를 떠나야 한다는 보편적 고뇌가 한 도망자 가족의 이야기에 압축되었다. 영화 곳곳에서 요절한 천재 배우 리버 피닉스의 아름다운 연기가 보석처럼 빛난다. FBI의 눈을 피해 도망가서 다시 정착한 마을에서 대니는 자신의 미래에 직면한다. 음악에 탁월한 재능이 있는 대니는 마음속 깊은 곳에서 음악가로서 자신의 꿈을 좇고 싶다. 하지만 대학에 가서 신분이 노출되면 가족은 영영 못 보게 될 수도 있다. 대니의 아버지에게도 그것은 고통스러운 상황이다. 대니는 대학 시험을 보고, 장학생으로 합격하지만, 차마 그 사실을 가족에게 말할 수 없다. 그러나 함께 다닐 경우 아들의 미래도 결국 자신들처럼 될 거라 생각한 아버지는 대니가 꿈을 찾아가도록 마을에 남겨두고 다른 가족과 함께 떠난다. 복합적 감정이 주는 결말의 강력함. 갑자기 허락된 대니의 미래, 그러나 가족과의 영원한 이별. 떠나가는 가족을 보는 대니의 눈물이 놀라움인지, 슬픔인지, 감동인지, 아니면 그 모든 것인지 확실하지 않다. 두 사람의 대사로 만들 수 있는 가장 훌륭한 장면이 영화 속에 있다. 대니의 엄마와 대니의 할아버지, 즉 자신의 아버지와 만나는 식당 장면. 엄마는 할아버지에게 대니를 부탁하려 하지만 할아버지는 그동안의 감정에 쉽게 허락하지 않는다. "네가 총알처럼 뛰어나간 삶으로 너의 아들을 다시 보내는구나"라는 할아버지의 명대사. 마침내 대니를 맡아주겠다는 말이 장면의 극적인 전환점을 만들고, 엄마 역시 참았던 감정을 터뜨리며 사랑한다 말하고 황급히 떠난다.

5단계: 장면

S. 고급 레스토랑, 안, 낮

점심시간의 분주한 고급 레스토랑.

애니가 들어온다.

웨이터가 애니의 손에 들린 커다란 선물 박스를 받아 든다.

실내를 둘러보던 애니의 시선이 한곳에 머물고, 애니가 그곳으로 간다.

애니가 한 노신사의 앞에 선다.

노신사가 애니를 보고 동작을 멈춘다. 애니의 아버지다.

애니가 그의 허락도 없이 앉는다.

애니: 아빠, 안녕.

아버지는 말이 없다.

애니: 조나에게 이 자리를 만들어달라고 부탁했어요. 원하면 경찰을 불러도 돼요.

아버지는 여전히 말이 없다.

애니: 죄송해요. 나도 지금 힘들어요.
웨이터: 손님, 뭘로 준비해 드릴까요?
아버지: 됐어요.

웨이터가 물러난다.

아버지: 넌 자기 자식을 14년이나 못 본다면 심정이 어떻겠니?
애니: 아빠…….
아버지: 그 애가 살았는지 죽었는지도 모르는 채로.

애니가 한숨을 쉰다.

아버지: 그 애가 진짜로 또 다른 사람의 죽음과 상해에 책임이 있는지 없는지 모르는 채로. 그 폭탄을 설치하고 방아쇠를 당긴 아이를 키운 부모도 그 책임을 같이 져야 하는지 아닌지도 모르는 채로.
애니: 난 누구도 죽이지 않았어요!

갑작스레 정적이 찾아온다.

애니: 난 지금 여기 나를 변호하거나 무슨 정치적 토론을 하려고 찾아온 건 아니에요. 아직도 여전히 믿지 않으시겠지만, 내가 한 일은 전쟁을 멈추기 위해서 한 거라고요. 어떻게 해도 아빠는 이해하지 못하겠지만.

아버지: 한 사람이 실명을 당하고, 불구가 되었다.

애니: 그는 원래 거기 없어야 하는 사람이었다고요.

또다시 정적이 찾아온다.

애니: 정말 그 책임을 지려고 나도 실명을 하거나 불구가 돼야 한다고 생각하시는 거예요?

아버지: 그게 다 아더 때문이다.

애니: 아니요. 그건 내 생각이었어요. 그리고 난 그 결과를 받아들이며 지금 살고 있고요.

아버지: 안 믿는다.

애니: 그건 아빠 문제고요.

아버지: 네 엄마와 나는…… 넌 아직도 우리 생각을 하기는 하니?

애니: 꼭 그런 질문을 하셔야 해요?

아버지: 그래.

사이

아버지: 기억나니? 네가 내게 마지막으로 했던 말을? 난 제국주의의 돼지이고, 전쟁과 가난, 인종주의의 원흉이라고 했던 거?

애니: 아빠, 난 어렸어요.

아버지: 그랬지.

아버지: 넌 어리고, 재능 있고, 이쁘고, 사랑으로 넘쳤지. 맙소사. 애니. 도대체 왜 그 모든 걸 버리고 떠난 거니? 네 엄마는 정말 널 그리워한다. 그리고 대니도.

애니: 대니 좀 맡아 주실래요? 음악 공부를 하고 싶어 해요. 재능이 있고요. 줄리어드에서 받아준대요.

아버지: 너도 오라고 했었지. 아직도 그 건반 연습판 갖고 있니?

애니: 네, 대니가 그걸로 연습했어요

아버지: 네가 가르쳤구나.

두 사람, 엷은 미소를 짓는다.

아버지: 이게 무슨 아이러니냐? 그렇지 않니? 너는 지금 여기서, 네가 총탄처럼 뛰쳐나갔던 삶으로 네 아들을 받아달라고 부탁하는구나.

| 이야기 수업 |

정적이 흐른다.

아버지: 대니도 원하니?

애니: 그런 거 같아요. 우리에게 말도 안 하고 오디션을 봤어요. 대니는 재정적 지원과 돌봐줄 사람들이 필요해요.

아버지: 너무 무리한 부탁 아니니? 난 대니를 거의 모른다. 같이 살면 어딜 가든 연방 경찰이 우릴 따라다닐 거고. 넌 영원히 대니를 볼 수 없을 거다. 우리는 이런 일을 하기에는 너무 늙었다.

애니: 그러네요. 너무 과한 부탁이네요.

다시 정적.

애니: 열 살짜리 아들이 하나 더 있어요.

아버지: 뉴스에서 들었다.

애니: 자수할 거예요. 그 아이가 우릴 더 이상 필요로 하지 않을 때가 되면, 그 애가 충분히 나이가 들면.

아버지: 아더도?

애니: 아더의 생각을 내가 대신 말할 수는 없어요.

정적.

애니: 제발 생각 좀 해봐 주세요. 가볼게요.

아버지: 애니. 대니를 우리 집에 보내라.

애니: 엄마에게 사랑한다고 꼭 전해 주세요. 매일매일 두 분을 생각했고, 소리쳐서 불러보기도 했다고요. 너무나 많은 고통을 줘서 정말 죄송해요. 이제 내가 그 고통을 겪을 차례네요. 사랑해요. 아빠.

애니, 도망치듯 나간다.

아버지가 비로소 후두둑 무너지며 오열한다.

이 장면은 1989년 오스카 각본상에 노미네이트된 영화 「허공에의 질주 (Running on Empty)」 중 한 장면입니다. 중년 여성 애니는 오래전 대학 시절 반전 운동에 참여했습니다. 그녀는 남자친구 아더와 함께 네이팜탄 실험실을 폭파하려고 기도했고, 그 과정에서 우연히 그곳에 있었던 청소부를 실명시키고 불구로 만들었어요. 그 이후 그녀는 20년째 아더와 함께 신분을 위장하고 도망 중입니다. 애니는 줄리어드로부터 입학 허가를 받은 큰아들 대니를 부탁하기 위해 14년 만에 아버지를 만납니다. 그리고 두 사람은 이 영화 전체를 통틀어서 가장 드라마틱하고 슬픈 장면을 만듭니다.

성실히 수업을 들었다면 지금 여러분의 책상 위에는 시퀀스 아웃라인이 있을 것입니다. 이제 시나리오 완성을 위해서 남은 일은 이 아웃라인을 장면으로 분해해 스텝 아웃라인으로 만드는 것입니다. 그다음은

| 이야기 수업 |

스텝 아웃라인에 명시된 장면 하나하나를 완성된 장면으로 만드는 것이죠. 그러면 드디어 당신 앞에 한 편의 장편 시나리오가 있을 겁니다. 설계는 쉽지만, 실제 하는 건 어렵습니다. 하지만 설계하지 않고는 시작할 수 없는 것이 이야기를 쓰는 일입니다. 자, 일곱 번째 수업을 시작합니다.

장면: 표면성과 장면성

스텝 아웃라인에서부터 비로소 이야기는 장면으로 구분되기 시작합니다. 시퀀스로 분해됐던 이야기를 다시 장면으로 분해하는 것입니다. 대략 한 시퀀스마다 10-15개 정도의 장면이 있지만, 이거야말로 원칙은 아닙니다. 숫자를 제시하는 이유는 대략 그런 정도의 장면 개수를 생각하고 있으라는 것이지, 절대적이라는 뜻은 전혀 아닙니다. 한 시퀀스가 50개의 장면이 될 수도 있고 1개의 장면이 될 수도 있습니다. 중요한 건 이 단계에서 비로소 장면이라는 이야기의 최소 단위가 출현한다는 것입니다. 영화의 최소 단위는 숏(shot), 혹은 컷(cut)입니다. 숏은 촬영적 관점에서 본 개념이고, 컷은 편집적 관점에서 본 개념입니다. 두 단어는 사실 같은 말입니다. 숏은 '화면의 시간과 공간, 그리고 조형성이 연속되는 한 부분'[1]입니다. 촬영의 관점에서는 카메라가 한 번 켜졌다 꺼질

---

1 데이비드 보드웰·크리스틴 톰슨, 주진숙·이용관 옮김, 『영화 예술』, 지필미디어, 2011, 274쪽.

때까지 촬영한 분량입니다. 대부분의 장면에서는 평균적으로 수십 개 이상의 숏이 있습니다. 1초짜리 숏도 있고, 1시간짜리 숏도 있습니다. 정교한 편집이나 사운드의 역할로 거의 인식하지 못하지만 두 사람의 대화 장면에서도 끊임없이 서로의 얼굴로 숏이 바뀝니다. 영화를 찍는 행위는 이 숏 하나하나를 찍어 나가는 것입니다.

숏이 영화의 최소 단위라면 장면은 이야기의 최소 단위입니다. 장면은 하나의 시간과 공간이 지속되는 이야기 단위입니다. 소설에 장면 구분이 없는 이유는, 소설은 촬영을 하지 않기 때문입니다. 소설을 영화화하려면 장면 구분이 있는 시나리오로 각색해야 합니다. 대본도 영화가 시작되고 처음에는 장면 구분이 없다가 점점 더 장면이 구분되는 대본으로 진화했습니다. 장면 구분이 없는 대본으로는 어디 가서 무얼 찍어야 할지 정리할 수가 없었기 때문입니다. 시나리오에 장면이 명확히 정리되면서 드디어 촬영의 순서와 방식도 정리됐습니다. 촬영의 편이성을 위하여 고안된 장면이 이제는 영화의 이야기 방식을 독특하고 효과적으로 끌고 가는 미학적 장치가 되었습니다. 연극도 장면으로 전개됩니다. 하지만 공간 사용의 제약으로 어느 경우에는 단 1개의 공간에서 전체 이야기를 전개하기도 합니다. 암전을 하고 무대 세트를 재빠르게 바꾸더라도 장면은 몇 개 되지 않습니다. 2시간 넘게 공연하는 「햄릿」에는 총 20개의 장면이 있습니다. 베네딕트 컴버배치 주연, 린지 터너 감독의 영화 「햄릿(Hamlet)」(2016)에는 100개가 넘는 장면이 나옵니다. 영화의 출현 이후 이야기는 비로소 연극적 공간의 제약에서 해방됐습니다. 어떤 장소에서든 찍고, 편집으로 이어 붙이면 영화에 담을 수 있습니다. 우리의 실제 삶과 비교했을 때 자유롭게 장면을 바꾸어 가는 영화가 연극보다는 자연스러운 이야기인지도 모릅니다. 하지만 소수의 장면에 이야기를 압축하는 연극도 이야기의 집중력이란 면에서 영화 못지않은 장점도 가지고 있습니다. 한 공간과 시간에 이야기를 집중시키면서 고도의 축약과 은유가 생겨납니다. 영화도 장면을 남발하지 말고, 최대한의 경제성으로 장면 개수를 줄이면서 이야기를 집중시켜야 좋은 이야기가 나옵니다.

영화의 이야기가 소설의 이야기와 다른 점 두 가지는 표면성과 장면성입니다. 표면성이란 영화는 보이고 들리는 것만 묘사하는 것을 말합니다. 간혹 보이스오버나 마음속을 독백처럼 들려주는 대사가 있기도 하지만 그건 어디까지나 예외적인 경우입니다. 시나리오는 지문으로 보이는 것을 묘사하고, 대사로 들리는 것을 적시합니다. 왜 그렇게 많은 드라마 속의 본부장들이 화가 나면 책상 위 물건들을 집어 던져 깨뜨리는지는 앞에서 얘기했습니다. 소설이라면 '그는 화가 머리끝까지 났다'라고 쓰면 되지만, 시나리오에서는 그렇게 사람의 속마음을 기술할 수 없으므로 '그는 책상 위의 명패를 집어 던졌다'라는 지문으로 표현해야 합니다.

장면성이란 연속적인 기술(記述)이 아니고, 장면과 장면 사이의 시간 삭제를 통해서 시간을 징검다리처럼 건너뛰면서 이야기를 전개하는 것입니다. '그는 아침에 일어나서 학교에 간다'가 소설의 기술 방식이라면, 시나리오는 '장면 1. 그는 자기 방에서 일어난다. 시계를 보고 깜짝 놀란다. /장면 2. 그가 옷을 고쳐 입으며 버스를 탄다. /장면 3. 그가 달려서 강의실에 들어온다' 이렇게 시간을 건너뛰면서 시간과 장소를 지정하고 그 속에서 행동과 대사를 제시합니다. 표면성과 장면성은 영화 이야기의 가장 중요한 두 원리입니다.

장면은 두 가지 기능을 갖습니다. 전체 이야기의 부품의 기능과 장면 자체로 완성된 세계로서의 기능입니다. 이 수업의 첫머리에서 제시한 장면을 예로 들어 보겠습니다. 작가는 이 장면을 넣을 수도, 뺄 수도 있었습니다. 이 장면이 있고 없고는 무슨 차이가 있을까요? 이 장면은 14년 동안이나 아버지를 보지 않은 애니가 아들의 대학 진학을 위해서 자신의 아버지를 만나는 장면입니다. 경찰의 눈을 피하려고 아버지와의 약속은 다른 사람이 잡았습니다. 장소는 레스토랑이고, 시간은 한창 붐비는 점심시간입니다. 이 장면이 전체 이야기에서 해야 하는 기능은 '아버지에게 대니를 부탁하기'입니다. 대학에 가면 가족과 떨어져야 하는 대니에게 꼭 후견인이 필요한 상황입니다. 영화의 결말에서 대니를 혼자 남겨 놓고 떠나는 아빠가 '할아버지에게 다 부탁해 놓았어'라고 얘기할 수 있는 근거가 되는 장면입니다. 관객도 대니가 혼자 대학 생활을 하는 것보다는 여유 있는 할아버지의 도움을 받으며 지낸다는 결론에 만족합니다. 그래서 이 장면에서 애니는 대니를 자신의 아버지에게 부탁하고, 긍정적인 대답을 들어야 합니다. 그것이 부품으로서 이 장면의 기능입니다.

애니가 오랫동안 절연하다시피 살았던 아버지에게 아들을 부탁하는 것은 중요한 사건이고, 그 장면을 통해서 우리는 또 아버지라는 인물의 성격에 대해서도 알아야 합니다. 아버지를 다시 만난 후 애니의 가치관은 부정에서 긍정으로 변합니다. 아버지의 사랑에 대해 의심하고 부정적 태도를 보이던 애니는 아버지가 대니를 맡아준다는 말에 울면서 아버지에게 사랑을 고백합니다. 부모와 자식의 관계, 자식이 어른이 되면서 필연적으로 부모를 떠나야 하는 것에 대해서 주제적으로 집중하고 있는 영화에서 이 장면은 절대적으로 필요한 장면이 됩니다. 만약에 이 장면이 생략됐다고 생각해 보세요. 전 장면에서 의사 친구에게 아버지와의 약속을 잡아 달라고 부탁하고, 다음 장면에서 침실에 누워 아더에게 '아버지를 만났다'라고 말하는 전개와 그사이에 아버지를 만나는 레스토랑 장면이 있는 전개를 비교해 보세요. 만약에 애니가 아침저녁으로 회사에 출퇴근하는 길에 아버지를 자주 만나는 사이라면 그 장면을 생략할 수도 있습니다. 하지만 애니는 오랫동안 아버지를 만나지 않았고, 심지어 아버지를 만나다가 경찰에 붙잡힐 수도 있습니다. 애니가 아버지를 찾아가 만나는 것은 아주 특별한 사건이고, 그 사건은 이 영화에서 이야기라는 엔진을 구성하는 결정적인 부품입니다. 이 장면을 생략하면 이야기의 개연성을 확보하는 데 실패할 뿐만 아니라, 이 거대한 감정적 사건을 보고 싶은 관객의 기대를 철저히 배반하는 것입니다.

이 장면은 장면의 또 다른 기능인, 완전한 세계로서의 기능에도 더없이 충실합니다. 애니의 등장을 전혀 예상치 못한 아버지 앞에 애니가 등장하는 것으로 시작해서, 애니가 급하게 떠나고 난 뒤에 후두둑 울면서 무너지는 아버지의 모습으로 끝나는 마무리까지, 장면은 모든 감정들을 어루만지며 섬세하게 스토리를 진행해 갑니다. 조용한 방 안이 아니라 사람들로 붐비는 점심시간의 레스토랑이라는 장소도 사람들의 일상과 아버지와 딸의 비일상적 감정을 대비시켜서 두드러져 보이게 합니다. 모든 대사는 적절하고 절제돼 있습니다. 짧은 장면 하나로 이 모녀의 지난 20년, 아니 전 생애가 고스란히 드러납니다. "대니를 맡아달라"는 말을 할 때까지 애니의 모든 감정은 천천히 개연성 있는 대사를 타고 상승합니다. 처음에는 그 부탁을 거절하려는 아버지가 승낙에 이르는 과정도 감정의 조심스러운 징검다리를 타고 전개됩니다. 시종일관 감정을 절제했던 아버지가 애니가 떠나고 난 뒤 울음을 터뜨리는 장면에서 관객도 참았던 감정을 같이 터뜨리게 됩니다. 이 장면은 '애니는 아버지에게 대니를 부탁한다'라는 이야기의 부품을 최상의 아름다움과 정교함으로 만들어내서, 완전한 세계로서 장면의 기능을 동시에 충족합니다.

스텝 아웃라인은 시퀀스 시놉시스를 장면으로 배열하는, 일종의 시퀀스별 장면 설계도입니다. 여기에는 시퀀스마다 들어갈 장면들의 제목과 간단한 내용을 씁니다. 장면의 제목이란 미국에서는 헤딩(heading)이라고 하는 것으로, 장면이 벌어지는 장소, 시간, 실내외 여부를 명시하는 것입니다. 헤딩에 시간을 표시할 때는 정확한 시간은 쓰지 않고 딱 두 가지, 낮이냐 밤이냐만을 명시합니다. 낮/밤과 실내외를 밝히는 것은 두 가지 요소가 촬영 시 조명 설계에 결정적인 역할을 하기 때문입니다.

스텝 아웃라인

다시 말하자면 장면은 하나의 장소와 시간의 연속성이 지속되는 스토리 단위입니다. 일반적으로는 2시간 남짓한 영화는 100개 정도의 장면으로 이루어집니다. 장면과 장면 사이에는 소거된 시간이 있습니다. '불연속성(discontinuity)', 즉 시간이 불연속적으로 점프하는 것이죠. 삶에는 시간 삭제가 없습니다. 우리 삶의 모든 시간은 지금 이 순간에도 연속성을 가지고 흐르고 있습니다. 반면 시나리오는 장면 사이마다 시간을 건너뛰며 불연속적으로 흐릅니다. 그 장면 사이의 불연속성과 장면 안의 연속성의 조합으로 가장 경제적인 이야기를 만들어가는 것이 영화의 스토리텔링입니다. 어떤 장면을 선택할까 하는 것은 전적으로 작가의 영역입니다. 작가는 이야기의 중요 요소를 담은 장면을 어느 시간과 공간에서 어떤 인물들을 담아 펼칠 것인지 결정합니다. 한 학생이 등교하는 모습을 영화에 담는다고 생각해 보죠. 등굣길 버스 안에서 주인공 영희가 어느 잘생긴 남학생을 보았고, 그 남학생이 같은 강의실까지 들어와 있는 이야기라면 당연히 버스 장면이 나와야 합니다. 그래야지 '버스에서 본 남학생을 강의실에서도 본다'라는 스토리가 성립하기 때문입니다. 버스에 앉은 영희가 창밖으로 지나가는 풍경에서 문득 어떤 슬픔을 느낀다면, 역시 버스 장면이 나와야 합니다. 이 장면이 영희의 기분이나 영화의 분위기를 표현하는 데 도움을 주기 때문이지요. 영희가 화장실에서 누군가가 자신을 험담하는 소리를 우연히 듣는다면 화장실 장면도 있어야 합니다. 하지만 화장실에서 아무 일도 일어나지 않는다면 굳이 화장실 장면은 필요가 없습니다. 버스에서도 마찬가지입니다. 특별한 사건이 없거나, 혹은 인물의 특정한 느낌을 표현할 필요가 없다면 버스 장면은 삭제됩니다. 스토리의 요소가 없는 장면은 존재할 가치가 없는 것입니다.

시퀀스 아웃라인에 나왔던 시퀀스별 줄거리는 스텝 아웃라인에서는 장면으로 분해되어 제시됩니다. 장면에서는 이야기를 끌고 가는 요소들이 사건으로 등장합니다. 사건은 변화를 만들어내는 것입니다. 그러므로 장면의 시작과 끝에는 변화가 있어야 합니다. 변화는 그 장면의 가치가 변화하는 것입니다. 장면의 첫 번째 존재 이유는 사건입니다. 사건은 변화를 만들어내고 변화는 이야기를 진전시킵니다. 사건은 거대한 것이기도 하지만, 아주 미세한 것이기도 합니다. 어느 쪽이든 스토리는 사건에 의해서 진전됩니다.

장면은 인물의 성격을 보여주기 위해서도 존재합니다. 인물의 캐릭터는 미래의 사건을 위한 근거입니다. 잔인한 캐릭터는 스토리의 미래에 발생할 잔인한 폭력의 근거가 됩니다. 원칙을 중시하는 캐릭터는 이야기 속 가장 중요한 사건이 벌어질 때 원칙을 지키는 모습으로 사건에 영향을 줄 수 있습니다. 그러나 사건 없이 캐릭터에 대한 설명에만 치우치는 장면은 지루할 수도 있습니다. 관객은 사건이 만드는 변화에 흥미를 느끼기 때문입니다. 가능하면 캐릭터도 사건 속에서 제시되어야 합니다.

장면을 만드는 것은 특정 시간과 공간에 대한 작가의 결단입니다. 사건과 캐릭터가 그 결단의 중요한 두 가지 근거가 됩니다. 수업 서두에 제시한 장면의 제목은 'S. 고급 레스토랑, 안, 낮'입니다. S는 장면(scene)의 약자로, 때로는 장면 번호로 대체되기도 합니다. 작가에 따라서는 낮과 밤뿐 아니라, 아침이나 저녁, 새벽, 오전, 오후 등 비교적 상세한 시간을 제목에 명시하기도 하지만, 상세한 시간에 대한 암시는 장면 안의 지문으로 말해도 되기 때문에 제목에서는 시간을 낮과 밤 두 가지로만 표시하는 게 일반적입니다. 제목 다음의 간단한 내용은 장면의 줄거리입니다. 이 스텝 아웃라인 단계에서는 장면의 두 기능, 즉 부품과 완전한 세계의 기능 중 주로 부품적 내용을 씁니다. 자동차로 치면 이 아웃라인 단계에 필요한 장면의 줄거리는 전체적인 설계 도면으로 부품의 간단한 묘사만 필요하지, 상세한 재질이나 정밀한 치수는 아직은 필요치 않은 것과 같은 이치입니다.

이 수업의 서두에 제시된 장면을 스텝 아웃라인 안에 들어갈 내용으로 써보면, 이 장면은 일단 이 영화의 일곱 번째 시퀀스에 속하는 장면이고, 내용은 다음과 같을 것입니다.

S. 고급 레스토랑, 안, 낮

애니가 대니를 부탁하러 아버지를 만난다. 두 사람은 오랜 세월 동안 쌓인 감정으로 팽팽히 대립하지만, 아버지는 끝내 대니를 맡아준다고 한다.

제목 뒤에 짧은 서술이지만 이 장면이 어떻게 시작되고, 장면의 주인공이 욕망하는 것이 무엇이고, 그 결과가 어떻게 되는지 분명하게 나와 있습니다. 이런 장면 설명들이 시퀀스 단위에서 이어지는 것이 스텝 아웃라인입니다.

스텝 아웃라인은 하나로 이어져 기술됐던 전체 이야기의 줄거리를 장면으로 분해해서 배치하는 것에 의미가 있습니다. 이렇게 하면 장면들의 전체적인 흐름을 볼 수도 있고, 갑자기 중요 인물이 영화에서 실종된다든지, 밤 장면만 연달아 있다든지, 너무 대화 장면만 계속 이어진다든지 하는 등의 약점도 드러납니다. 물론 그런 약점들을 보완할 수 있는 단계도 이 단계입니다. 특히 시퀀스 단위로 장면이 배치되면서 한 시퀀스가 어떻게 시작돼서 어떻게 끝나는지 명확히 볼 수도 있습니다. 꼭 필요한 장면이 빠진 것도 알 수 있고, 불필요한 장면이 들어가 있는 것도 알 수 있습니다. 이 아웃라인을 거치면서 이야기는 소설적인 방식으로부터 벗어나서 완연히 영화적인 스토리텔링의 모습을 갖춥니다. 장면으로 정리해야만 영화 스토리텔링의 특징인 표면성과 장면성이 드러나기 때문입니다. 모든 시퀀스는 시작과 중간과 끝이라는 3개의 부분으로 진행되며, 장면의 배치도 그에 따라서 진행돼야 합니다. 영화 전체의 욕망이 있다면 그것을 추구하는 과정에 각 시퀀스의 부분 욕망이 있고, 그 욕망이 어떻게 생성되고, 설정되고, 반전을 거쳐서 결론에 이르는지가 이 단계에서 드러나야 합니다. 이해를 돕기 위해서 앞의 장면이 속한 영화 「허공에의 질주」 일곱 번째 시퀀스의 스텝 아웃라인을 만들어보겠습니다.

「허공에의 질주」 일곱 번째 시퀀스

시퀀스 아웃라인	대니는 현재 학교에 남고 싶지만, 아버지 아더는 위험이 다가오고 있다며 이동할 것을 명령한다. 대니는 여자 친구와 꿈을 위하여 현재의 마을에 남을지, 가족과 함께 또 다른 곳으로 떠날지 결정해야 한다.
시퀀스의 긴장	대니는 아더의 뜻을 거역하고 현재 마을에 남을 수 있을까?
스텝 아웃라인	1. 집 화장실, 안, 낮. 애니는 이가 아프다며 치과에 가야겠다고 말하고, 아더는 경찰을 조심하라고 한다. 2. 치과 진료실, 안, 낮. 애니는 치료를 받고 옛 동지인 치과의사 조나에게 아버지에게 전화를 해서 약속을 잡

아달라고 한다.

3. 고급 레스토랑, 안, 낮. 애니가 대니를 부탁하러 아버지를 만난다. 두 사람은 오랜 세월 동안 쌓인 감정으로 팽팽히 대립하지만, 아버지는 끝내 대니를 맡아준다고 한다.

4. 집, 침실, 안, 밤. 애니가 아버지를 만나서 대니를 부탁했다고 하자, 아더가 발끈하며 화를 낸다.

5. 집, 아이들 방, 안, 밤. 아더가 들어와서 곧 이 마을을 뜰 것이니 다들 준비하라고 한다.

6. 학교 운동장, 밖, 낮. 대니는 로나에게 자신이 곧 떠날 것이라 말하고 로나는 가지 말라고 한다.

7. 집 거실, 안, 낮. 아더가 신문을 보여주며 옛 동료인 해방군 거스가 은행 강도를 하다가 도망갔다는 걸 보여주고, 우리도 즉시 떠나야 한다고 말한다.

8. 집 마당, 밖, 낮. 대니가 아더에게 와서 자신은 남겠다고 하지만 아더는 가족은 함께 행동해야 한다며 일축한다.

이 시퀀스에서는 마을을 떠나려는 아더의 의지와 그곳에 남으려는 대니의 의지가 충돌합니다. 애니가 아버지를 만나서 대니를 부탁하는 것은 대니를 보내기로 한 2장 끝부분의 결정에 따른 행동입니다. 이 장

면이 이 시퀀스의 시작입니다. 1번과 2번 장면은 3번의 레스토랑 장면을 위한 준비 장면입니다. 레스토랑 장면은 부모와 자식의 운명이라는 주제가 강하게 표출되는 드라마틱한 장면입니다. 이 장면 이후 대니는 순조롭게 대학에 갈 것처럼 보이지만, 아더가 돌연 이동할 것을 요구하면서 스토리는 급박해집니다. 아더가 이동을 요구하는 장면은 전체 스토리의 반전에 해당합니다. 꿈과 가족 사이에서 고민하던 대니는 8번 장면에서 아더에게 자신은 남겠다고 하나, 가족은 헤어지면 안 된다는 아더의 말에 포기하고, 아더의 의지가 승리하는 것으로 시퀀스가 끝납니다. 3번 장면에서 주제가 표출되고, 5번 장면에서 반전이 일어나고, 8번 장면에서 시퀀스의 결론이 납니다. 시퀀스는 1, 2, 3번의 여파 장면에서 5번의 반전을 거쳐서 강한 갈등을 겪다가 8번에서 한쪽으로 결론이 납니다. 모든 장면에서 과연 대커가 남을 수 있을까 없을까 하는, 시퀀스의 긴장이 팽팽히 장면들을 떠받치고 있습니다. 관객들은 대커가 남기를 희망하지만, 착한 대커가 아버지의 뜻을 거역하지 못할 것을 두려워하기도 합니다. 관객들의 희망과 두려움이 교차됩니다. 영화의 마지막 시퀀스가 되는 다음 시퀀스는 8번 장면의 결론을 실행하면서 생기는 새로운 긴장이 끌고 갑니다.

스텝 아웃라인을 익히기 위해서 「노팅 힐」의 일곱 번째 시퀀스도 살펴보겠습니다.

「노팅 힐」 일곱 번째 시퀀스

시퀀스 아웃라인	대커는 여전히 안나가 떠난 상처를 극복하지 못하고 있다. 친구들로부터 안나가 런던에서 촬영한다는 소식을 듣고 그녀를 만나기 위해 촬영장에 간다. 안나를 만나서 촬영 끝날 때까지 기다리게 된 대커는, 현장 동시 녹음 마이크를 통해 안나의 대화를 듣게 되고, 그녀가 자신을 얼마나 하찮게 여기는지 알고 촬영장을 떠난다.
시퀀스의 긴장	대커는 안나에 대한 마음을 버릴 수 있을까?
스텝 아웃라인	1. 노팅 힐, 밖, 낮. 대커가 노팅 힐의 길을 걷는다. 혼자 쓸쓸히 걷는 그의 곁으로 계절이 흘러간다.

2. 서점, 안, 낮. 여동생 하니가 와서 대커에게 안나 스콧 매니저들의 전화번호를 주고 간다. 대커는 번호 메모지를 휴지통에 버린다.

3. 토니의 식당, 안, 밤. 친구들이 모여서 식사를 한다. 고백의 시간. 벨라는 토니의 식당이 망했다고 선언하고, 버니는 실직을 했다고 말하고, 하니는 약혼을 할 거라고 발표한다. 대커는 자신이 우울함에서 벗어났다고 말한다.

4. 토니의 식당, 안, 밤. 맥스가 안나 스콧이 런던에서 촬영 중이라고 말해준다.

5. 야외 촬영장 진입로, 밖, 낮. 대커가 안나를 찾아 촬영장에 와서 두리번거린다.

6. 촬영 세트 입구, 밖, 낮. 대커가 오지만 경비에게 입장을 제지당한다. 우연히 대커를 발견한 안나가 와서 끝날 때까지 기다리라고 한다.

7. 촬영장 길, 밖, 낮. 제작부 카렌이 대커를 녹음팀 부스로 안내한다.

8. 녹음팀 부스, 밖, 낮. 대커는 녹음팀 옆에 앉아서 촬영을 지켜본다. 대커가 헤드셋을 통해서 안나가 자신을 폄하하는 말을 듣는다. 대커가 촬영장을 떠난다.

여섯 번째 시퀀스의 마지막 장면에서 안나는 잔인한 비난의 말들을 대커에게 퍼부으며 대커의 집을 나갔습니다. 일곱 번째 시퀀스는 전 시퀀스의 결과에 대한 대커의 감정들로 시작합니다. 대커는 쓸쓸히 일상의 거리를 걷습니다. 대커 주위로 무심히 계절이 흘러가고, 이웃 사람들이 지나갑니다. 이 장면은 대커의 감정을 효과적으로 보여주고, 롱테이크 컷 안에서 세트와 배우의 기민한 배치만으로 계절의 변화를 보여주는 훌륭한 장면이 되었습니다. 하니가 전화번호를 전해 주는 다음 장면도, 친구들과 술을 마시며 자신의 심경을 얘기하는 다음 장면도 여섯 번째 시퀀스의 결과에 대한 여파에 속하는 장면들로 이 시퀀스의 시작에 해당하는 장면들입니다.

안나의 촬영 소식을 맥스가 알려주면 대커의 행동이 시작됩니다. 시퀀스의 중간 2장이 시작되는 것이지요. 대커는 용기를 내서 촬영장에 찾아갑니다. 그리고 안나를 만나는 데까지는 성공합니다. 하지만 대커는 멀리서 안나가 자신을 폄하하는 말을 들을 뿐입니다. 일곱 번째 시퀀스에서도 이야기 전체의 반전은 아직 없습니다. 대커의 절망은 더 깊어질 뿐이고, 대커의 감정은 여섯 번째 시퀀스의 결말보다 더 깊은 저점으로 이동합니다.

일곱 번째 시퀀스의 장면들은 크게 두 가지 사건에 봉사합니다. 하나는 대커의 슬픈 감정, 또 하나는 대커가 안나를 만나러 가서 더욱 상심하는 사건입니다. 노팅 힐의 거리와 토니의 식당, 서점 등이 대커의 우울을 표현하는 장소로 채택됐고, 촬영장의 여러 풍경이 대커의 상심을 키우는 사건을 위한 장소가 되었습니다. 작가는 일곱 번째 시퀀스의

감정을 더욱 아래로 끌어내려 여덟 번째 시퀀스에서의 반전과 궁극적
인 해피엔딩으로 뛰어오르기 위한 낙차를 충분히 확보합니다. 마치 가
장 빠르게 날아가는 화살을 쏘기 위하여 활시위를 끊어질 듯이 뒤로 당
기는 것처럼 말이지요. 첫 번째 거리 장면이 이 시퀀스의 시각적 포인트
입니다. 가장 드라마틱한 장면은 7번, 녹음팀 부스 장면입니다. 이 장면
으로 대커의 절망은 '완성'됩니다. 작가는 대커의 상심을 표현하는 대사
를 하나도 쓰지 않았습니다. 노팅 힐 거리의 풍경과 그 풍경 속을 걷는
대커의 표정, 그리고 촬영장에서의 사건으로 대커의 상심을 효과적으로
표현했습니다. 원래 시나리오에서는 촬영장에서 돌아온 대커가 보관하
고 있던 안나의 영화 비디오를 치워 버리는 장면도 있었지만 완성된 영
화에서는 삭제됐습니다. 감독은 대커의 감정 표현이 그런 장면 없이도
이미 충분히 표현됐다고 생각했습니다. 그래서 이 영화의 일곱 번째 시
퀀스는 여덟 번째 시퀀스로 반전을 유예시키고, 대커의 우울에 집중하
는 장면들로만 만들어진, 가장 경제적인 시퀀스가 됐습니다.

하나의 세계로서의 장면

장면은 세 개의 요소로 구성됩니다. 첫째는 장면의 제목, 둘째는 지문, 셋째는 대사입니다. 장면의 제목은 영어로는 'scene heading'이라고 합니다. 장면의 첫머리에서 간단하게 장면을 규정하는 것입니다. 우리말로는 '장면 제목'이란 용어가 합당해 보입니다.

장면 제목

장면 제목은 세 개의 요소로 이루어집니다. 장소, 시간, 안팎 구분이 그 세 개이지요. 장소와 시간은 장면이 존재하는 기본 조건입니다. 장면이란 결국 어느 한 장소와 특정 시간에서 연속성을 유지하며 벌어지는 일이니까요. 우리 삶의 모든 일도 어느 장소와 어느 시간에서 벌어집니다. 장면의 제목은 뉴턴과 아인슈타인이 규정한 대로 시공간이라는 인간의 존재 형태를 집약합니다. 장면의 장소는 하나이고, 구체적이어야 합니다. '철수의 집'에서 하나의 상황만 벌어지면 그렇게만 써도 좋지만, 여러 상황이 집 안의 여러 장소에서 일어나면 장소가 바뀔 때마다 장면을 새로 설정하는 것이 맞습니다. 그럴 때는 큰 장소로 철수의 집을 먼저 규정하고 거실이나 화장실, 안방이나 주방을 붙여 써서 구별해 주는 것이 좋습니다.

장소를 쓰는 것은 장면의 생성 원리와도 관계가 있지만 촬영을 위해서이기도 합니다. 제작비를 효과적으로 사용하기 위해서는 같은 촬영지의 장면들은 한데 묶어야 합니다. 그럴 때 장면 제목에 정확한 장소가 쓰여 있으면 같은 촬영지를 가진 장면들을 분리해 내기가 수월합니다. 요즘에는 하나의 장면 제목을 '몽타주'라고 붙이고 여러 장소에서 찍은 컷들을 같이 모으는 장면들이 자주 나옵니다. 하지만 원칙적으로는 이 장면들도 그 안의 장소 하나하나를 구분해서 독립된 장면으로 구분해 주는 것이 맞습니다. 억지로 장면의 개수를 줄인다고 촬영이 쉬워지거나 러닝타임이 짧아지는 건 아닙니다. 시나리오에서 이렇게 쓰는 건 자칫하면 눈속임으로 보일 수도 있습니다. 몽타주로 묶이는 각 장면들도 하나하나 구별해 써줘야 나중에 촬영할 때 장소별로 묶은 촬영 계획에 포함할 수 있고, 또 장면을 더 소중히 여겨서 아끼는 효과를 만들 수도 있습니다.

시간은 낮과 밤, 둘 중 하나입니다. 오후, 오전, 아침, 저녁, 새벽, 점심, 땅거미가 지는 시간, 개와 늑대의 시간, 깊은 밤, 자정, 정오 등 시간에 대한 다른 모든 수식은 허용되지 않습니다. 조명의 입장에서는 낮과 밤 두 가지만 있을 뿐입니다. 그 두 가지 시간 규정이 조명 설계의 근본적 차이를 만들기 때문입니다. 구체적 시간에 대한 다른 모든 수식은 필요하다면 본문 안에서 지문으로 명시합니다. '새벽빛이 창문으로 희미하게 비쳐 든다', '사람들의 그림자가 길게 늘어지고 있다', '정오의 태양이 뜨겁게 비추고 있다', '달빛이 마당에 가득 차 있다' 등의 지문들은 다 구체적인 시간을 제시하고 있습니다. 해가 뜨면 낮이고, 해가 지면 밤입니다. 해가 뜨기 직전이나 해가 뜬 직후, 즉 '태양은 보이지 않지만, 지구 반대편으로 살짝 넘어간 태양이 아직 잔광을 넘겨 보내주는 시간'인 골든타임도 아직 태양광이 있으므로 낮이 됩니다. 아직 인위적 조명이 없이 촬영이 가능한 시간이기 때문입니다. 잠시 후, 몇 시간 후 등의 시간 표현도 과합니다.

안과 밖의 구분도 기본적으로는 조명 설계를 위해서 명시합니다. 또한 장소를 좀 더 정확히 지정하기 위해서도 필요합니다. 세상의 모든 공간은 안이 아니면 밖입니다. 안과 밖을 구분하는 기준은 지붕의 유무입니다. 지붕이 있으면 안이고, 지붕이 없으면 밖입니다. 지하도는 안이고, 발코니는 밖입니다. 지하도는 햇빛이 전혀 들어오지 않고, 발코니는 햇빛이 들어오기 때문입니다. 발코니는 야외의 햇빛이 그대로 들어와야 존재 가치가 있는 것이지요. 온실은 햇빛이 들어와도 안입니다. 지붕과 모든 벽이 투명한 특별한 안입니다. 카페의 야외석도 차양 지붕이 있지만 밖입니다. 밖의 공기와 빛이 그대로 들어오기 때문입니다. 사무실들이 연이어 있는 건물의 복도는 어떨까요? 사무실 안쪽에서 보면 밖이라고 '사무실, 밖'이라는 장면 제목을 붙일 수 있을까요? 그럴 수는 없습니다. 복도는 완전히 폐쇄된 실내입니다. 그래서 '복도, 안'이라고 장면 제목을 붙여야 합니다. 자동차 장면은 어떨까요? 차의 안은 안입니다. 자동차에서 이루어지는 긴 대화 장면은 '차, 안'이라는 제목으로 진행됩니다. 나중에 영화로 보면 그 차를 보여주는 외부 숏들이 있을 수도 있지만, 시나리오에서는 그런 것을 고려하지 않고 그냥 차 안 장면으로 처리합니다. 장면의 핵심이 차 안에서 벌어지는 대화이기 때문입니다. 장소를 특정하기 애매한 경우, 안과 밖을 사용하면 효과적으로 지정할 수 있습니다. 법원 로비 장면이 있다면 '법원 로비, 안'이라는 제목을 달면 됩니다. 법원 건물 밖에서 벌어지는 상황이라면 '법원 건물, 밖'이라고 장소를 지정할 수가 있습니다.

유리 덧문이 달린 한옥 거실은 안이고, 아무 문짝이 없는 초가집 덧마루는 밖입니다. 권력과 부는 안으로 향하고, 가난과 청렴은 밖을 향합니다. 안에 성채를 쌓지 못한 사람들은 밖의 자연 속에 있어야 하기 때문입니다. 베벌리힐스 같은 부촌의 거리에는 걸어 다니는 사람이 거의 없지만, 빈민가의 거리에는 아이들로 넘쳐납니다. 추위나 더위 같은 자연의 혹독한 조건들을 피하려 인류는 집을 짓기 시작했지만, 지금은 자신의 권위를 강화하고 부를 과시하려 집을 짓습니다. 이처럼 안과 밖의 구분은 조명에 대한 고려로 시작됐지만, 이야기의 분위기에 영향을 주기도 합니다. 미국의 시나리오는 'INT.' 혹은 'EXT.'로 시작됩니다. 'interior'와 'exterior'을 줄인 말입니다. 안과 밖의 구분이 장면 제목

> ANNA
> (on the phone)
> It's Anna. The press are here. No,
> there are hundreds of them. My
> brilliant plan was not so brilliant
> after all. Yeh, I know, I know. Just
> get me out then.
> (she hangs up)
> Damnit.

She heads upstairs.

> WILLIAM
> I wouldn't go outside.

> SPIKE
> Why not?

> WILLIAM
> Just take my work for it.

The moment William goes upstairs, Spike heads for the front
door.

EXT. WILLIAM'S HOUSE - DAY

From outside -- we see this scrawny bloke in the frame of the
doorway, in his grey underpants. A thousand photos. Spike
poses athletically.

INT. WILLIAM'S CORRIDOR - DAY

Spike closes the door and wanders along to a mirror in the hall
way, muttering.

> SPIKE
> How did I look?

Inspects himself.

> SPIKE
> Not bad. No bad at all. Well-chosen
> briefs, I'd say. Chicks love grey.
> Mmmmm. Nice firm buttocks.

INT. WILLIAM'S BEDROOM - DAY

William enters. He's unhappy for her. She's almost dressed.

> WILLIAM
> How are you doing?

「노팅 힐」 시나리오 일부. 가운데 97번째 장면이 적혀 있다.(출처: scriptslug.com)

「노팅 힐」의 97번째 장면. 안나가 스파이크가 집 앞에서 기자들과 맞닥뜨린 모습이다. (출처: 유니버설 픽처스)

의 첫 글자를 장식한다는 것은 그것에 의해서 촬영의 규모, 분위기, 조명 설계 그리고 장소에 대한 미학적, 정치적 고려까지 이루어진다고 생각하기 때문입니다.

「노팅 힐」의 97번째 장면 제목은 'EXT. William's House, Day(밖, 윌리엄의 집, 낮)'입니다. 안나가 이 집에 있다는 것을 알게 된 수백 명의 기자들이 윌리엄의 집 앞에 모여든 가운데, 윌리엄의 괴팍한 룸메이트인 스파이크가 팬티 차림으로 대문 앞에서 우스꽝스러운 포즈를 취하는 장면입니다. '윌리엄의 집'이라는 똑같은 장소명으로도 안과 밖을 구분해서 효과적으로 장소를 지정하고 있습니다. 이 장면 제목만으로도 윌리엄의 집 건물 앞에 모여든 수많은 기자들과 문밖에 선 스파이크를 효과적으로 그려 볼 수 있습니다. '윌리엄의 집 문 앞', '윌리엄의 집 앞 거리' 같은 장소명보다 효과적으로 보입니다. 이 영화는 넓지 않은 윌리엄의 집 안에서 많은 장면들이 벌어집니다. 그래서 윌리엄의 주방, 윌리엄의 침실, 윌리엄의 거실, 윌리엄의 복도, 윌리엄의 계단 등의 장소 구분으로 실내 공간들을 세세하게 나누어 구분하고 있습니다.

지문

지문(scene description)은 장면에 대한 묘사입니다. 지문은 시나리오 단계에서 우리가 나중에 영화로 보고 들을 것들을 묘사해 줍니다. 지문은 철저히 외면 기술입니다. 소설의 지문과 시나리오의 지문은 이 점에서 구분됩니다. 소설은 일인칭 시점, 전지적 작가 시점으로 인물의 내면도 자유자재로 기술합니다. '내 마음속에서 화가 불처럼 솟아올랐다'(일인칭 작가 시점), '그의 마음속에서 불같이 화가 솟아올랐다'(전지적 작가 시점) 등의 문장들이 내면적 묘사의 예입니다. 하지만 영화는 철저히 삼인칭 관찰자 시점입니다. 그것도 그 사람의 내면은 조금도 기술할 수 없는, 외면에만 집중하는 삼인칭 관찰자 시점입니다. 누군가 화가 났다는 것을 표현하려면, 영화 지문에서는 '그의 얼굴이 붉어지고, 입이 실룩거린다'와 같이 표현해야 합니다. 철저한 외면적 관찰로 보이는 것을 쓰고, 그것에 대한 표현은 배우의 연기에 맡깁니다. 물론 영화에서도 시점 숏 등을 통해서 인물의 내면을 표현할 수 있습니다. 그 인물이 보는 것, 듣는 것, 주목하는 것, 느끼는 것 등을 시점 숏 등을 통해서 표현합니다. 하지만 이것조차도 소설의 직접적인 내면 기술과는 다릅니다. 그 인물이 보는 것은 보여줄 수 있지만 그것에 대해서 그 인물이 어떻게 느끼는지 파악하는 것은 관객의 몫입니다. 시나리오 작가는 외면적 기술의 지문을 통해서 관객이 그 장면에서 보고 들을 것들을 묘사합니다. 지문은 보고 듣는 순서도 조절합니다. 능숙하게 지문을 구성하는 전문 작가들은 보고 들을 것들의 지속 시간까지도 어느 정도 느끼게 합니다. 작가가 해가 뜨는 모습을 1초 정도만 보여주고 싶다면 '바다 위로 태양이 솟는다'라는 짧은 지문으로 묘사할 수 있지만, 그 모습을 20초 정도 보여준다고 상상한다면, '바다 위로 서서히 태양이 떠오른다. 바다 전체가 붉게 물든다. 태양과 수평선이 만나는 지점에 소 혓바닥 같은 붉은 자국이 생긴다. 그 혓바닥이 바다로부터 완전히 떨어졌을 때 해는 공중에 떠서 바다를 비춘다. 붉은 기운이 사라지면 밝은 빛이 파도에 물비늘을 만든다'라는 식으로 좀 더 길게 수식할 수도 있습니다.

일반적으로 장면은 그 장소에 대한 전체적인 묘사를 위한 지문으로 시작합니다. 실제 영화에서는 마스터 숏(master shot)이 보여주는 것에 해당하는 묘사입니다. 마스터 숏은 장소에 대한 기본적 설명, 그리고 인물들의 배치와 인물들이 하고 있는 행동을 전체적으로 보여줍니다. 이 수업의 서두에 제시해 놓은 「허공에의 질주」 장면에서는 '점심시간의 분주한 고급 레스토랑'이란 첫 지문이 마스터 숏에 해당되는 지문입니다. 하지만 일반적으로 그러하다는 것이지, 모든 장면에서 장소에 대한 묘사가 첫머리에 온다는 것은 아닙니다. 어느 장면에서는 대사가 먼저 나오기도 합니다. 또는 인물의 행동에 대한 묘사로 먼저 시작할 수도 있어요. 영화에서 장면이 시작되자마자 장소에 대한 소개도 생략한 채 인물의 빅 클로즈업이 나와서 느닷없이 말하는 걸 본 적 있을 겁니다. 작가가 이런 방식으로 장면이 시작하길 원한다면 그 인물의 대사부터 장면 서술을 시작할 수도 있습니다. 아니면 주인이 누군지도 모르는 사람의 손이 나와서 어떤 동작을 보여주며 시작하는 장면도 불가능한 건 아닙니다. 이런 경우에는 장소보다 행동에 대한 묘사가 선행할 수도 있습니다. 가장 일반적으로는 물론 장소에 대한 소개가 지문의 첫머리를 차지하는 게 맞지만, 작가의 의도에 따라서 다른 방식으로 시작할 수도 있다는 얘기입니다. 중요한 건 작가가 머릿속으로 그리는 장면이 시작하는 모습을 순서대로 지문으로 써넣는 것이고, 가장 일반적으로는 장소를 중심으로 한 시각적 상황과 분위기를 묘사함으로써 시나리오를 읽는 사람에게 장면의 느낌을 빠르게 전달하는 것입니다. 그러나 장소에 대한 묘사라고 해서 자세하게 할 필요는 없습니다. 너무 자세할 경우 스토리의 진행이 더뎌질 수 있습니다. 완성된 영화에서도 장소의 느낌만 묘사하는 데 긴 시간의 컷이 허용되지 않듯, 시나리오에서도 한두 문장의 짧은 지문으로 독자가 재빨리 장소의 느낌을 파악할 수 있어야 합니다.

장소에 대한 묘사가 나온 뒤에는 대개 인물의 행동이 묘사됩니다. 앞 장면에서 보면, '애니가 들어온다'라는 문장이 그것입니다. 인물이 처음 등장할 때는 인물에 대한 간략한 묘사를 해주어야 합니다. 만약에 앞의 장면이 첫 장면이었다면 '애니가 들어온다. 애니는 40대 중반의 지적으로 보이는 여성이다'라고 묘사했을 것입니다. 이 장면은 영화 후반부의 장면이고, 독자들은 이미 애니에 대해 익숙해서 애니에 대한 묘사를 추가할 필요는 없습니다. 하지만 애니가 스토리에 영향을 주는 어떤 특징을 획득해서 들어온다면 그것에 대한 묘사는 반드시 해야 합니다. 머리가 헝클어졌거나, 평소와는 다르게 화려한 옷차림이라든가, 얼굴에 상처가 있거나 하는 비일상적 모습들이 있다면 이것들은 분명히 스토리에 영향을 주는 사건임을 적시해 주어야 합니다.

인물을 소개한 후에는 인물의 행동이 있다면 그것을 묘사합니다. 인물은 언제나 행동합니다. 이 장면에서 애니는 걸어서 레스토랑에 들어오지만, 다른 장면에서는 가만히 의자에 앉아 있을 수도 있습니다. 가만히 앉아 있는 것도 하나의 행동이기 때문에 묘사해야 합니다. 인물이 이 장소에서 어느 위치를 점하고 있고, 거기서 무엇을 하고 있는지 소개해야 합니다. 위의 장면에서는 애니가 들어오고, 애니가 든 선물 박스를 웨이터가 받아 듭니다. 작가는 애니가 오랜만에 아버지를 만나러 오는데 빈손으로 오는 것이 애니의 캐릭터나 상황에 맞지 않는다고 판단했습니다. 그래서 애니가 큰 선물을 들고 들어오는 것을 반드시 보여주고 싶었습니다. 문제는 그다음입니다. 그 선물을 들고 아버지의 테이블로 가서 앉으려면 배우의 동선과 시야에 큰 불편을 초래합니다. 그래서 작가는 선물을 들고 들어오되, 웨이터가 재빨리 받아 들게 함으로써 불편을 제거했습니다. 웨이터의 행동은 손님에게 정중하게 응대하는 것으로 고급 레스토랑이라는 장소의 성격도 강화합니다.

인물의 행동도 스토리에 영향을 줄 요소만을 뽑아서 간략하게 묘사해야 합니다. 애니가 들어와서 주위를 둘러보다가 한곳에 시선이 머물고 그쪽에 가서 앉는다는 행동 묘사만으로도 장면을 시작하기에는 충분합니다. 시나리오는 소설이 아닙니다. 장소와 행동의 묘사는 영화를 찍기 위해 있는 것입니다. 묘사 자체를 읽느라 너무 많은 시간을 들이면 스토리의 흐름을 놓치기 쉽습니다. 꼭 필요한 요소들만 경제적으로 묘사해야 스토리의 흐름을 놓치지 않습니다. 묘사가 길어지면 줄을 자주 바꿔 주어 가독성을 높이는 것도 경험 많은 작가들이 자주 사용하는 방법입니다. 소설처럼 지문만 빽빽하게 묘사된 시나리오는 상상하는 것만으로도 부담이 됩니다.

'커피를 마시는 철수'와 '철수, 커피를 마신다'

'커피를 마시는 철수'는 시나리오 지문에서 많이 쓰는 묘사 방식입니다. 소설 등 다른 종류의 글에서는 거의 쓰지 않는 문장 방식인데 시나리오에는 유독 많이 보입니다. 왜 그럴까요? 왜 시나리오에서는 이렇게 문장 하나가 주어를 수식하는 방식으로 묘사할까요? 이런 문장은 행동보다 인물에 중심을 두는 방식입니다. 커피를 마시는 행동보다, 커피를 마시는 철수라는 인물이 영화 속에서 주목되기를 원하는 방식입니다. 이 문장을 표현하는 영상의 마지막 숏은 철수의 얼굴일 겁니다. 작가는 독자들이 이 숏으로 철수의 동작보다 그 동작을 하는 철수의 심리를 느끼길 바랄 것입니다. 영화는 숏으로 진행됩니다. 이런 문장은 숏에 대해서도 좀 더 명료한 생각을 갖게 합니다. 하지만 너무 자주 사용하는 것은 바람직하지 않습니다. 가장 자연스러운 문장은 주어가 먼저 나오고 그 주어가 하는 행동이 동사로 표현되는 것입니다. '철수, 커피를 마신다'

처럼 말입니다. 주어로 끝나는 문장은 숏에 대해서는 명료한 생각을 주지만 닫혀 있는 서술을 하게 합니다. 동작들이 자연스럽게 연결되는 것이 보이지 않고, 문장 끝의 주어와 함께 멈추는 느낌이 듭니다. 명료하지만 무겁습니다. 이에 반해 주어-동사의 순서로 구성된 문장은 좀 더 자연스럽습니다. 인물보다 인물이 하는 행동에 더 중점을 두고 그 행동들이 물 흐르듯 자연스럽게 흐르도록 합니다. 그래서 이런 문장을 폐쇄형과 대비시켜 개방형 문장이라고 할 수 있습니다. 폐쇄형 문장이 클로즈업 인물 숏을 떠오르게 한다면, 개방형 문장은 풀 숏이나 롱 숏으로 조금 멀리서 인물의 행동을 지켜보는 느낌을 줍니다. 행동이 역동적이라면 카메라가 빠르게 움직이는 이동 숏도 생각할 수 있습니다. 폐쇄형이 고정적이고 인물 중심적이라면, 개방형은 유동적이고 풍경과 동작 중심입니다. 시나리오를 쓸 때 마치 습관처럼 폐쇄형 문장을 지나치게 많이 쓰는 신인 작가들이 많은데, 그런다고 좋은 시나리오처럼 보이는 것은 아닙니다. 영화가 롱 숏과 클로즈 숏, 풍경 숏과 인물 숏이 같이 섞여서 하나의 장면을 만들어내듯 개방형 문장과 폐쇄형 문장이 적절하게 어우러지면서 한 장면의 분위기를 만들어냅니다.

지문에 지나치게 카메라에 대한 묘사를 자주 하는 것도 저는 반대입니다. 작가의 역할은 문장으로서 영상의 아이디어를 주는 것이지, 그것을 연출하는 것은 아닙니다. 카메라 앵글과 촬영 방식을 선택하는 것은 감독과 촬영 감독의 영역입니다. 지문 속에 크레인 숏이나 부감 촬영, 트레킹 숏이나 클로즈업 등의 기술적 용어들을 넣는 것은 잘못된 일입니다. 작가는 문장으로 말해야 합니다. 훌륭한 작가는 효과적이고 간명한 지문의 문장만으로 감독에게 촬영 방식에 대한 영감을 주는 사람입니다. 지문에 직접적으로 촬영 용어를 넣는 것은 작가라는 예술가에서 감독이라는 예술가에게 스토리가 건너가는 과정에서 마땅히 있어야 할 발전적 창조 과정을 삭제하는 일입니다. 촬영 용어를 써넣지 말고, 그 촬영 방식을 감독이 채용할 수 있게 문장으로 영감을 주어야 합니다.

영화는 시각적 표현 매체입니다. 그래서 어쩌면 대사보다 지문이 더 중요합니다. 지문 속에 있는 풍경이나 세트, 소품, 의상, 행동, 표정 등이 스토리를 끌고 갑니다. 가능하면 대사를 줄이고, 시각적 묘사를 중심으로 이야기를 끌고 가는 게 영화의 본질에 더 부합하는 행동입니다. 시나리오를 써보라고 하면, 처음 쓰는 사람은 지문이 없고 대사만 장면 가득 써놓는 경우가 많습니다. 이런 건 라디오 드라마 대본이지 시나리오는 아닙니다. 대사가 이야기의 모든 것이라는 생각에서 벗어나는 것에서부터 시나리오 공부가 시작됩니다. 내가 아는 어떤 작가는 한 장면을 쓸 때 대사 없이 지문만으로 먼저 쓰고, 그 뒤에 꼭 필요한 대사를 채워 넣기도 합니다. 명확하고 아름다운 지문은 대사보다 훨씬 더 힘 있게, 그리고 훨씬 아름답게 이야기를 끌고 갑니다. 대사 없는 장면은 가능하지만 지문 없는 장면은 존재할 수 없습니다. 지문으로만 이루어진 장면으로 「이터널 선샤인」의 첫 장면의 원본 시나리오를 그대로 옮겨 봅니다.

1. 전철 역, 낮, 밖

온통 회색빛. 플랫폼은 출근 직장인들로 가득하다. 양복과 코트들. 색
조가 단순해서 마치 흑백으로 촬영된 것처럼 보인다. 한 직장인이 팔에
낀 빨간색 하트 모양의 캔디박스가 유일한 색채다. 건너편 플랫폼은 텅
비었다. 그쪽으로 텅 빈 기차 한 대가 서서히 다가온다. 이쪽 플랫폼에
서 갑자기 한 양복쟁이가 사람들을 뚫고 달린다. 계단을 오른다. 한 걸
음에 두 개씩. 육교를 뛰어 건너서, 반대쪽 계단으로 내려온다. 기차가
서고, 문이 열리자 그 양복쟁이 남자가 서둘러 탄다. 기차가 서서히 출
발하면서, 남자는 지저분한 차창을 통해 반대편 플랫폼을 본다. 비로소
남자의 얼굴이 보인다. 그는 조엘 배리쉬. 30대로 보이고, 창백하고
살짝 부은 얼굴이다. 머리는 정리되지 않았고, 양복은 빈티지이거나,
아니면 그냥 오래되고, 지저분해서 올이 다 드러날 정도다. 밝은색 타
이에는 로데오 사진이 프린트돼 있다.

지문이 아름다울 뿐 아니라 정확하고 경제적입니다. 이 지문을 읽고
영화의 첫 장면을 보면 얼마나 정확하게 이 지문이 영화에 재현됐는지
알 수 있습니다. 촬영 용어는 한 마디도 나오지 않지만 지문만으로 거의
정확하게 컷과 앵글의 흐름을 알 수 있습니다. 영화의 분위기와 톤까지
도 이 첫 장면의 지문은 설정하고 있습니다.

1   EXT. COMMUTER TRAIN STATION - DAY   1

It's gray. The platform is packed with business commuters:
suits, overcoats. There is such a lack of color it almost
seems as if it's a black and white shot, except one commuter
holds a bright red heart-shaped box of candy under his arm.
The platform across the tracks is empty. As an almost empty
train pulls up to that platform, one of the suited men breaks
out of the crowd, lurches up the stairs two at a time,
hurries across the overpass and down the stairs to the other
side, just at the empty train stops. The doors open and the
man gets on that train. As the empty train pulls from the
station, the man watches the crowd of commuters through the
train's dirty window. We see his face for the first time.
This is Joel Barish. He is in his 30's, sallow, a bit puffy.
His hair is a little messy, his suit is either vintage or
just old and dirty and sort of threadbare. His bright tie
has a photograph of a rodeo printed on it.

2   EXT. MONTAUK TRAIN STATION - DAY   2

Joel talks on a payphone. The wind howls around him. He
tries to shield the mouthpiece as he talks. His speech is a
self-conscious mumble, especially difficult to hear over the
elements.

                    JOEL
          Hi, Cindy. It's Joel. Joel. I'm not
          feeling well this morning. No, food
          poisoning, I think. I had clams. Clams!
          I'm sorry it took me so long to call in,
          but I've been vomiting a lot. I've been
          vomiting! Yes, that's right, a lot!

3   EXT. BEACH - DAY   3

Joel wanders the windy, empty beach, with his briefcase. He
passes an old man with a metal detector. They nod at each
other.

4   EXT. BEACH - DAY   4

Later: Joel looks out at the ocean.

5   EXT. BEACH - DAY   5

Later: Joel sits on a rock and pulls a big, tattered notebook
from his briefcase. He opens it and reads his last entry.

                    JOEL (V.O.)
          January 6, 2001. Nothing much. Naomi
          and I coexisting. Roommates. Nothing.
          Will it go on like this forever? My best
          guess? Yes.

                              (CONTINUED)

「이터널 선샤인」 시나리오 일부. 맨 위에 첫 번째 장면이 적혀 있다.

(출처: scriptslug.com)

대사

장면은 연극 무대입니다. 한 배우가 리허설에 늦게 들어왔습니다. 연출자가 말합니다.

"늦지 않고, 대사를 제대로 외워서 제시간에 왔다면 난 너에게 기회를 한 번 더 줄 수도 있었어. 그러나 이번이 벌써 열 번째잖아? 진짜 이건 너무 심한 거 아냐? 네가 없는 동안 다른 사람들과 연습 중에도 계속 네 생각을 해봤는데, 우리는 이번 공연에서 더 이상 너와 함께할 수 없다는 결론에 이르렀어."

그러나 연출자는 또 이렇게 말할 수도 있습니다.

"꺼져, 이 자식아! 넌 끝이야!"

로버트 맥키에 의하면 대사에는 세 가지의 기능이 있습니다. 정보의 노출(exposition), 성격화(characterization), 행동(action)이 그것들입니다.[2] 정보의 노출은 이야기에 필요한 정보를 전해 주는 것입니다. 지문도 정보를 전해 주지만, 대사만이 전할 수 있는 정보가 있습니다. 대사가 정보를

---

2 Robert Mckee, *Dialogue*, Methuen Publishing, 2016, pp. 22-44.

전해 줄 때는 보여주는 경우와 말하는 경우가 있습니다. 모든 대사가 말이지만, 말하는 것은 직접적으로 설명하는 것이고, 보여주는 것은 상황에 맞게 자연스러운 말을 하면서도 필요한 정보가 전달되는 것을 말합니다.

1. "넌 십 년 동안이나 이 극단에서 배우로 있으면서 고생을 많이 했지만, 연기는 조금도 늘지 않았고, 이제는 젊은 배우들에 밀려서 극단을 나가야 하는 처지야."

2. "네 모습을 봐. 연기는 십 년 전과 똑같고, 중년 아버지 역 말고는 맡을 것도 없잖아!"

1번 대사가 말하기라면, 2번 대사는 보여주기입니다. 이야기는 비평도 아니고 문명 비판이나 논문도 아닙니다. 이야기는 우리가 세상에서 경험하는 것들의 조각들을 모아 붙여서 또 하나의 거대 경험을 만드는 것입니다. 설명적 대사들로 가득 찬 이야기는 관객의 상상을 제한하고, 지루한 강의실에 앉아 있는 듯한 느낌이 들게 합니다. 대사는 보여주기의 방식으로 쓰여야 하고, 그렇게 되지 않을 때는 아예 없애는 게 낫습니다. 「살인의 추억」 클라이맥스 장면에서 형사 두만은 살인범인 것이 거의 확실한 용의자 현규를 잡았으면서도 결정적 증거가 없어서 놓아주어야 합니다. 비가 내리는 터널 앞 철길 위에서 두만은 현규의 멱살을 쥐고 부들부들 떨면서 말합니다. "밥은 먹고 다니냐?" 범인임을 확신하지만 놓아주어야만 하는 안타까움이 이 짧고 일상적인 대사로 '보여주기'가 되어서 전달됩니다. 이 대사가 '말하기'로 되었다면 그동안 형사들의 모든 노력과 고생을 설명하는 한 페이지짜리 대사가 됐을 것입니다. 관객은 이미 본 내용을 다시 나열하는 설명에 지쳐서 극적 긴장을 놓쳤을 것이고, 배우도 아무런 함의 없는 얄팍한 대사에 연기하기 어려웠을 것입니다. 보여주기로 쓰인 대사들은 대사의 표면과 속뜻이 함께 작용하면서 배우의 연기가 스며들 공간을 넓게 만들어주며 능력 있는 배우들의 연기를 빛나게 합니다.

대사의 성격화는 인물의 성격을 묘사하는 기능입니다. 한 사람의 말은 그 사람의 성격을 가장 확실하게 드러냅니다. 쓰는 용어나 말투뿐 아니라, 말이 지닌 태도나 지적 태도까지도 모두 인물의 성격화를 위해서 봉사합니다. 잘 쓰인 대사는 대사 앞에 인물의 이름이 없어도 누구의 대사인지 알 수 있게 합니다. 이런 것을 대사의 개인화(individualization)라고 합니다. 모든 대사는 개인화되어 있어야 합니다.

대사의 또 하나의 기능은 행동입니다. 행동이란 몸으로 하는 것만이 아닙니다. 행동은 무언가를 성취하기 위해서 인물이 능동적으로 하는 모든 것입니다. 이 행동이 말로 이루어질 때 언어적 행동이라고 합니다. 대사는 누군가에게 말로써 행동하는 것입니다. 모든 대사는 말하는 사람과 듣는 사람이 있습니다. 말하는 사람의 욕망이 언어적 행동으로 표출되고, 듣는 사람의 욕망이 그에 대한 반응으로 나타납니다. 독백과 방

백조차도 말하는 인물과 듣는 관객 사이에서 교환되는 행위입니다. 하나의 행위와 그에 대한 하나의 반응이 묶여서 하나의 비트를 이룹니다. 장면은 장면 전체의 목적을 위해서 비트가 구현하는 세분된 욕망의 계단을 타고 진전합니다. 대사는 보여주기의 방식으로 어떤 정보를 노출하거나, 성격화에 기여하거나, 또는 행동으로 전달되어야 합니다. 이 중 어느 것에도 해당하지 않을 경우, 그 대사는 불필요한 대사입니다. 대사는 이 세 가지 기능 중 한 가지 기능을 수행하기도 하지만, 많은 경우에는 두 가지 기능을 함께 보여주기도 합니다. 정보의 노출이 성격화된 말을 통해서 수행되기도 하고, 정보의 노출이 장면 속에서 중요한 언어적 행동이 되는 경우도 있습니다. 또한 성격화된 대사를 통해서 행위가 이루어지기도 합니다.

미국에서 시나리오를 공부할 때, 술집이나 식당, 공원 등 사람들이 모이는 곳에 가서 옆자리 사람들의 말을 녹음했다가 풀어서 써오는 과제를 자주 했습니다. 영어가 모국어가 아닌 나 같은 학생에게는 어려운 숙제였습니다. 일상에서 사람들이 하는 말은 발음도 문장도 부정확한 것들이 많았습니다. 제대로 풀어서 글로 옮기려면 수십 번씩 들어야 했습니다. 우리가 일상에서 하는 말들도 마찬가지입니다. 저를 비롯해서 많은 사람들이 정확한 문장을 구사하지 않습니다. 중도에 끊기는 문장도 있고, 하나를 말하다가 아무 맥락도 없이 전혀 다른 것에 대해 말하기도 합니다. 사람들의 말을 그대로 옮겨서 대사로 쓴다면 중복되고 끊기는 대사들로 스토리를 따라가기 힘들 것입니다. 대사의 리얼리즘은 현실의 대사와 똑같이 쓰는 게 아니라, 현실적인 느낌이 나지만 경제적이고 효과적인 방식으로 쓰는 데서 표현됩니다. 말의 리얼리즘은 제한적 리얼리즘입니다.

텍스트와 서브 텍스트

모든 대사는 텍스트입니다. 텍스트란 표면적으로 드러난 것을 말합니다. 시나리오로 치면 대사 자리에 들어가 있는 글자들이 텍스트입니다. 시나리오에 쓰인 것, 우리가 영화에서 듣는 것들이 다 텍스트입니다. 좋은 대사는 텍스트 밑에 서브 텍스트를 갖습니다. 서브 텍스트는 텍스트 밑에 감춰진 의미입니다. 대사의 속뜻입니다. 텍스트가 발화되는 의도라고도 할 수 있습니다. 모든 말은 어떤 의도로 진행되고, 발화된 텍스트와 그 속에 숨겨진 서브 텍스트 사이의 긴장으로 대사가 완성됩니다. 배우들의 연기는 텍스트를 발음하면서 서브 텍스트를 느끼게 하는 것입니다. 당연히 텍스트와 서브 텍스트의 간극이 넓을수록 배우의 연기가 발휘될 공간은 넓어집니다. 역으로 그 둘 사이의 간극이 좁을수록 배우가 연기하기가 힘듭니다. "사랑한다"는 대사를 사랑을 고백하는 의도의 서브 텍스트로만 하면 그 둘 사이의 간극이 좁아서 연기의 울림이 적어집니다. 반면에 "사랑한다"는 대사를 '자신의 잘못을 감추기 위해서'나 '상대에게 돈을 뜯어내기 위해서', '사과를 하기 위해서' 등의 서

| 이야기 수업 |

두만의 현실을 벗어나려는 욕망과 고달픔을 담아내는 대사를 하는 장면. (출처: CJ ENM)

브 텍스트를 갖고 하면 배우의 연기 범위는 넓어지고 당연히 대사도 탄력을 얻습니다. 우리가 생각하는 것보다 우리는 더 자주 말의 표면적 의미와 다른 의도를 갖고 말합니다. 좋은 의도일 때도 있고, 나쁜 의도일 때도 있습니다. 우연히 버스 옆자리에 앉은 사람에게 '오늘 날씨 좋죠?'라고 말하는 것은 호감을 표시하기 위해서일 수도 있고, 어색함을 감추기 위해서일 수도 있습니다. 아니면 자신에 대한 경계를 풀게 하려고 하는 말일 수도 있고요. 텍스트와 서브 텍스트가 차이가 없는 대사는 감정이 너무 순진하게 드러나서 요즘 말로 오글거립니다. 사랑을 말하기 위해서 사랑한다고 하거나, 상대의 외모를 칭찬하려는 의도만으로 아름답다고 하는 대사들이 그렇게 오글거리는 대사들입니다. 텍스트와 서브텍스트를 분리하는 대사들은 정보의 노출이란 면에서는 보여주기에 해당하고, 성격화이기도 하며, 숨겨진 행동을 하는 언어적 행동이기도 합니다. 우리가 어떤 영화를 보고 오랫동안 기억하는 대사들은 뛰어나게 아름다운 대사들이 아닙니다. 오히려 지극히 일상적인 대사들입니다. 두만의 "밥은 먹고 다니냐?"도 대표적인 일상어입니다. 영화 「봄날은

간다」(허진호 감독, 2001)에 나와 명대사로 기억되는 "어떻게 사랑이 변하니?"라는 대사도 지극히 평범한 말입니다. 좋은 대사는 특별하게 잘 쓴 문장이 아니라, 상황에 딱 맞게 만들어진 대사입니다. 좋은 대사는 좋은 이야기가 만들어주는 것입니다. 아무리 좋은 대사라도 나쁜 이야기 안에 있으면 낭비될 뿐입니다. 대사도 이야기입니다.

장면의 구조, 욕망의 피라미드

장면에는 항상 그 장면의 주인이 있습니다. 자신의 욕망으로 장면을 끌고 가는 사람이 장면의 주인입니다. 이번 수업의 앞에서 제시했던 장면의 주인은 애니입니다. 아들을 자신의 아버지에게 부탁하려는 그녀의 욕망이 장면을 시작하고 끌고 갑니다. 장면의 주인이 반드시 영화의 주인공일 필요는 없습니다. 안타고니스트가 장면의 주인일 때도 있고, 조연이나 심지어 잠깐 나오는 단역이 장면의 주인인 경우도 있습니다. 장

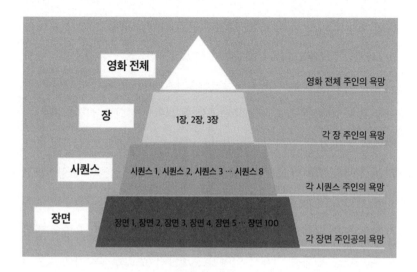

<표> 욕망의 피라미드

면의 주인을 찾는 일은 영화 전체의 주인공을 찾는 일과 같습니다. 영화 전체가 항상 단일한 주인공을 갖듯이 장면도 단일한 주인공을 갖습니다. 영화 전체가 그 주인공의 욕망에 의해 진행돼 가듯이 장면도 장면 주인의 욕망에 의해서 진행됩니다. 전체 이야기와 시퀀스, 그리고 하나의 장면이 다 같은 구조를 가지고 있는 셈입니다. 이것을 저는 '욕망의 피라미드'라고 합니다. 한 인물의 작은 욕망이 장면의 구조를 만들고, 그 장면들은 모여서 시퀀스 주인의 욕망이 되어 한 시퀀스를 끌고 갑니다. 그리고 그런 시퀀스들이 모여서 전체 주인공이 그 욕망을 실현해 가는 하나의 이야기가 됩니다. 15개 정도의 장면이 모여서 시퀀스를 만들고 8개 정도의 시퀀스가 모여서 하나의 이야기를 만드는 구조가 밑이

넓고 위가 뾰족한 피라미드를 닮아서 붙인 이름입니다.

전체 이야기와 마찬가지로 장면 주인의 욕망 또한 장애물에 부딪힙니다. 욕망과 장애물의 충돌이 장면의 갈등입니다. 이 갈등이 없다면 장면은 존재 가치가 없습니다. 주인공의 욕망은 실현되든 실현되지 않든 장면의 끝에서 결과를 만들어냅니다. 간혹 다음 장면으로 결과를 유예하는 경우도 있지만, 그 역시 한 장면 안에서 내는 결론의 변형이라고 봐야 합니다. 전체 이야기 속 주인공의 욕망은 수십 개의 장면 속에서 세세하게 분해되어 개별 장면의 욕망으로 나타납니다. 이 욕망의 결과로 나타나는 변화로 인해서 이야기는 조금씩 앞으로 굴러가는 것입니다. 앞에서도 여러 번 이야기했지만, 이야기는 결국 한 주인공의 변화입니다. 조지프 캠벨은 이것을 영웅의 부활이라고 했습니다. 부활은 주인공 캐릭터의 완전한 변화를 의미합니다. 장면의 주인도 장면의 끝에서 변화합니다. 그러나 한 장면 안에서의 변화는 전체 이야기처럼 한 인물의 캐릭터가 근본적으로 변하는 것은 아닙니다. 한 장면 안에서는 어느 가치에 대한 인물의 태도가 변화합니다. 사랑이나 정의, 우정이나 가족애 등에 대한 태도가 변화합니다. 사랑에 부정적이었던 태도가 긍정적으로 변하거나, 긍정적이었던 태도가 부정적으로 변하기도 합니다. 한 장면에서 생겨난 이런 태도의 변화가 누적되어 결국 영화의 끝에서 부활이라고도 부를 수 있는, 인물 성격의 근본적 변화가 일어납니다. 태도의 누적이 내면화되면서 결국은 한 사람의 성격이 되는 것이니까요.

장면을 쓸 때는 먼저 장면의 주인이 누구인지를 정해야 합니다. 주인이 정해졌으면 그가 장면 안에서 하려는 것을 정해야 합니다. 그것을 장면의 욕망이라고도 할 수 있습니다. 그런 다음에는 그 욕망이 어떤 장애물을 만날 것인지를 파악해야 합니다. 대화 장면에서 이 장애물은 다른 사람의 욕망입니다. 두 사람의 욕망이 대화 형태를 띠고 장면 안에서 부딪힙니다. 액션 장면은 어딘가를 가려는 혹은 누군가를 물리치려는 장면 주인이 저항에 부딪히고, 그 저항을 실현하려고 투쟁하는 것입니다. 의지나 욕망이 없는 액션은 의미가 없습니다. 자동차 추격 장면 역시 어딘가를 가려는 장면 주인과 그것을 저지하려는 적대 세력의 욕망이 도로 위에서 부딪히는 것입니다. 심지어 베드신조차도 한 사람의 성적 욕망이 다른 한 사람의 욕망과 부딪혀서 만들어내는 것이라고 볼 수 있습니다.

장면 주인의 욕망을 실현하려는 대사나 액션은 하나의 행동과 그에 따른 반응으로 묶이며 하나의 비트가 됩니다. 비트는 인물의 행위에서 일어나는 행동과 반응의 교환입니다.[3] 이때의 행동/반응은 텍스트가 아니라 그 텍스트 속에 숨은 진정한 의도인 서브 텍스트로 파악됩니다. 서브 텍스트의 의도는 영어에서는 to 부정사, 우리말로는 '-하기 위해서'로 표현됩니다. 예를 들면 어떤 대사의 서브 텍스트가 영어로는 'to surprise', 우리말로는 '놀라게 하기 위해서'라고 표현할 수 있습니다. 'to

---

3 로버트 맥키, 고영민·이승민 옮김, 『STORY: 시나리오 어떻게 쓸 것인가』, 민음인, 2002, 377쪽.

comfort', '위로하기 위해서'일 수도 있고요. 'to say goodbye', '헤어지 기 위해서'라고도 할 수 있습니다. 놀라게 하기 위한 행동에는 '놀란 것 처럼 위장하는' 의도가 반응으로 올 수 있고요. 위로하려는 행동에는 위 로받은 걸 드러내는 반응이 올 수 있습니다. 헤어지기 위한 말 다음에는 그 헤어짐을 수긍하는 반응이 올 수도 있는 것이고요. 영어로는 똑같이 to 부정사이지만 행동은 우리말로 '-하기 위해서'이고, 반응은 '-하는' 으로 표현하는 게 적절하겠습니다. 이번 수업 첫머리에 소개한 「허공에 의 질주」 레스토랑 장면을 이 비트로 나눠 보겠습니다.

이 장면의 주인은 당연히 애니입니다. 아들 대니를 친정아버지에게 맡기려는 애니의 욕망이 이 장면을 끌고 갑니다. 애니의 욕망에는 많은 방해물이 등장합니다. 애니가 아버지에게 갖고 있는 죄책감도 그 방해 물의 하나입니다. 그러나 자신을 제국주의 돼지라고 부르고 떠난 딸에 대한 아버지의 배신감이 가장 큰 방해물이고 애니는 자신의 욕망을 실 현하려면 이 방해물들을 극복해야 합니다. 장면을 시작하는 시점에서 애니는 아버지의 사랑에 대해서 부정적입니다. 자신이 과연 아버지를 어떻게 생각하는가에 대해서도 확신이 없습니다. 장면의 비트들을 살펴 보겠습니다.

비트 1

점심시간의 분주한 고급 레스토랑.

애니가 들어온다.

웨이터가 애니의 손에 들린 커다란 선물 박스를 받아든다.

실내를 둘러보던 애니의 시선이 한곳에 머물고, 애니가 그곳으로 간다.

애니가 한 노신사의 앞에 선다.

노신사가 애니를 보고 동작을 멈춘다. 애니의 아버지다.

애니가 그의 허락도 없이 앉는다.

애니: 아빠, 안녕

아버지는 말이 없다.

애니: 조나에게 이 자리를 만들어달라고 부탁했어요. 원하면 경찰을
불러도 돼요.

아버지는 여전히 말이 없다.

애니: 죄송해요. 나도 지금 힘들어요.

웨이터: 손님, 뭘로 준비해 드릴까요?

아버지: 됐어요.

애니가 레스토랑에 들어오고, 아버지 앞에 앉아서 어색함을 깨고 말을 하고, 아버지가 놀라서 말없이 애니를 바라보다가 웨이터의 얘기에 '됐어요'라고 말하는 장면까지가 하나의 비트입니다. 애니는 14년 만에 아버지를 예고도 없이 만난 어색함을 깨려 하고, 아버지는 애니의 노력을 무시합니다. 애니의 행동은 '어색함을 깨기 위해서'이고 아버지의 반응은 '무시하는'입니다.

비트 2

아버지: 넌 자기 자식을 14년이나 못 본다면 심정이 어떻겠니?
애니: 아빠…….
아버지: 그 애가 살았는지 죽었는지도 모르는 채로.
애니가 한숨을 쉰다.

아버지: 그 애가 진짜로 또 다른 사람의 죽음과 상해에 책임이 있는지 없는지 모르는 채로. 그 폭탄을 설치하고 방아쇠를 당긴 아이를 키운 부모도 그 책임을 같이 져야 하는지 아닌지도 모르는 채로.
애니: 난 누구도 죽이지 않았어요!

갑작스레 정적이 찾아온다.

애니: 난 지금 여기 나를 변호하거나 무슨 정치적 토론을 하려고 찾아온 건 아니에요. 아직도 여전히 믿지 않으시겠지만, 내가 한 일은 전쟁을 멈추기 위해서 한 거라고요. 어떻게 해도 아빠는 이해하지 못하겠지만.

아버지: 한 사람이 실명을 당하고, 불구가 되었다.

애니: 그는 원래 거기 없어야 하는 사람이었다고요.

또다시 정적이 찾아온다.

두 번째 비트는 아버지가 애니를 비난하기 시작하고 애니가 자신을 방어하기 시작하는 비트입니다. 애니가 "그는 원래 거기에 없어야 하는 사람이었다고요"라고 말할 때까지지요. 아버지의 행동은 "애니를 비난하기 위해서"이고 애니의 반응은 "자신을 방어하는"입니다.

비트 3

애니: 정말 그 책임을 지려고 나도 실명을 하거나 불구가 돼야 한다고 생각하시는 거예요?

아버지: 그게 다 아더 때문이다.

애니: 아니요. 그건 내 생각이었어요. 그리고 난 그 결과를 받아들이며 지금 살고 있고요.

아버지: 안 믿는다.

애니: 그건 아빠 문제고요.

비트 3은 짧습니다. 애니가 '자신도 실명했어야 되냐'는 식으로 다시 예전의 딸로 돌아가 아버지의 애정을 비논리적으로 시험하고, 아버지는 그 모든 것을 애니의 남편인 아더의 잘못으로 돌립니다. 행동은 '아버지의 애정을 자극하기 위해서'이고 반응은 '애정에 대한 확인을 피하는' 것입니다.

비트 4

아버지: 네 엄마와 나는…… 넌 아직도 우리 생각을 하기는 하니?
애니: 꼭 그런 질문을 하셔야 해요?
아버지: 그래.

사이

아버지: 기억나니? 네가 내게 마지막으로 했던 말을? 난 제국주의의 돼지이고, 전쟁과 가난, 인종주의의 원흉이라고 했던 거?
애니: 아빠, 난 어렸어요.

비트 4에서는 다시 아버지가 애니에게 가족에 대한 애정을 질문하고, 애니 역시 대답을 회피합니다. 아버지가 자신을 비난했던 애니의 과거 발언에 대해 묻자, 애니는 자신이 어렸다는 말로 자신의 잘못을 시인합니다. 아버지의 행동은 '책임을 계속 추궁하기 위해서'이고 애니의 반응은 '책임을 인정하는' 것입니다. 비트 4의 끝에서 애니가 자신의 잘못을 인정하면서 두 사람 사이는 가까워지기 시작합니다.

비트 5

아버지: 넌 어리고, 재능 있고, 이쁘고, 사랑이 넘쳤지. 맙소사. 애니. 도대체 왜 그 모든 걸 버리고 떠난 거니? 네 엄마는 정말 널 그리워한다. 그리고 대니도.

애니: 대니 좀 맡아 주실래요? 음악 공부를 하고 싶어 해요. 재능이 있고요. 줄리어드에서 받아 준대요.

아버지: 너도 오라고 했었지. 아직도 그 건반 연습판 갖고 있니?

애니: 네, 대니가 그걸로 연습했어요.

아버지: 네가 가르쳤구나.

두 사람, 엷은 미소를 짓는다.

아버지: 이게 무슨 아이러니냐? 그렇지 않니? 너는 지금 여기서, 네가 총탄처럼 뛰쳐나갔던 삶으로 네 아들을 받아달라고 부탁하는구나.

정적이 흐른다.

비트 5에서 아버지는 어린 시절 딸의 사랑스러운 모습을 얘기하면서 갑자기 애정을 보이는데, 애니는 드디어 자신의 욕망을 드러냅니다. 애니의 행동은 '대니를 부탁하기 위해서'이고 아버지의 반응은 아이러니라고 말하면서 '애니의 의도의 허점을 지적하기'입니다.

비트 6

아버지: 대니도 원하니?

애니: 그런 거 같아요. 우리에게 말도 안 하고 오디션을 봤어요. 대니에게는 재정적 지원과 돌봐줄 사람들이 필요해요.

아버지: 너무 무리한 부탁 아니니? 난 대니를 거의 모른다. 같이 살면 어딜 가든 연방경찰이 우릴 따라다닐 거고. 넌 영원히 대니를 볼 수 없을 거다. 우리 이런 일을 하기에는 너무 늙었다.

애니: 그러네요. 너무 과한 부탁이네요.

다시 정적.

비트 6에서 애니는 한 번 더 부탁하지만 아버지는 이런 일을 하기에는 너무 늙었다는 이유로 애니의 부탁을 거절합니다.

비트 7

애니: 열 살짜리 아들이 하나 더 있어요.

아버지: 뉴스에서 들었다.

애니: 자수할 거예요. 그 아이가 우릴 더 이상 필요로 하지 않을 때가 되면, 그 애가 충분히 나이가 들면.

아버지: 아더도?

애니: 아더의 생각을 내가 대신 말할 수는 없어요.

정적.

비트 7에서 애니는 또 다른 아이를 얘기하며 아버지의 애정을 불러일으키면서 대니를 한 번 더 부탁합니다. 애니의 의도는 '한 번 더 부탁하기 위해서'이고, 아더의 생각을 묻는 아버지의 반응은 '여전히 애니의 의도를 의심하는'입니다.

비트 8

애니: 제발 생각 좀 해봐 주세요. 가볼게요.

아버지: 애니. 대니를 우리 집에 보내라.

비트 8에서 애니는 자신의 욕망을 포기하려 하지만 그간 대화들을 거치면서 조금씩 애정을 키워온 아버지가 마침내 대니를 맡아주겠다고 허락합니다. 애니의 반응은 '포기하기 위해서'이고 아버지의 반응은 '마침내 허락하는'입니다. 아버지가 말한 '대니를 보내도 된다(He can come to us)'는 말은 이 장면 전체의 분위기를 바꿔주면서 결론으로 몰고 가는 전환점이 됩니다. 팽팽히 대립하던 두 사람은 아버지의 이 말을 계기로 갑자기 감정을 터뜨립니다.

비트 9

애니: 엄마에게 사랑한다고 꼭 전해 주세요. 매일매일 두 분을 생각했고, 소리쳐서 불러보기도 했다고요. 너무나 많은 고통을 줘서 정말 죄송해요. 이제 내가 그 고통을 겪을 차례네요. 사랑해요. 아빠.

애니, 도망치듯 나간다.
아버지가 비로소 후두둑 무너지며 오열한다.

비트 9에서 애니는 부모님을 사랑한다고 말하고 용서를 빕니다. 그리고 자신의 갑작스러운 감정 노출에 당황한 듯 자리를 떠납니다. 떠나는 애니를 보는 아버지도 그제야 감정을 터뜨리며 흐느낍니다. 애니의 행동은 '사랑한다고 고백하기 위해서'이고, 아버지의 반응은 '그 고백을 받아들이는' 것입니다.

이렇게 이 장면은 총 9개의 비트를 건너가면서 14년 만에 만난 부녀가 죄책감과 사랑 사이에서 팽팽히 대립하다가 마침내 서로의 사랑을 고백하면서 끝납니다. 물론 그 과정에서 대니를 맡기려는 애니의 욕망은 성취됩니다. 시작 지점에서 애니는 사랑에 대해서 부정적이고 회의적인 가치를 가졌지만, 종결점에서는 사랑에 대해서 다시 긍정적 가치로 돌아섭니다.

장면을 쓸 때는 먼저 장면의 주인이 확실해야 합니다. 그 주인이 가진 욕망과 그 적대자가 갖는 방해물이 하나의 예상되는 갈등으로 설정되어야 합니다. 욕망을 추구하는 주인의 의지는 가장 자연스러운 리얼리티가 요구하는 감정의 계단을 타고 비트로 쌓입니다. 그러다 마침내 전환점을 맞고서 그 욕망에 대한 결론을 내며 종결됩니다. 모든 대사에는 텍스트와 서브 텍스트가 팽팽하게 긴장하고 있으며, 가치에 대한 태도는 이야기 전체 주제와 긴밀하게 연결되면서 낱개의 장면을 전체 이야기의 한 부분으로 정착시킵니다.

장면은 그 자체로 하나의 이야기이고 우주입니다. 장면을 쓸 때마다 하나의 우주를 창조하는 마음으로 써나가야 합니다. 이 작은 우주를 건설하는 핵심은 주인의 욕망입니다. 우리는 스텝 아웃라인을 통해서 하나의 줄거리가 어떻게 장면화되는지 살펴보았습니다. 그리고 장면의 제목과 지문, 대사와 구조에 대한 논의를 통해서 실제로 장면을 쓰는 법을 살펴봤습니다. 한 줄의 스토리에서 분화한 장면들을 이렇게 하나씩 만들어나가다 보면 우리는 마침내 모든 장면을 가진 완성 시나리오(full script)를 갖게 됩니다.

장면을 끝낼 때마다 작가는 다음 질문을 스스로에게 해봐야 합니다. 이 질문들을 환기하면서 수업을 마칩니다.

질문 1: 누구의 장면인가요?

질문 2: 히치콕은 모든 장면이 추적 장면 아니면 탈출 장면이라고 했습니다. 당신이 만든 장면 주인은 지금 무엇을 쫓고 있나요? 아니면 무엇에서 빠져나가려 하고 있나요?

질문 3: 장면 주인의 욕망은 무엇인가요? 표면적으로 드러나든, 아니면 서브 텍스트로 장면 안에 숨어 있든, 그 욕망은 무엇인가요?

질문 4: 장면의 갈등은 무엇인가요? 다시 말하면 장면 주인의 욕망을 방해하는 것은 무엇인가요? 장면 속 다른 인물로부터? 아니면 장면 주인의 내면으로부터? 아니면 주변 환경이나 분위기로부터 오나요?

질문 5: 장면 주인의 욕망은 실현되나요? 아니면 좌절되나요? 그 결과가 다음 장면으로 유예되어도 여전히 이 질문은 유효합니다.

질문 6: 장면의 전환점은 어디인가요?

질문 7: 장면 속 인물들은 이 장면 전에는 어디에 있었고, 이 장면 후에는 어디로 가나요?

질문 8: 전체 주인공이 나오지 않는 장면이라면, 인물들은 고유의 존재 가치를 갖고서 장면 속에 존재하고 있나요?

질문 9: 대사를 소리 내 읽어보세요. 모든 인물의 대사는 다른 인물의 대사와 구별되고 있나요? 모든 대사는 눈을 감고 들어도 누구의 대사인지 구별되는 개별성을 갖고 있나요?

질문 10: 인물들은 설명하려고 대사를 하지 않고, 그냥 자신의 캐릭터로서 자연스러운 말을 하고 있나요?

질문 11: 지금 이 장면은 다음의 세 가지 중 어떤 장면인가요? 준비 장면, 드라마적 장면, 그 여파 장면. 복싱 시합 장면이 나오는 시퀀스라면, 복싱 연습 장면은 준비 장면이고, 경기 장면은 드라마적 장면이고, 경기에 지고 난 후에 좌절해서 술 마시는 장면은 그 여파 장면이라 할 수 있습니다.

질문 12: 장면의 주인은 장면의 시작과 끝에서 어떤 변화를 겪게 되나요?

마지막 수업:

캐릭터를 위한
변명

구조가 숲에 난 이정표라면
캐릭터는 그 길을 과연 어떤 옷을 입고,
어떤 노래를 부르며,
어떤 걸음걸이와 호흡으로,
마주치는 경치에서 어떤 아름다움을 발견하면서,
어떤 사람들과 함께 가는가 하는 것들입니다.
이야기의 차이는 캐릭터가 만듭니다.

「방가? 방가!」

육상효 각본, 2010

「방가? 방가!」 포스터.
(출처: ㈜시너지)

백상예술대상 각본상
부일영화상 각본상

캐릭터로 시작된 이야기. 생존을 위해서 외국인으로 위장해 살던 한 사내가 끝내 외국인 된다는 이야기이다. 외국인이 된다는 것은 그만큼 외국인들 이해하고 자신과 동일시한다는 뜻이다. 충청도 시골 출신의 방가는 무력하지만 정의감 넘치고, 남들을 속이지만 속이는 대상을 깊이 이해하게 될 만큼 따뜻하다. 사화과학적으로 상황을 분석할 순 없지만, 공장 간부의 악행을 파악할 만큼은 지적이다. 이런 다양한 캐릭터의 차원이 방가를 한 명의 주인공으로서 입체적으로 만들었다. 이 캐릭터로부터 모든 것이 시작됐다. 공장에서 직접 일을 하는 등의 취재를 통해서 외국인 캐릭터를 만들고, 장미라는 사랑스러운 여인의 캐릭터도 만들었다. 귀여운 악당 용철도 스토리의 코믹한 확장에 기여했다. 외국인으로 위장해 사는 방가가 외국인 여성 장미를 사랑하는데, 장미는 아들을 위해서 신분이 확실한 한국인과 결혼하고 싶어 하고, 방가는 자신이 실은 한국인이면서도 한국인이라 말하지 못하는 이야기를 통해서 아이러니가 코미디를 어떻게 발전시킬 수 있는가를 보여준다. '우리가 생각하는 만큼 외국인과 우리는 다르지 않다'라는 것을 주제로 지니고 시나리오를 써나갔다. 그 시점까지 외국인 노동자에 관한 한국의 이야기들이 전형적인 가해자와 피해자의 서사에 머물러 있어서 오히려 이야기로 다시 차별을 만드는 측면이 있었다. 코미디는 이런 전형적 구도를 벗어나는 데 도움을 주면서도 외국인에 대한 이야기를 즐겁고 건강하게 할 수 있게 했다. 외국인들은 고생하고, 탄압받기 위해서 한국에 온 게 아니라 재밌고 행복하게 살기 위해서 한국에 온 것이라는 건강한 역동성이 표현되길 바랐다.

캐릭터, 어떻게 그릴 것인가?

애틀리 판사는 여든 살에 가까운 노인이었다. 그는 현대 문명의 이기를 전혀 신뢰하지 않았다. 그렇기 때문에 그가 작성한 소환장은 언제나 우편으로 배달되었다. 그는 전화기도 탐탁히 여기지 않았으며, 자동응답기도 사용하지 않았다. 이메일은 물론 팩스조차도 말이다.

그는 서류를 작성할 때마다 뚜껑이 있는 고풍스러운 책상 위의 낡은 타자기를 집게손가락 두 개로 천천히 한 자씩 쳤다.

그 책상 위에는 네이단 베드포드 포레스트 장군의 초상화가 있었다. 그의 조부는 남북전쟁 때 포레스트 장군과 함께 싸웠다. 애틀리 판사는 포레스트 장군을 가장 위대한 인물로 생각했기에 그의 생일인 7월 13일에는 32년 동안 재판을 주관하지 않았다.[1]

존 그리샴의 『소환장』은 주인공 아버지에 대한 이러한 캐릭터 설명으로

---

1 존 그리샴, 신현철 옮김, 『소환장』, 문학수첩, 2002, 7쪽.

시작합니다. 짧지만 선명한 이 설명을 통해서 독자들은 아버지의 편지를 받은 대학교수인 아들의 심정을 짐작할 수 있습니다. 원칙주의자이고, 완고하고, 고집 세고, 권위적이고, 보수적인 아버지가 아들에게 보낸 편지로 시작하는 소설의 첫머리는 독자들을 이야기 속으로 끌어당기기에 충분합니다. 존 그리샴은 캐릭터 창조의 천재입니다. 한번 잡으면 다 끝날 때까지 놓을 수 없는 그의 소설은 이런 캐릭터들로 가득합니다. 그는 캐릭터의 설명을 위해서라면 진행하던 이야기를 멈추고라도 페이지를 충분히 할애합니다. 새로운 인물이 나오면 그의 인생 스토리를 두세 페이지에 걸쳐서 상세히 늘어놓기도 합니다. 이런 방식은 사건 진행을 늦춰서 독자들을 지루하게 만들 수도 있지만, 존 그리샴은 전혀 두려워하지 않습니다. 그에게는 사건의 진행보다도 확실한 캐릭터를 독자들의 가슴에 심어놓는 게 중요합니다. 그렇게 상세하고 강력하게 만들어진 캐릭터들은 몇백 페이지의 소설이 진행되는 내내 생생하게 살아서 스토리를 이끌고 갑니다.

미국에서 공부할 때, 은사인 데이비드 하워드 선생은 "여행 갈 때 옷은 계획한 양의 반을 가져가고, 돈은 계획한 양의 두 배를 가져가라. 시나리오를 쓸 때는 구조에 대해서는 계획한 시간의 반을 사용하고, 캐릭터에 대해서는 계획한 시간의 두 배를 쓰라"고 했습니다. 존 그리샴이나 하워드 선생이나 구조보다 캐릭터가 훨씬 중요하다고 말합니다. 구조가 어느 정도 짜여진 길이라면 캐릭터는 그 길에 형태를 부여하고, 깊이를 만들고, 고유한 특성을 만듭니다. 구조의 원리들이 유사해도 캐

	영웅
	정신적 스승
	문지기
조지프 캠벨의	예언자
캐릭터 원형	변신자
	그림자
	협력자
	장난꾸러기

릭터들이 다른 한, 모든 이야기는 각각 다른 이야기가 됩니다. 바둑이란 게임이 생겨난 이후에 수억 판의 바둑을 두었지만 단 한 번도 같은 바둑은 없었듯이 말입니다.

캐릭터에 관한 이론들

신화학자 조지프 캠벨은 전 세계의 신화를 연구한 끝에 모든 신화에 보편적으로 나타나는 8개의 캐릭터 원형(archetype)을 제시했습니다. 인간은 지구상의 다양한 지역에서 살지만, 기본적으로 같은 생물학적 조건을 갖고 있고, 동일한 조건으로 환경에 적응하면서 본질적으로는 유사한 문화를 만들어낸다고 그는 보았습니다. 그 본질적 유사함을 원형이라고 하고, 신화 속에서도 그 원형적 특성이 '영웅의 여행'이라는 이야기의 패턴과, 8개의 캐릭터 원형으로 나타난다고 보았습니다.[2] 캠벨은 8개의 캐릭터 원형이 인간 신체의 각 기관을 대표한다고 보았고, 인간이 맺는 타인과의 사회적 네트워크 형태를 상징한다고도 했습니다. 그 캐릭터의 원형들은 영웅과 정신적 스승, 문지기, 예언자, 변신자, 그림자, 협력자, 장난꾸러기입니다. 영웅은 누구나 알 수 있듯이 주인공이고, 정신적 스승은 영웅에게 무언가를 할 수 있게 능력을 키워주거나 조언해 주는 인물입니다. 문지기는 조연이나 단역에 해당하는 인물로 술집에서 주인공을 못 들어가게 막다가 얻어맞는 인물이거나, 서류를 받으며 까다롭게 구는 접수원, 절의 입구를 지키는 사천왕상일 수도 있습니다. 길을 막고 사람들에게 수수께끼를 내는 스핑크스는 아마 인류 역사상 가장 유명한 문지기일 것입니다. 예언자는 앞날을 내다보고 재난이나 위험이 도래할 것을 사람들에게 경고하는 사람입니다. 영웅에게는 앞날에 대비하여 행동을 취하도록 격려하기도 합니다. 변신자는 자신의 모습을 자주 바꾸는 사람입니다. 거짓 모습과 참모습이 교차해 정체를 파악하기가 힘든 인물입니다. 필름 누아르 영화에 주로 나타나는 치명적 여인(팜므파탈)이 대표적인 인물입니다. 아름답고 능력 있어 보이나 종국에는 치명적인 음모를 드러내는 여인입니다. 그림자는 악한 안타

---

2 크리스토퍼 보글러, 함춘성 옮김, 『신화, 영웅 그리고 시나리오 쓰기』, 비즈앤비즈, 2013, 63쪽.

	주인공
블라디미르 프로프의 캐릭터 원형 {	악당
	후원자
	조력자
	공주, 보상적 인물
	파견자
	가짜 주인공

고니스트를 말합니다. 「어벤져스」 시리즈의 타노스가 대표적인 인물입니다. 협력자는 영웅의 옆에서 협력하고 도와주는 사람입니다. 장난꾸러기는 「겨울왕국(Frozen)」(크리스 벅·제니퍼 리 감독, 2013)의 올라프나 「슈렉(Shrek)」(앤드루 애덤슨·비키 젠슨 감독, 2001)의 당나귀처럼 주인공의 옆에서 코믹한 행동으로 긴장된 분위기를 풀고, 유머를 통해서 의외의 진실을 드러내는 인물입니다.

러시아의 민담학자 블라디미르 프로프(Vladimir Propp)는 수백 편의 민담을 분석한 끝에 이야기 속에서 일정한 기능을 수행하는 이야기의 원형적 캐릭터 7개를 제시했습니다. 주인공과 악당, 주인공에게 특별한 능력이나 지혜, 정보를 주는 후원자(donor), 그리고 모험의 과정에서 주인공을 돕는 조력자, 모험의 목적이 되는 공주 혹은 보상적 선물, 주인공에게 모험을 부탁하거나 명령하는 파견자, 그리고 주인공의 역할을 가장하면서 주인공과 경쟁하는 가짜 주인공 등이 이 7개의 원형적 캐릭터입니다.

작가이자 스토리 분석자인 빅토리아 린 슈미트(Victoria Lynn Schmidt)는 이런 원형 개념을 확장해서 그리스로마 신화로부터 45개의 원형적 캐릭터를 추출합니다. 아프로디테부터 페르세포네까지 8개의 여성 캐릭터를 제시하고, 각 캐릭터 안에서 나올 수 있는 한 가지 변형을 제시해서 일단 16개의 원형적 캐릭터를 제시합니다. 그리고 남성 캐릭터도 같은 방식으로 아폴로에서 디오니소스, 제우스까지 8개의 캐릭터와 각각의 변형을 추가해서 16개를 만듭니다. 예를 들면 제우스의 캐릭터는 왕이 될 수도 있고, 독재자가 될 수도 있다는 식입니다. 빅토리아는 여기서 그치지 않고 조연 캐릭터의 원형까지 제시합니다. 그에 의하면 조연은 크게 세 종류의 캐릭터가 있습니다. 친구, 방해꾼, 그리고 상징적 인물입니다. 친구에는 친근한 조언자 박사, 지혜로운 조언자 멘토, 언제나 옆에 있는 베스트 프렌드, 그리고 연인 등 네 종류의 인물이 있습니다. 방해꾼은 궁극적인 적대자가 아니라 사소한 방식으로 영웅의 길을 방해하는 인물들입니다. 방해꾼에는 이기적 농담꾼, 어릿광대, 사고뭉치, 참견꾼, 비관론자, 심령술사 등 6개의 인물이 있습니다. 상징적 인물은 주인공 내면의 중요한 측면을 상징하는 조연들입니다. 그림자는 주인공의 성격적 단점이나 어두운 면을 상징하는 인물입니다. 상실된 영혼은 주인공이 잃어버린 과거를 상기시키는 인물입니다. 그리고 주인공의 롤모델로서 쌍둥이 형제가 있습니다. 이렇게 조연 캐릭터 총 13개까지 더

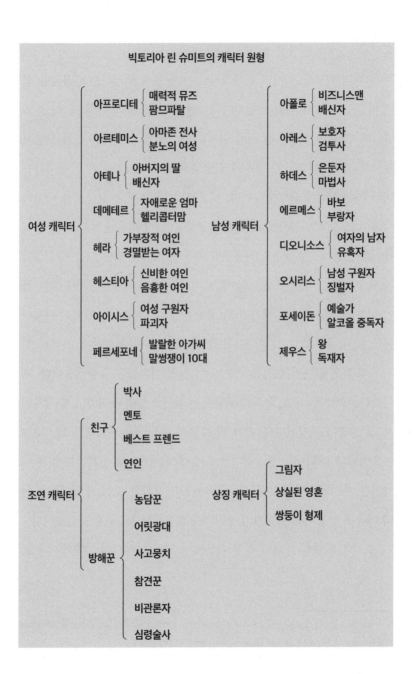

빅토리아 린 슈미트의 캐릭터 원형

여성 캐릭터
- 아프로디테 — 매력적 뮤즈 / 팜므파탈
- 아르테미스 — 아마존 전사 / 분노의 여성
- 아테나 — 아버지의 딸 / 배신자
- 데메테르 — 자애로운 엄마 / 헬리콥터맘
- 헤라 — 가부장적 여인 / 경멸받는 여자
- 헤스티아 — 신비한 여인 / 음흉한 여인
- 아이시스 — 여성 구원자 / 파괴자
- 페르세포네 — 발랄한 아가씨 / 말썽쟁이 10대

남성 캐릭터
- 아폴로 — 비즈니스맨 / 배신자
- 아레스 — 보호자 / 검투사
- 하데스 — 은둔자 / 마법사
- 에르메스 — 바보 / 부랑자
- 디오니소스 — 여자의 남자 / 유혹자
- 오시리스 — 남성 구원자 / 징벌자
- 포세이돈 — 예술가 / 알코올 중독자
- 제우스 — 왕 / 독재자

조연 캐릭터
- 친구
  - 박사
  - 멘토
  - 베스트 프렌드
  - 연인
- 방해꾼
  - 농담꾼
  - 어릿광대
  - 사고뭉치
  - 참견꾼
  - 비관론자
  - 심령술사
- 상징 캐릭터
  - 그림자
  - 상실된 영혼
  - 쌍둥이 형제

해서 총 45개의 원형적 캐릭터가 됩니다.[3]

원형적 인물들은 어느 영화에서나 그 원형에 해당하는 인물들을 쉽게 떠올릴 수 있을 만큼 보편적이고, 모든 스토리에 자주 나오는 인물들입니다. 그런데 이야기를 처음 쓸 때는 이 원형 이론들이 크게 도움이 되지 않기도 합니다. 제 경우에 인물들은 이야기의 스토리를 잡아가는 데서 자연스럽게 출현했습니다. 처음부터 이 원형을 생각해서 이야기 속에서 스스로의 힘으로 출현한 인물들을 박제화하는 것은 오히려 이야기를 쓰는 데 부담으로 작용했습니다. 스토리를 일단 처음부터 끝까지 완성하고 그다음 수정을 할 때, 오히려 캐릭터 원형들에 대한 이론들이 도움이 되었습니다. 작가가 막 창조한 중요 인물이 이 캐릭터 원형의 어느 것과 유사하고, 그렇다면 조금 더 갖춰야 할 특성이나, 간과한 성격적 특성은 없는지 점검해 보는 데서 원형 이론들은 유용했습니다. 캐릭터는 이야기의 구조 속에서 처음에는 자연스럽게 출현하고, 수정하면서 그 성격이 보강됩니다. 제가 이 수업의 마지막에 캐릭터를 얘기하는 이유입니다. 캐릭터는 중요하지만, 처음부터 캐릭터를 생각하는 것은 이야기를 부자연스럽게 만들 수 있습니다. 자칫하면 모든 캐릭터를 원형의 아류로 만들어서 이야기의 생명력을 뺏는 경우도 생길 수 있습니다.

조지프 캠벨의 캐릭터 원형 이론에서 제가 이야기의 시작에서나 끝

---

3 Victoria Lynn Schmidt, *45 Master Characters*: *Mythic Models for Creating Original Characters*, Writer's Digest Books, 2001, pp. 21-191.

에서나 항상 머릿속에 넣고 다니는 것이 하나 있습니다. 그것은 바로 하나의 이야기는 영웅의 캐릭터가 변하는 과정이라는 것이지요. 결국 모든 이야기는 영웅, 즉 주인공이 자신의 변화를 완성하는 것입니다. 이것을 미국에서는 캐릭터 아크(character arc)라고도 합니다. A 지점에서 시작한 아크가 여러 과정을 거치면서 커다란 곡선을 그리며 마침내 B 지점에 도착하는 것으로 캐릭터의 변화를 이루어냅니다. 성장 드라마에서 주인공은 어른이 되고, 러브 스토리에서는 사랑에 대해 눈을 뜨고 좀 더 성숙한 사랑의 관점을 갖게 되며, 스릴러에서는 세상을 증오하고 공격적이었던 주인공이 세상과 화해하고 누군가를 사랑하게 됩니다. 이렇게 보면 구조와 캐릭터는 결국 같은 동전의 양면입니다. 구조는 주인공의 욕망을 따라서 진행되고, 그것을 성취하는 과정에서 주인공의 캐릭터 변화가 완성되는 것이니까요. 주인공뿐 아니라 어떤 캐릭터에서도 가장 중요한 건 그가 무엇을 원하느냐입니다. 이야기 구조에서는 그가 원하는 건 욕망이 되지만, 캐릭터에서는 좀 더 긴 시간을 놓고 그가 꾸는 꿈일 수도 있습니다. 캐릭터가 변한다는 것은 꿈이 변한다는 것입니다. 성격적 변화의 완성은 다른 꿈을 갖게 되는 것입니다. 「굿 윌 헌팅」에서 어떤 인간과도 진정한 관계를 맺지 않으려는 욕망을 가졌던 월 헌팅은 그 욕망이 행복하게 좌절되고, 결국은 세상과 화해하며 연인을 만나러 갑니다. 영화 초반 그가 가진 꿈이 뒷골목에서 아무렇게나 인생을 낭비하는 것이었다면, 영화의 끝에서 그의 꿈은 자신의 재능을 이용해서 세상에 기여하고, 사랑하는 사람과 가정을 만드는 것인지도 모릅니다. 윌 헌팅의 캐릭터 아크는 어떤 이야기에서보다 커다란 곡선을 그리며 변화를 완성합니다. 커다란 곡선이란 변화의 폭이 그만큼 크다는 것이고, 변화의 폭이 큰 이야기는 훨씬 더 극적입니다.

캐릭터 중심의 이야기와 구조 중심의 이야기

캐릭터 중심 이야기(character driven story)와 구조 중심의 이야기(plot driven story)라는 말이 있습니다. 강한 인물이 스토리를 끌고 가면 캐릭터 중심 이야기이고, 탄탄한 구조가 이야기를 끌고 가면 구조 중심 이야기입니다. 하지만 저는 이 용어들을 들을 때마다 항상 혼란스러웠습니다. 강한 인물의 이야기에는 구조가 없나요? 탄탄한 구조의 이야기에는 인물이 필요치 않다는 이야기인가요? 왜 이 용어들은 마치 이야기에는 둘 중 하나만 필요한 듯이 얘기하고 있나요? 누군가 이렇게 대답할 수는 있겠지요. 둘 중 하나만 필요한 게 아니라, 둘 중 하나가 더 중요한 역할을 하는 이야기들은 있을 수 있다고요. 하지만 여전히 의문입니다. 캐릭터가 더 중요한 역할을 한다면 구조는 그렇게 고민하지 않아도 된다는 이야기인가요? 구조가 중심이 되면 캐릭터는 대충 만들어도 된다는 말인가요?

미국 영화 이론가들이 캐릭터 중심 이야기라고 하는 대표적인 영화가 로버트 드니로 주연, 마틴 스콜세지 감독의 「택시 드라이버(Taxi Driver)」

(1976)입니다. 뉴욕의 고독한 택시 운전사 트래비스가 이 영화의 주인공입니다. 택시 운전사로 일하는 그는 뉴욕이라는 거대 도시에서 누구하고도 관계 맺지 못하고 혼자서 살아가고, 자신의 고독에 자족하지만 한편으로는 다른 사람과의 관계를 절실하게 갈망하는 복합적인 캐릭터입니다. 하지만 이 영화는 캐릭터 못지않게 탄탄한 구조를 갖고 있습니다. 타인과의 관계를 맺으려는 트래비스의 욕망이 이 영화의 드라마를 만듭니다. 그의 욕망이 계속 좌절되면서 시퀀스가 쌓여가고 3장에서는 마침내 관계에 대한 그의 욕망을 정의감으로 변화시켜서 스스로 부당한 사람을 폭력으로 징벌하는 데 나섭니다. 그는 이 일로 감옥에 갇혀서 더욱 고독해지지만 마침내 세상 사람들로부터 이해받는다는 것이 이 영화의 결론입니다. 이 영화가 캐릭터 중심 이야기라고 해서 결코 구조가 허술하지는 않습니다. 이 영화는 캐릭터 중심 이야기가 아니라 캐릭터도 좋고 구조도 좋은 영화입니다. 캐릭터 중심 이야기는 좋은 캐릭터가 탄탄한 구조를 만드는 이야기입니다. 구조 중심의 이야기도 탄탄한 구조가 좋은 캐릭터를 만드는 이야기입니다. 결국 구조와 캐릭터는 주인공의 욕망이라는 척추의 양쪽에 있는, 한 몸의 다른 측면들입니다.

이야기를 맨 처음 생각할 때 '이런 인물에 대한 이야기를 해야겠다'고 생각이 들었다면 그건 캐릭터에서 출발하는 것입니다. 혹은 '어떤 상황에 처한 사람의 이야기'라고 생각이 들었다면 그건 구조에서 출발하는 이야기입니다. 왜냐하면 어떤 상황이란 구조의 핵심인 딜레마를 얘기하기 때문입니다. 부끄럽지만 제 영화를 예로 들자면, 저는 「방가? 방가!」(2010)라는 영화를 쓸 때 '외국인과 비슷하게 생겼는데, 취업을 하지 못하는 청년에 대한 이야기'로 출발했습니다. 그러니까 캐릭터로 출발한 셈입니다. 거기에서부터 '그가 외국인 흉내를 내서 취업에 성공하고, 결국에는 외국인 노동자들을 이해하고 그들과 동화되면서 심정적으로 완전한 외국인이 된다'는 이야기의 기본 구조가 만들어졌습니다. 그다음의 모든 디테일과 코미디는 이 한 줄의 구조적 스토리에서 출발했습니다. 「나의 특별한 형제」(2019) 역시 '몸과 마음에 장애를 안고 있는, 장애인 형제'가 있다는 전제로 출발했습니다. 그러니 이것도 역시 캐릭터로부터 출발한 이야기입니다.

반면에 「강철대오: 구국의 철가방」(2012)은 '대학생들의 시위 현장에 중국집 배달 종업원이 끼어들었다'라는 상황에서 출발합니다. 여기로부터 이야기를 만들면서 주인공의 캐릭터가 보강됐고, 상대역인 여자 대학생, 학생 운동 리더 등의 캐릭터가 만들어졌습니다. 그러니 이 영화는 구조에서부터 먼저 출발한 영화라고 할 수 있습니다. 하지만 결과는 거의 차이가 없습니다. 캐릭터에서 시작하면 구조를 만들어야 하고, 구조

에서 출발하면 캐릭터를 만들어야 합니다. 모든 이야기는 '한 캐릭터가 어떤 일을 하려고 하는' 이야기입니다. 무엇으로 출발하더라도 결국은 구조와 캐릭터 모두가 필요한 것입니다. 결국은 캐릭터 중심이냐, 구조 중심이냐는 그다지 중요한 질문이 아닙니다. 우리는 그 둘 모두가 필요합니다.

모호한 캐릭터와 명확한 캐릭터

캐릭터의 모호성이 인물을 깊게 만든다고 주장하는 이론이 있습니다. 모호한 캐릭터는 인물의 도식화를 막고, 일정 부분 성격을 깊게 만드는 효과가 있습니다. 하지만 모호한 캐릭터는 때로는 이야기에 방해가 됩니다. 명확하지 않은 캐릭터는 드라마에 대한 관객의 기대를 어렵게 하고, 반전이 일어났을 때도 그것을 반전으로 느끼지 못하게 합니다. 그렇다고 너무 명확하게 하는 것만이 능사는 아닙니다. 명확하다는 것에는 언제나 상투적이라는 함정이 있습니다. 얄팍한 일차원적 캐릭터를 만들 위험도 언제나 있습니다.

캐릭터의 깊이는 그 이야기의 깊이입니다. 가장 명확한 캐릭터는 어린이 애니메이션에서 나옵니다. 선인은 명확한 선인으로, 악인은 명확한 악인으로 그려집니다. 단순하고 명확한 세상이 어린이의 세상입니다. 모호함은 허용되지 않습니다. 어린이 드라마로 가면 캐릭터들은 조금씩 자신들만의 삶의 이력을 가지고 복잡해지기 시작합니다. 요즘은 초등학교 어린이가 되면 벌써 인생이 그리 단순하지 않다는 것을 알게 됩니다. 그러다 청소년 드라마를 거쳐서 성인 드라마로 오면 캐릭터들은 더 복잡해집니다. 그러나 모든 세대를 겨냥하는 대중 영화에서는 캐릭터들의 보편적 명확성이 어느 정도 필요합니다. 복잡하고 모호한 캐릭터는 많은 관객에게 호소하기 힘듭니다. 대중 영화가 아닌 예술 영화에서는 캐릭터들이 모호하고 복잡해집니다. 모든 상투성을 거부하고 인간의 성격이 정말 단 한 가지로 얘기될 수 있는가를 묻는 영화도 있습니다. 모호함은 캐릭터를 깊이 있게 만들지만 효과적이지 않습니다. 명확함은 효과적으로 이야기를 끌고 가지만 상투적 인물을 만듭니다. 어린이 드라마부터 성인 영화까지, 대중 영화에서부터 예술 영화까지 모호함과 명확함의 척도를 정교하게 조절하면서, 그 이야기에 맞는 캐릭터를 만들어야 합니다.

「어벤져스」 시리즈의 세계적 성공에는 캐릭터가 크게 기여했습니다. 이 시리즈는 어린이부터 어른까지 다 즐길 수 있는 보편적 캐릭터를 갖췄지만, 그러면서도 상투적이지 않은 캐릭터들을 만들어내서 단순한 블록버스터로만 치부되지 않고 나름의 깊이를 보여줍니다. 주인공 아이언맨은 어떤 사람인가요? 아이언맨이 된 토니 스타크는 가볍고 출랑거리는 괴짜 사업가입니다. 그는 막강한 부와 추진력으로 스스로를 아이언맨으로 만드는 데 성공하고, 어벤져스 그룹을 이끄는 리더가 됩니다. 여기까지만 보면 그는 단순한 어린이 만화 영화의 캐릭터로 보입니다. 하지만 그는 아버지에 대한 애증이 강하고 가족과 떨어져서 고립된 인물입니다. 마음 깊은 곳에는 가족에 대한 상실감이 자리하고 있고, 이런 고립감이 그를 어벤져스 그룹과 가깝게 합니다. 그의 장난스럽고 어린아이 같은 태도 속에 자리한 깊은 고립감이 그를 단순한 어린이 만화 영화 캐릭터에서 벗어나게 하고, 이 전 세계적 대중 영화에도 어느 정도의 깊이를 만들어줍니다. 분노한 헐크는 괴력을 내뿜는 슈퍼 히어로지만, 분노가 가라앉으면 브루스 배너라는 지적인 과학자로 돌아옵니다. 브루스 배너라는 캐릭터가 헐크를 단순한 슈퍼 히어로에 머물지 않게 하고, 캐릭터에 깊이를 더해 줍니다. 「어벤져스」 시리즈가 전 세계적으로 지속적인 성공을 거둘 수 있었던 이유에는 스스로의 정체성을 의심하면서도 눈앞에 닥친 정의의 수호를 위해 나서는, 상투적이지 않은 캐릭터들의 힘이 있었습니다.

입체적인 캐릭터를 만드는 방법

자기주장이 강한 현대 여성

한때 많은 작가들의 시놉시스를 본 적이 있습니다. 시놉시스 앞에는 등장인물들의 캐릭터를 설명하는 페이지가 있습니다. 그때 많이 본 표현이 '자기주장이 강한 현대 여성'입니다. 여주인공을 설명할 때, 그 이야기가 현대 도시에서 벌어지는 이야기면 작가들은 약속이나 한 듯 이렇게 인물을 설명했습니다. 마치 자기주장이 없으면 현대 여성이 아니라는 듯, 수많은 현대 도시 여성들의 캐릭터 설명이 하나같이 이렇게 쓰여 있었습니다. 반대 캐릭터가 있으면 '조용하고 순종적인 고전적 여성'이라고 쓰여 있었어요. 언제부터 고전적 여인은 조용하고 순종적이라는 합의가 있었단 말인가요? 요즘 젊은 작가들의 캐릭터 설명을 보면 '잔망스럽다'거나 '텐션이 높다'는 등 예능 방송 자막에서 볼 법한 설명들이 가득합니다.

상투적인 캐릭터는 상투적인 캐릭터 설명으로부터 나옵니다. 작가가 자신의 캐릭터를 설명하는 말이 새롭지 않으면 그 작가가 그려낼 캐릭터가 새로울 리 없습니다. 당신이 캐릭터를 설명하는 문장들이 바로 당신이 만들 캐릭터의 깊이입니다. 작품 속 캐릭터 이전에 지금 당장 현실에서 당신의 주변에 있는 사람들의 성격에 관해서 적어보세요. 내성적, 외향적이라는 말을 쓰지 않았다면 일단 합격입니다. 이 두 말은 오랫동안 사람의 성격을 말할 때 가장 먼저 사용되어 온 형용사들입니다. 새로운 캐릭터를 만들기 위해서는 피해야 할 말입니다. 새로운 캐릭터는 새로운 용어의 사용으로부터 옵니다.

　존 그리샴이 캐릭터를 묘사하는 방법은 독특합니다. 그는 인물이 내성적인지, 외향적인지, 분노 조절 장애가 있는지, 아니면 항상 위축돼 있는지 설명하지 않습니다. 인물의 성격에 대한 직접적인 설명은 좀처럼 하지 않습니다. 대신 인물의 출생, 성장 지역, 대학 생활, 직장 생활, 연애와 결혼의 역사, 직업, 그 직업에서의 성공과 실패, 범죄 이력 등을 상세히 늘어놓습니다. 주관적인 성격 파악보다는 누구나 조사하면 알 수 있는 객관적인 사실들을 늘어놓고 독자들이 그 인물의 성격을 추정할 수 있게 합니다. '그는 어릴 때 내성적인 아이였다'고 말하는 대신 '그는 초등학교 3학년 때, 아버지의 전근으로 갑작스럽게 전학을 가게 됐고, 전학 간 학교에서 3개월 동안 말을 한 마디도 하지 않아서 교사가 정신적 문제에 대해 부모들과 상담하기도 했었다'라고 묘사하는 식이지요. 앞의 설명은 성격에 대한 직접적인 기술이고, 뒤의 설명은 객관적 사실을 제시하고 독자가 스스로 그의 성격을 규정하게 하는 방식입니다. 누군가가 내성적이라는 판단은 전혀 객관적이지 않습니다. 사람은 내성적이기도 하고 동시에 외향적이기도 합니다. 낯선 사람들과 있으면 내성적인 사람이다가도, 친한 친구들과 있으면 세상에서 가장 외향적인 사람이 되기도 합니다. 내성과 외향은 한 사람의 고정된 성격으로 지속되지 않습니다. 그러나 그가 겪은 일들은 변하지 않습니다. 그 일들을 통해 제시되는 성격은 생생하고 미묘합니다. 그는 내성적이어서 3개월 동안 말을 안 할 수도 있고, 갑작스러운 전학에 대한 반항으로 그럴 수 있을 만큼 반항심으로 가득 찬 소년일 수도 있습니다. 인간의 성격은 언제나 변합니다. 살아 있다는 것은 무언가 행동하고 선택하는 인간이라는 것입니다. 존 그리샴이 그리는 인물들의 성격은 모호하지 않습니다. 오히려 마치 옆에서 오랫동안 살았던 친구를 보는 것처럼 손에 잡힙니다.

캐릭터 윈도우

장작 난로를 생각해 보세요. 좋은 장작 난로에는 안에서 불타는 장작을 볼 수 있도록 난로 중간에 강화 유리로 된 창이 있습니다. 이 창을 보면 안에서 벌어지는 일들을 알 수가 있습니다. 좀 더 탈 수 있는 장작이 남았는지, 불꽃은 어떻게 사위어 가는지 이 창문으로 보면 알 수가 있습니다. 사람의 가슴에도 난로와 같은 창이 나 있다고 합니다. 가슴속을 들여다보는 창, 우리는 이것을 캐릭터 윈도우라고 합니다. 이 창문을 통해 보면 그 사람의 성격이 환히 보입니다. 가슴속에서 타오르는 분노, 사랑, 연민, 열등감, 자부심, 성취감, 우울, 기쁨, 절망감 등 모든 것이 장작 난로 창을 통해 보이는 장작과 불꽃들처럼 환히 보입니다. 그런데 이 창문은 평소에는 보이지 않습니다. 이 창문은 그 인물이 어떤 선택을 할 때만 가슴에 나타납니다. 바로 그 순간이 캐릭터 윈도우의 순간입니다. 우리의 성격은 사소한 것에서부터 중대한 것에까지 무언가를 선택할 때 드러납니다.

전철 안에 있다고 생각해 보겠습니다. 당신의 인물 한 명이 전철에서 있습니다. 그의 바로 앞은 아니고 서너 걸음 떨어진 곳에 자리가 하나 납니다. 당신의 인물은 어떤 선택을 할까요? 당신의 인물이 아니라 당신의 주변 사람들을 대입해 보세요. 당신이 아주 잘 아는 친구들이나 가족들은 이런 상황에서 어떻게 할지 예상할 수 있을 겁니다. 당신은 그들의 캐릭터를 알고 있으니까요. 이렇게 사소한 선택의 순간에 그 인물의 캐릭터가 드러납니다. 선택은 캐릭터에 대한 아주 중요한 정보를 관객에게 줍니다. 혹은 술집 안에 있다고 가정해 볼까요? 당신의 인물은 남자고, 여자친구와 다정하게 술집 데이트를 즐기고 있는데, 옆자리에서 싸움이 납니다. 덩치가 큰 사람이 덩치가 작고 약해 보이는 상대를 일방적으로 구타합니다. 아무도 나서지 않습니다. 당신의 인물이 지금 그 옆자리에서 데이트하고 있는 남자라면, 혹은 그 남자의 앞에 앉은 여자친구라면 어떻게 행동할까요? 이 역시 캐릭터 윈도우가 열리는 선택의 순간입니다. 적극적으로 말리는 사람, 주인에게 항의하는 사람, 경찰에 신고부터 하는 사람, 맞는 사람을 무턱대고 감싸 안는 사람, 아무렇지도 않게 다른 집으로 가자고 자리에서 일어서는 사람, 때리는 남자를 바로 한 대 쳐서 쓰러뜨리는 사람 등 여러 캐릭터가 있겠지요. 그 앞의 여자친구라면 어떨까요? 다른 데로 가자고 일어나는 사람, 남자에게 무언가 해보라고 종용하는 사람, 자신이 일어서 때리는 남자 앞을 막고 같이 싸우는 사람, 경찰에 신고하는 사람, 때리는 남자를 달래는 사람 등 여러 선택을 할 수 있습니다.

「굿 윌 헌팅」의 윌 헌팅이라면 어떻게 할까요? 영화 초반의 윌이라면 일단 자기 옆에서 시끄럽게 구는 남자를 한 대 쳤을 겁니다. 그리고 두 사람은 아주 폭력적인 싸움을 벌일 수 있겠지요. 윌은 정의감보다는 자신의 폭력적 성향 때문에 때리는 사람을 과도하게 제지하고 그래서 두 사람은 바로 싸움에 돌입할 것입니다. 「이터널 선샤인」의 조엘이라면 어땠을까요? 아마 조심스럽게 그만두라고 말하다가 그 남자에게 한 방 맞고 쓰러졌을지 모릅니다. 그 모습을 보고 옆에 있던 클레멘타인이 남자의 등 뒤에 올라타고 남자의 얼굴을 마구 때리고 있을 거고요. 「미드나잇 런」의 잭이라면 남자를 멋지게 제압하고 수갑을 채울 것입니다. 그리고 폭력 혐의로 경찰에 넘기고 그 대가로 포상금을 받았을지도 모릅니다. 혹은 넘기지 않는 대신 그 폭력범에게 돈을 받았을지도 모르고요. 이야기 속 인물의 캐릭터가 잘 잡히지 않으면 이렇게 사소한 상황 속에 인물을 대입하여 그가 어떻게 행동하는지를 지켜보세요. 인물의 성격에 대한 장악, 요즘 말로 그립감을 얻을 수 있을 것입니다.

다음은 인물의 성격이 드러날 수 있는 몇 가지 캐릭터 윈도우 상황의 예입니다. 각 상황에서 당신은, 혹은 당신이 창조한 이야기 속 인물은 어떻게 행동할지 상상해 보세요.

1. 이미 많은 돈을 빌려서 갚지 않은 친구가 또 돈을 빌려달라는 문자를 보냈다.

2. 식당에서 나보다 늦게 온 세 팀이 연속해서 음식을 먼저 받았다.

3. 같은 그룹에 있는 다른 친구와 연애 중인 사람이 내게 좋아한다고 고백했다.

4. 늦은 밤, 전철 안에서 노인 한 명이 크게 소리를 켜고 유튜브 방송을 보고 있다.

5. n분의 1로 밥값을 내는 모임인데 한 친구가 돈이 없다고 밥값을 내지 않는다.

6. 평소 아주 싫어하는 사람이 나의 결혼식에 와서 축하한다고 말한다.

7. 음식점 종업원이 연속해서 두 번이나 내 옷에 음식을 흘렸다.

8. 병원에 왔는데, 친절한 중년 의사가 진료를 하면서 계속 반말을 한다.

9. 눈 오는 날, 한적한 길에서 현금 50만 원이 든 지갑을 주웠다.

10. 오랫동안 짝사랑해 왔던 연인과 드디어 같이 여행을 떠나기로 하고 공항에 왔는데, 거의 연을 끊다시피 하고 살았던 아버지가 병원에서 위독하다고 연락이 왔다.

당신은 당신의 상처입니다

열세 살이던 겨울에 큰형이 세상을 떠났습니다. 난 큰형의 죽음을 오랫동안 극복하지 못했어요. 수영장에 가자고 엄마 몰래 집 앞 골목으로 나오라던 형이었습니다. 그렇게 늠름하고 든든하던 사람이 한순간에 영원히 볼 수 없는 사람이 되었다는 게 이해되지 않았습니다. 아무리 기다려도, 아무리 간절하게 원해도 큰형은 다시 돌아오지 않았습니다. 그 겨울 석 달을 마치 꿈속에 사는 듯, 가위눌림과 헛소리와 눈물과 어린 좌절 속에서 신음했습니다. 그리고 누군가가 죽는다는 것은 그 사람을 절대로 다시 볼 수도, 그의 목소리를 절대로 다시 들을 수도 없는 것이라는 걸 깨닫고 다시 학교에 나갔습니다. 그때부터 학교에서 나는 웃긴 아이가 됐습니다. 내 슬픔을 잊고 싶었고, 다른 친구들에게 들키고 싶지 않았습니다. 매년 반에서 가장 웃기는 아이로 꼽혔어요. 웃음은 세상에 대한 나의 방어기제였고, 내 슬픔의 엄폐물이었습니다. 그때부터 지금까지도 난 계속 웃긴 아이였고, 어른이 되어서는 사람들을 웃기기 위하여 코미디 영화까지 만들고 있습니다.

상처는 그 인물의 성격입니다. 그가 과거에 어떤 상처를 받았느냐가 그의 성격을 규정합니다. 스토리텔링 이론가 윌 스토(Will Storr)는 인물의 성격에 영향을 주는 상처를 '근원적 상처(original damage)'라는 말로 표현합니다. 그는 "근원적 상처는 성장기에 세계에 대한 모형이 형성되는 동안 일어나기 때문에, 그것이 만든 결함은 우리의 현재 모습 안에 통합

된다. 결함들은 내면화되고, 스스로를 정당화하는 자기 영웅 만들기 서사가 작동되기 시작한다. 우리는 결코 편협하지도, 오류에 차 있지 않고, 언제나 옳을 뿐이라고 그 서사는 계속 우리를 확신하게 한다"[4]라고 말합니다. 모든 사람은 주로 성장기에 받은 근원적 상처가 있고, 그 상처에 대응하기 위해서 만들어진 논리가 한 사람의 세계관을 형성하는 데 결정적인 영향을 줍니다. 자기 상처에 대응하는 방법은 많은 경우 은폐나 지나친 방어 등으로 왜곡된 성격적 요소를 만들어서, 그는 이것을 결함(flaw)이라고 표현합니다. 모든 이야기는 이 상처를 가지고, 이 상처 때문에 왜곡된 세계관을 갖게 된 주인공이 비로소 치유받고, 결함들을 극복하면서 세상에 대해서 올바른 관점을 가지게 되는 이야기입니다.

「굿 윌 헌팅」은 아예 영화 전체가 주인공의 상처와 결함, 그리고 다른 인물의 도움으로 그것들을 극복하는 이야기입니다. 윌 헌팅은 어릴 적 양부에게 잔인하게 폭행당한 상처가 있고, 그 상처가 드러나는 걸 막으려고 어떤 사람과도 진지한 관계를 맺지 않으려 하고 거짓말을 일삼습니다. 그를 돕는 심리상담가 숀은 아내의 죽음으로 생긴 깊은 상처를 가지고 있는 인물입니다. 한때 수학자로서 유망했던 그는 그 때문에 그 이전의 관계들을 끊고, 시골 학교에서 학생들을 가르치며 묻혀 지내고 있습니다. 숀은 윌이 감추려 하는 모든 것이 윌의 잘못이 아님을 일깨워 주고, 그로 인해 비로소 상처에서 놓여난 윌이 진정한 사랑을 위해 연인

---

4 Will Storr, *The Science of Storytelling*, HarperCollins, 2019, p. 178.

에게 가는 것으로 이야기는 마무리됩니다.

「이터널 선샤인」의 주인공 조엘은 어린 시절 엄마에게 통제받은 것들이 내면의 상처가 됩니다. 클레멘타인이라는 여자친구를 만나서 사랑하면서도 완전하게 자신의 소유가 되지 않는 데 늘 초조해하고, 그것이 이유가 돼 두 사람은 헤어집니다. 클레멘타인은 애정이 부족한 유년기를 거치면서 남자들과의 애정을 늘 갈구하는 결함을 지녔습니다. 두 사람은 만났다 헤어짐을 반복하면서도 서로의 결점을 그대로 인정하며 다시 사랑을 이어갑니다. 상처는 숨기지 않고 그대로 인정하는 것만으로도 치유가 됩니다.

「본 아이덴티티」에서 본의 결함은 자신이 누군지 모르는 것입니다. 그의 상처는 살인 병기로 키워지는 과정의 혹독한 훈련에서 기인합니다. 그가 자신의 기억을 찾는 종착점은 훈련 과정에서의 상처를 잊고, 현재의 사랑에 집중함으로써 그것을 극복하는 지점입니다.

「그녀」의 주인공 테오는 오랫동안 사랑해 온 여인과 헤어진 상처가 있습니다. 그 사랑은 단지 사랑이 아니라 그가 가진 모든 따뜻하고 여린 감성의 집합입니다. 헤어진 후 그는 어디에도 정착하지 못하고 남의 편지를 대필하는 것으로 자신의 감정을 낭비하며 살고 있습니다. 그러다 과거가 없고, 현재만 있는 AI 사만다를 만나서 사랑하게 됩니다. 감정조차 논리적으로 만들어내지만, 한 명의 캐릭터로서 사만다는 한 인간을 온전히 사랑할 수 없는 근원적인 약점을 지녔습니다.

「미드나잇 런」의 주인공 잭의 상처는 과거 경찰 시절 있었던 부정한 사건입니다. 더 정확히 얘기하면 부정하다고 오해받고 매도된 사건이고, 그 결과로 아내와 딸에게서도 배척당한 것입니다. 그 이후 그는 가정을 잃고 돈만을 좇는 거친 현상금 사냥꾼으로 살아갑니다. 이 영화에서 잭의 상처는 근원적으로 치유되지 않지만, 그를 모함하고 매도한 자들에게 복수하고, 현재의 통속적 삶을 떠날 경제적 보상을 받는다는 점에서 제한적인 치유가 된다고 할 수 있습니다. 영화 중간에 나오는 딸과의 애틋한 순간도 그의 상처가 어느 정도 치유되는 느낌을 줍니다.

「빌리 엘리어트」에서 빌리의 상처는 어머니의 죽음입니다. 어머니의 죽음은 빌리에게 모든 아름답고 귀한 것들이 사라지고, 광산촌의 거친 남성적 문화 속에 갇히는 것을 뜻합니다. 이 상처에 대한 저항으로, 자기 안에서 모성적인 것을 회복하기 위해 그는 발레를 합니다. 결국 그는 발레리노라는 꿈을 이루고 어머니의 세계와 조화롭게 만납니다.

여러분의 인물이 가진 상처를 찾아내세요. 상처를 찾아내는 순간 여러분은 한 명의 인물을 창조하는 것입니다. 코미디라고 해서 예외는 없습니다. 상처가 있는 인물이 결정적인 순간에 코미디를 가치 있는 이야기로 만들어냅니다. 물론 스릴러나 액션 등의 시각적인 영화에서도 인물의 상처는 그 시각성에 정서적 깊이를 더합니다. 주연뿐 아니라 조연들까지도 인물의 상처를 파악해야 합니다. 그래야 단순히 이야기 속에서 도구적으로 쓰이지 않고, 살아 있는 조연들로 주인공의 주변을 채울 수 있습니다.

인물의 상처에 접근하는 가장 효과적인 방법은 작가 스스로의 상처를 솔직하게 바라보는 것입니다. 제가 이번 수업 서두에 썼던 저의 상처에 관한 기술처럼 말입니다. 자신의 상처를 기술하면서 작가 자신도 상처에서 해방됩니다. 얼마 전 작고한 일본의 노벨 문학상 수상 작가 오에 겐자부로는 평생 그가 쓴 거의 모든 소설에서 지적 장애가 있는 아들에 대해 썼습니다. 아들을 낳고 집에서 도망치고 싶을 만큼 두려웠던 일, 장애가 있는 아들을 키우는 고통과 함께 매일매일 느껴지는 자신의 나약함과 이기심, 서서히 아들을 받아들이고 함께 살아가는 과정에 대해 썼습니다. 그는 삶의 가장 고통스러운 부분을 써나감으로써 자신의 고통과 두려움을 극복했고, 문학적으로도 노벨상을 탈 만큼 큰 성과를 만들었습니다. 전쟁 중 오빠의 죽음에 대해서 쓰면서 자신의 상처를 마주한 소설가 박완서 선생의 경우도 마찬가지입니다. 작가는 자신의 가장 깊은 상처를 가장 솔직하게 얘기함으로써 상처를 극복합니다. 또한 그렇게 함으로써 같은 상처를 가진 독자들을 위로합니다. 모든 작가의 창의력의 길목에는 작은 도랑을 막은 돌덩이 같은 자기 상처가 있습니다. 그것을 치우는 길은 그것에 대해 쓰고 말하는 것입니다. 그래야 비로소 막혔던 창의력이 봇물 터지듯 흐르게 됩니다. 자신의 상처에 관해 쓰면서 자신이 창조한 이야기 속 인물들에게 상처를 부여하세요. 우리가 살아가면서 상처를 일부러 받을 필요는 없지만, 누구나 크건 작건 상처를 피할 수는 없습니다. 상처는 존재의 본질입니다. 아무리 유쾌하고 코믹한 캐릭터를 만들더라도 그의 상처를 인식하고 있으면 캐릭터는 입체적으로 되고, 이야기는 깊어집니다.

캐릭터를 위한 변명

마지막 수업의 제목을 저는 캐릭터를 위한 변명이라고 했습니다. 이 마지막 수업만으로 캐릭터를 제대로 다룰 수는 없을 것이라 생각했습니다. 캐릭터는 어쩌면 구조보다도 더 크게 이야기에 작용합니다. 그런 거대한 요소를 이 마지막 짧은 장에서 다 다룰 수는 없기에 저는 변명이라는 제목을 붙였습니다. 제가 존경하는 두 명의 이야기 이론가 로버트 맥키와 데이비드 하워드도 그들의 책에서 캐릭터를 중요하게 다루지는 않습니다. 그들은 둘 다 욕망을 캐릭터의 가장 중요한 부분으로 생각합니다. 하지만 욕망은 캐릭터일 뿐 아니라 구조이기도 합니다. 그들은 계속 구조에 관해서만 얘기하고 있을 뿐입니다. 그래서 저는 그들을 이야기의 구조주의자들이라고 부릅니다. 최근에 로버트 맥키는 캐릭터에 관한 책을 펴냈지만, 이 책에서도 캐릭터와 구조를 같이 얘기하고 있습니다.

구조에 집중하면 캐릭터에 대한 관심은 엷어집니다. 하지만 특히 이제 막 자신의 이야기를 쓰기 시작하려는 초보 작가들에게는 구조에 대한 이야기가 유용합니다. 왜냐하면 제 경험으로 처음 이야기를 쓸 때 가장 막막한 것은 '도대체 어떻게 백 페이지가 넘는 종이를 메꿔 나가지?' 하는 것이었기 때문입니다. 저의 수업도 주로 초보 작가들을 위한 것이기 때문에 그렇게 종이를 메꿔 가는 것에 초점을 맞추어 진행했습니다. 종이는 구조가 메꾸어 줍니다. 하지만 저는 절대 캐릭터를 경시하지 않습니다. 구조라는 밑그림을 다르게 색칠하는 것은 캐릭터이기 때문입니다. 구조가 숲에 난 이정표라면 캐릭터는 그 길을 과연 어떤 옷을 입고, 어떤 노래를 부르며, 어떤 걸음걸이와 호흡으로, 마주치는 경치에서 어떤 아름다움을 발견하면서, 어떤 사람들과 함께 가는가 하는 것들입니다. 이야기의 차이는 캐릭터가 만듭니다. 이다음 수업에서는 캐릭터에 대해서만 말하려고 합니다. 훌륭한 영화 속 기억할 만한 인물들을 본격적으로 분석하고, 이야기에 나오지 않은 그들의 배경 스토리까지 탐구해 보는 수업을 하려고 합니다. 이야기 속 캐릭터는 구조의 부속품도 아니고, 그렇다고 정신과 의사들의 심리 분석 대상도 아닙니다. 그냥 지금도 당신의 옆에 있는 사람들처럼 자연스럽게 이야기 속에 존재하고, 관객의 공감과 이해를 끌어내는 사람들입니다. 이번 수업이 구조에 대한 수업이었다면 다음 수업은 캐릭터에 대한 수업이 될 것입니다. 그 수업에 대한 약간의 맛보기거나 아니면 이번 수업에서 캐릭터를 깊이 다루지 않은 변명이 이 마지막 수업입니다.

빌리 와일더 감독이 쓰고 연출한 「아파트 열쇠를 빌려드립니다(The Apartment)」(1960)의 시나리오를 보면, 시나리오 내내 영어 'wise'라는 접미사가 대사 속에 자주 등장합니다. '어떤 측면에서' 혹은 '어떤 관점에서'로 번역할 수 있는 이 접미사는 일종의 플랜트와 페이오프로서 이야기에 코믹하고 시적 반복 효과를 줍니다. friendship-wise(우정 측면에서), gracious living-wise(우아한 생활 측면에서) 등의 단어들이 대사에서 계속 나옵니다. 영화는 사랑한다고 말하는 남자 주인공에게 여주인공이 "닥치고 카드 패나 돌려!"라고 말하면서 끝납니다. '나도 당신을 영원히 사

「아파트 열쇠를 빌려드립니다」 시나리오 마지막 장면.(출처: scriptslug.com)

랑해'가 아니어서 다행입니다. 빌리 와일더는 그렇게 오글거리는 대사를 절대 쓰지 않습니다. 유쾌하고 따뜻한 해피엔딩입니다. 그 대사 뒤에 나오는 시나리오의 마지막 지문은 이렇게 끝납니다.

버드가 패를 돌리기 시작한다. 그녀에게서 한순간도 눈을 떼지 못한다. 프랜이 코트를 벗고, 카드를 집어 들고, 패를 맞춰 보기 시작한다. 버드는 세상에서 가장 행복한 표정으로 카드를 돌린다. 돌리고, 돌리고 또 돌린다. 이야기는 여기가 끝이다. 스토리 측면에서(Story-wise).

마지막 '스토리 측면에서'라는 문장은 영화 관객에게는 결코 보이지 않는 문장입니다. 그것은 이 시나리오를 읽은 사람만이 맛볼 수 있는 보상입니다. 저는 이 지문에 무척 감동받았습니다. 영화가 아니라 시나리오에서 플랜트와 페이오프를 시도하는, 빌리 와일더 감독의 우아한 유머를 느꼈기 때문입니다. 그래서 제 수업의 마지막에도 이것을 흉내 내

볼까 합니다. 긴 수업 내내 훌륭하고 성실한 학생으로 있어 주어 고맙습니다. 여기가 끝입니다. 이야기 측면에서(Story-wise)!

참고영화

김한민 감독, 김한민 각본, 「최종병기 활」, 롯데엔터테인먼트, 2011.
류승완 감독, 류승완 각본, 「베테랑」, CJ ENM, 2015.
봉준호 감독, 봉준호·한진원 각본, 「기생충」, CJ ENM, 2019.
봉준호 감독, 봉준호·심성보 각본, 「살인의 추억」, CJ ENM, 2003.
육상효 감독, 육상효 각본, 「강철대오: 구국의 철가방」, 롯데엔터테인먼트, 2012.
육상효 감독, 육상효 각본, 「방가? 방가!」, ㈜시너지, 2010.
허진호 감독, 류장하·이숙연·신준호·허진호 각본, 「봄날은 간다」, 시네마서비스, 2001.

구스 반 산트 감독, 맷 데이먼·벤 애플렉 각본, 「굿 윌 헌팅(Good Will Hunting)」, 미라맥스, 1997.
노먼 주이슨 감독, 존 패트릭 샌리 각본, 「문스트럭(Moonstruck)」, 메트로 골드윈 메이어, 1987.
더그 라이먼 감독, 토니 길로이·윌리엄 블레이크 헤런 각본, 「본 아이덴티티(The Bourne Identity)」, 유니버설 픽쳐스, 2002.
로브 라이너 감독, 윌리엄 골드먼 각본, 「미저리(Misery)」, 컬럼비아 픽쳐스, 1990.
로브 라이너 감독, 노라 에프런 각본, 「해리가 샐리를 만났을 때(When Harry Met Sally)」, 컬럼비아 픽쳐스, 1989.
로저 미첼 감독, 리처드 커티스 각본, 「노팅 힐(Notting Hill)」, MCA-유니버설·폴리그램 필름 엔터테인먼트, 1999.
마이크 뉴웰 감독, 리처드 커티스 각본, 「네 번의 결혼식과 한 번의 장례식(Four Weddings and a Funeral)」, 그래머시 픽쳐스, 1994.
마이클 커티스 감독, 줄리어스 엡스타인·필립 엡스타인·하워드 코치 각본, 「카사블랑카(Casablanca)」, 워너 브라더스, 1942.
마틴 브레스트 감독, 조지 갤로 각본, 「미드나잇 런(Midnight Run)」, 유니버설 픽쳐스, 1988.

마틴 스콜세지 감독, 폴 슈레이더 각본, 「택시 드라이버(Taxi Driver)」, 컬
럼비아 픽쳐스, 1976.

미셸 공드리 감독, 찰리 카우프만 각본, 「이터널 선샤인(Eternal Sunshine)」,
포커스 피쳐스, 2004.

밀로스 포만 감독, 로렌스 호벤 · 보 골드먼 각본, 「뻐꾸기 둥지 위로 날아
간 새(One Flew Over Cuckoo's Nest)」, 유나이티드 아티스트, 1975.

빌리 와일더 감독, 빌리 와일더 · 찰스 브래킷 · D. M. 마쉬맨 주니어 각본,
「선셋 대로(Sunset Boulevard)」, 파라마운트 픽쳐스, 1950.

빌리 와일더 감독, 빌리 와일더 · I. A. L. 다이아몬드 각본, 「아파트 열쇠를
빌려드립니다(The Apartment)」, 유나이티드 아티스트, 1960.

스티븐 달드리 감독, 리 홀 각본, 「빌리 엘리어트(Billy Elliot)」, 유니버설 픽
쳐스, 2000.

스파이크 존즈 감독, 찰리 카우프만 각본, 「어맵테이션(Adaptation)」, 소니
픽쳐스 엔터테인먼트, 2002.

스파이크 존즈 감독, 스파이크 존즈 각본, 「그녀(Her)」, 워너 브라더스,
2013.

시드니 루멧 감독, 나오미 포너 각본, 「허공에의 질주(Running on Empty)」,
워너 브라더스, 1988.

제임스 카메론 감독, 제임스 카메론 · 윌리엄 위셔 각본, 「터미네이터 2:
심판의 날(Terminator 2: Judgement Day)」, 트라이스타 픽쳐스, 1991.

조스 휘던 감독, 조스 휘던 각본, 「어벤져스(The Avengers)」, 월트 디즈니
픽쳐스, 2012.

프랑스와 트뤼포 감독, 프랑스와 트뤼포 · 마르셀 모시 각본, 「400번의 구
타(The 400 Blows)」, 코시노르, 1959.

피터 패럴리 감독, 닉 발레롱가 · 브라이언 헤이즈 커리 · 피터 패럴리 각
본, 「그린 북(Green Book)」, 유니버설 픽쳐스, 2018.

김만수,『옛이야기의 귀환: 한국문학에서 스토리텔링까지』, 강, 2020.

데이비드 보드웰, 오영숙 옮김,『영화의 내레이션 1』, 시각과 언어, 2007.

데이비드 보드웰·크리스틴 톰슨, 주진숙·이용관 옮김,『영화 예술』, 지
필미디어, 2011.

데이비드 하워드·에드워드 마블리, 심산 옮김,『시나리오 가이드』, 한겨
레신문사, 1999.

데이비드 하워드, 심산스쿨 옮김,『시나리오 마스터』, 한겨레출판, 2007.

로버트 맥키, 고영범·이승민 옮김,『STORY: 시나리오 어떻게 쓸 것인
가』, 민음인, 2002.

류수열,『스토리텔링의 이해』, 글누림, 2007.

마리-로어 라이언 엮음, 조애리 외 옮김,『스토리텔링의 이론, 영화와 디
지털을 만나다』, 한울아카데미, 2014.

미셸 시옹, 윤경진 옮김,『오디오-비전』, 한나래, 2004.

미케 발, 한용환·강덕화 옮김,『서사란 무엇인가』, 문예출판사, 1999.

브라이언 보이드, 남경태 옮김,『이야기의 기원』, 휴머니스트, 2013.

아리스토텔레스, 천병희 옮김,『시학』, 문예출판사, 2002.

윌 스토, 문희경 옮김,『이야기의 탄생』, 흐름출판, 2020.

유발 하라리, 조현욱 옮김,『사피엔스』, 김영사, 2015.

육상효,「가족 영화로 본 한국과 미국의 영화 스토리텔링」,『한국콘텐츠
학회논문지』 13(10), 2013.

이인화 외,『디지털 스토리텔링』, 황금가지, 2003.

조지프 캠벨, 이윤기 옮김,『천의 얼굴을 가진 영웅』, 민음사, 1999.

존 그리샴, 신현철 옮김,『소환장』, 문학수첩, 2002.

최예정·김성룡,『스토리텔링과 내러티브』, 글누림, 2005.

크리스토퍼 보글러, 함춘성 옮김,『신화, 영웅 그리고 시나리오 쓰기』, 비
즈앤비즈, 2013.

크리스토퍼 보글러·데이비드 맥케너, 함춘성 옮김,『스토리 개발 부서의

메모』, 비즈앤비즈, 2017.

해럴드 블룸, 윤병우 옮김, 『해럴드 블룸의 독서 기술』, 을유문화사, 2011.

Billy Wilder & I. A. L. Diamond, *The Apartment*, Faber & Faber, 2016.

Charlie Kaufman, *Eternal Sunshine of the Spotless Mind: The Shooting Script*, Newmarket Press, 2004.

Christopher Vogler, *The Writer's Journey: Mythic Structure for Writers*, 2nd edition, Michael Wiese Productions, 1998.

David Howard, *How To Build a great Screenplay*, ST. Martin's Griffin, 2004.

David Howard & Edward Mabley, *The Tools of Screenwriting*, ST. Martin's Griffin, 1993.

Rachel Ballon, *Breathing Life into Your Characters*, Writer's Digest Books, 2003.

Richard Curtis, *Notting Hill*, Hodder & Stoughton, 1999.

Robert Mckee, *Dialogue*, Methuen Publishing, 2016.

Robert Mckee, *Story*, HarperCollins, 1997.

Robert Stam & Alessandra Raengo eds., *Literature and Film*, Blackwell Publishing, 2004.

Victoria Lynn Schmidt, *45 Master Characters: Mythic Models for Creating Original Characters*, Writer's Digest Books, 2001.

Will Storr, *The Science of Storytelling*, HarperCollins, 2019.

이야기 수업

1판 1쇄 발행 2023년 11월 10일

지은이 육상효

디자인 김서이
펴낸이 조영남
펴낸곳 알렙

출판등록 2009년 11월 19일 제313-2010-132호
주소 경기도 고양시 일산서구 중앙로 1455 대우시티프라자 715호
전자우편 alephbook@naver.com
전화 031-913-2018 **팩스** 02-913-2019

ISBN 979-11-89333-68-3 03680

이 저서는 인하대학교의 지원에 의하여 연구되었음.